L'OUVRIÈRE

PAR

JULES SIMON

PARIS

LIBRAIRIE DE L. HACHETTE ET Cie
RUE PIERRE-SARRAZIN, Nº 14

—

1861

Droit de traduction réservé

PRÉFACE.

Le livre qu'on va lire est un livre de morale.
Je n'ai voulu, en l'écrivant, qu'ajouter un chapitre au traité du *Devoir*, publié il y a quelques
années. M. Louis Reybaud, M. Blanqui, M. Audi-
ganne et, avant eux, M. Villermé, ont fait des
enquêtes approfondies sur l'état de l'industrie
dans notre pays ; pour moi, je me suis occupé
exclusivement du sort des ouvriers, et principalement de celui des femmes. J'ai consacré plus
d'une année à visiter les principaux centres industriels, et j'avoue avec tristesse que mes craintes
les plus vives ont été partout dépassées. Ce sont
des souvenirs qui ne me quitteront plus. Je voudrais faire passer dans l'âme de mes lecteurs une

A

partie des impressions que j'ai ressenties, et
leur inspirer l'ardent désir de porter remède à
tant de souffrances. J'ose dire qu'on peut se fier
à mes renseignements. Je n'ai pas tout vu, et je
ne dis pas tout ce que j'ai vu ; mais il n'y a pas
une seule des misères que je raconte dont mes
yeux n'aient été témoins et dont mon cœur ne
soit encore oppressé.

Assurément je suis bien loin de méconnaître
l'heureuse transformation qui s'est accomplie
dans la condition sociale des ouvriers depuis un
demi-siècle. La Révolution les avait affranchis
comme hommes en leur donnant l'égalité devant la loi, et comme ouvriers en supprimant
les maîtrises. La loi de 1833 sur l'instruction
primaire les a délivrés d'une servitude plus pesante encore, en créant des écoles gratuites jusque dans les plus humbles villages et en multipliant dans les villes les écoles d'adultes qui
rendent toutes les carrières accessibles au travail
et à la capacité. On peut encore manquer de
pain et d'abri suffisant en France, mais on n'y
peut plus manquer des premiers éléments de
l'instruction que par sa faute. Comme il n'était
pas possible de supprimer l'inégalité des for-

tunes, parce que les causes d'inégalité sont
permanentes et nécessaires, on a cherché les
moyens de corriger autant que possible la pauvreté, en mettant le confortable à la portée des
petites bourses; de là, l'institution des crèches,
des asiles, la loi sur les logements insalubres,
la création des bains et lavoirs publics, les sociétés alimentaires qui centralisent les achats
pour vendre en détail au prix du gros. Les progrès de l'industrie ont été par eux-mêmes un
bienfait immense pour le peuple, puisqu'ils lui
ont fourni à la fois du travail et des produits
qu'on ne se procurait auparavant qu'à prix d'or.
Les caisses d'épargne, les sociétés de secours
mutuels et les caisses de retraite lui donnent le
moyen de lutter contre ses trois grands ennemis :
le chômage, la maladie et la vieillesse. C'est surtout dans l'intérieur des manufactures, où il
passe la plus grande partie de sa vie, qu'on s'est
occupé avec sollicitude et succès de son bien-
être. Ce qui frappait dans une manufacture, il y
a trente ans, c'était le mépris de l'homme; ce
qui frappe aujourd'hui, c'est la préoccupation
constante de l'hygiène. Les plafonds se sont
élevés, les métiers se sont écartés les uns des

autres, d'immenses fenêtres ont jeté l'air et la
lumière dans les ateliers, le sol a été drainé; les
appareils les plus coûteux ont distribué partout
une chaleur égale; des salles, des préaux ont été
réservés pour les heures des repas; les précautions les plus minutieuses ont été prises contre
les accidents que pouvaient faire naître les moteurs mécaniques; la science a accompli de véritables prodiges pour assainir les locaux insalubres et pour transformer les machines si
longtemps redoutables, en instruments inoffen-
sifs de la volonté et de l'intelligence humaine.
Quand on pense à toute cette bienfaisante activité, et qu'on en voit chaque jour les heureux
résultats dans les ateliers et dans les maisons
d'ouvriers, on voudrait se persuader que la misère est en effet vaincue; on voudrait croire au
moins qu'elle cède du terrain, et qu'entre elle
et nous ce n'est plus qu'une question de temps.
Mais il y a dans notre organisation économique
un vice terrible, qui est le générateur de la misère, et qu'il faut vaincre à tout prix si l'on ne
veut pas périr; c'est la suppression de la vie de
famille.

Autrefois l'ouvrier était une force intelligente,

il n'est plus aujourd'hui qu'une intelligence qui
dirige une force. La conséquence immédiate de
cette transformation a été de remplacer presque
partout les hommes par des femmes, en vertu
de la loi de l'industrie, qui la pousse à produire
beaucoup avec peu d'argent, et de la loi des salaires, qui les rabaisse incessamment au niveau
des besoins du travailleur. On se rappelle les
éloquentes invectives de M. Michelet : « *L'ouvrière!* mot impie, sordide, qu'aucune langue
n'eut jamais, qu'aucun temps n'aurait compris
avant cet âge de fer, et qui balancerait à lui
seul tous nos prétendus progrès! » Si on gémit
sur l'introduction des femmes dans les manufactures, ce n'est pas que leur condition matérielle
y soit très-mauvaise. Il y a très-peu d'ateliers
délétères, et très-peu de fonctions fatigantes
dans les ateliers, au moins pour les femmes.
Une soigneuse de carderie n'a d'autre tâche que
de surveiller la marche de la carde et de rattacher de temps en temps un fil brisé. La salle où
elle travaille, comparée à son domicile, est un
séjour agréable, par la bonne aération, la propreté, la gaieté. Elle reçoit des salaires élevés,
ou tout au moins très-supérieurs à ceux que lui

faisaient gagner autrefois la couture et la broderie. Où donc est le mal? C'est que la femme,
devenue ouvrière, n'est plus une femme. Au lieu
de cette vie cachée, abritée, pudique, entourée
de chères affections, et qui est si nécessaire à son
bonheur et au nôtre même, par une conséquence
indirecte, mais inévitable, elle vit sous la domination d'un contre-maître, au milieu de compagnes d'une moralité douteuse, en contact
perpétuel avec des hommes, séparée de son
mari et de ses enfants. Dans un ménage d'ouvriers, le père et la mère sont absents, chacun
de leur côté, quatorze heures par jour. Donc
il n'y a plus de famille. La mère, qui ne peut
plus allaiter son enfant, l'abandonne à une nourrice mal payée, souvent même à une gardeuse
qui le nourrit de quelques soupes. De là, une
mortalité effrayante, des habitudes morbides
parmi les enfants qui survivent, une dégénéres-
cence croissante de la race, l'absence complète
d'éducation morale. Les enfants de trois ou
quatre ans errent au hasard dans des ruelles fé-
tides, poursuivis par la faim et le froid. Quand,
à sept heures du soir, le père, la mère et les
enfants se retrouvent dans l'unique chambre qui

leur sert d'asile, le père et la mère fatigués
par le travail et les enfants par le vagabondage, qu'y a-t-il de prêt pour les recevoir? La
chambre a été vide toute la journée; personne
n'a vaqué aux soins les plus élémentaires de
la propreté; le foyer est mort; la mère épuisée
n'a pas la force de préparer des aliments; tous
les vêtements tombent en lambeaux : voilà la
famille telle que les manufactures nous l'ont
faite. Il ne faut pas trop s'étonner si le père,
au sortir de l'atelier où sa fatigue est quelquefois extrême, rentre avec dégoût dans cette
chambre étroite, malpropre, privée d'air, où
l'attendent un repas mal préparé, des enfants
à demi sauvages, une femme qui lui est devenue presque étrangère puisqu'elle n'habite plus
la maison et n'y rentre que pour prendre à la
hâte un peu de repos entre deux journées de
travail. S'il cède aux séductions du cabaret, ses
profits s'y engouffrent, sa santé s'y détruit; et
le résultat produit est celui-ci, qu'on croirait à
peine possible : le paupérisme, au milieu d'une
industrie qui prospère.

Que faire donc? Il est évident qu'il s'agit
moins d'augmenter les salaires que d'en rendre

l'emploi plus régulier. Le mal est surtout un mal moral ; ce sont les âmes qu'il faut guérir. Il faut vaincre les cabarets ; il faut restaurer la vie de famille, seule école de la liberté, seule et indéfectible source du courage moral ; il faut user de tous les moyens que la liberté autorise pour ramener l'épouse et la mère dans la maison. J'ai cherché à le démontrer. Je mets mes efforts sous la protection de toutes les femmes. C'est leur cause, puisque c'est la cause du devoir et des saintes affections de la famille ; c'est la cause de tout ce qui porte un cœur généreux. Je voudrais l'avoir mieux servie. Je ne crains pas de ne pas venir à propos. Quelle que soit l'importance des événements qui s'accomplissent loin de nous, il y aura toujours de la place, dans les préoccupations des esprits sérieux, pour une question de justice et d'humanité.

Paris, le 10 février 1861.

PREMIÈRE PARTIE

LES FEMMES DANS LES FABRIQUES
DE SOIE

CHAPITRE PREMIER.

LES ATELIERS DE FEMMES, ET LEUR INFLUENCE SUR LE BIEN-
ÊTRE ET LA MORALITÉ DE LA FAMILLE.

On dit quelquefois que la littérature d'une société en
est le miroir, et que les auteurs qui songent le moins
à la peindre, lui empruntent malgré eux ses idées et
ses sentiments. Si l'on voulait nous juger par nos
livres les plus répandus et nos pièces les plus ap-
plaudies, on éprouverait un singulier embarras; car
le succès se partage presque également entre la peinture du vice et les lieux communs d'une morale sévère. C'est peut-être que nous hésitons en effet entre
nos lumières et nos penchants, et que, tout en conser-
vant des habitudes répréhensibles, nous commençons
à en sentir des remords.

Nous voyons tous les jours qu'on s'efforce de nous
initier aux moindres détails de la vie des courtisanes,

on ne néglige rien pour les justifier et pour les rendre
aimables; cependant, on n'attaque pas directement
la famille; au contraire, on est prodigue de respects
envers elle. C'est une arche sainte à laquelle personne
n'oserait toucher; le public même ne le souffrirait
pas. Il y a une trentaine d'années, tout était bien différent; on se souciait moins des courtisanes, mais on
faisait de tous côtés l'éloge de l'adultère. Une femme
n'était intéressante dans un roman et sur la scène,
qu'à condition de trahir la religion, la société, sa parole, son mari et ses enfants.

Ainsi le mal s'est déplacé, on peut même dire, avec
un peu d'optimisme, qu'il a diminué. Si c'est un
symptôme, accueillons-le favorablement, et rendons-
en grâce. Quand les liens de la famille se relâchent,
c'est le plus grand malheur qui puisse arriver à un
peuple. Il lui importe d'avoir des lois libérales, des
campagnes bien cultivées, un commerce florissant,
mais il lui importe encore plus d'avoir des mœurs.
C'est le bien qui donne tous les autres, et sans lequel
tous les autres ne sont rien.

En ce moment tous les meilleurs esprits sont préoc-
cupés de conquérir et de fonder la liberté : il n'y a
pas de liberté sans mœurs. Une liberté que personne
ne réclame et dont personne ne se sert, n'est pas même
le fantôme de la liberté. Toutes les fois que, dans un
pays, les habitants ne savent pas répondre de leurs
opinions et de leurs actes, compter uniquement sur
eux-mêmes, et faire leurs affaires de leurs propres

mains, il faut qu'ils aient ou qu'ils se donnent un maître. Soyez hommes, si vous voulez être citoyens.

Ceux qui pensent que la famille est moins fortement constituée aujourd'hui qu'avant la Révolution, ne doivent pas attribuer ce relâchement au Code civil. Il est certain qu'il a imposé à la durée de l'autorité paternelle une limite certaine et uniforme, aboli le droit d'aînesse, et assuré une réserve aux enfants [1]. Mais ces réformes, rendues nécessaires par la nouvelle organisation politique de la société, n'ont pas eu pour résultat d'affaiblir les liens de la famille. Déjà sous l'ancien régime, la durée de l'autorité paternelle ne dépassait pas l'époque de la majorité dans les provinces de droit coutumier, et la loi qui, dans les provinces de droit romain, la prolongeait indéfiniment, et même au delà du mariage des enfants, était depuis longtemps tombée en désuétude [2]. Personne assurément ne peut considérer le droit d'aînesse comme favorable au développement des vertus domestiques. Cette inégalité entre les frères est une longue et déplorable victoire de la politique sur la nature. Restent donc les réserves assurées aux enfants, et qui ne sont rien moins qu'une restriction du droit de propriété, puisqu'elles empêchent le père de disposer li-

1. Art. 488, 745, 913, 1094, 1098 du Code civil.
2. « La puissance paternelle n'est que superficiaire en France ; et par nos coutumes en ont été seulement retenues quelques petites marques avec peu d'effet. » Guy Coquille. *Inst. au droit franç. de l'état des personnes.* — Cf. M. Demolombe, *Cours de Code Napoléon,* t. VI, p. 202 sqq.

brement de ses biens. Mais ces réserves mêmes, sans lesquelles l'égalité établie entre les enfants pour les droits successoraux ne serait souvent qu'une lettre morte, ne sauraient être combattues au nom de l'autorité paternelle. Un père ne doit pas régner par la terreur. Il faudrait plaindre ceux qui compteraient sur un pareil moyen pour assurer l'obéissance filiale, pour relever et fortifier la famille.

A côté de ces causes de relâchement ou contestables ou chimériques, il en est une bien autrement certaine, bien autrement grave, qui devrait frapper tous les yeux, et qui, si on n'y prend garde, menace de troubler et de pervertir profondément la société : c'est la dissolution, en quelque sorte fatale, des familles d'ouvriers opérée par les progrès croissants de la grande industrie. Chaque jour on voit tomber un petit métier et s'élever une fabrique; et chaque fabrique appelle à elle un nombreux personnel féminin, parce que les femmes coûtant moins cher que les hommes, il est naturel qu'on les préfère partout où elles suffisent.

Faut-il s'opposer, coûte que coûte, au progrès du mal? Faut-il le subir comme une nécessité de notre temps et se borner à chercher des palliatifs? C'est un problème d'autant plus difficile à résoudre qu'il intéresse à la fois la morale, la législation et l'industrie.

Les esprits absolus, qui se portent toujours aux extrémités, demandent que les femmes ne soient astreintes à aucun travail mercenaire. Diriger leur maison, plaire à leur mari, élever leurs enfants, voilà, suivant eux, toute la destinée des femmes. Ils ont, pour soutenir leur opinion, des raisons de deux sortes. Les unes, que l'on pourrait appeler des raisons poétiques, roulent sur la faiblesse de la femme, sur ses grâces, sur ses vertus, sur la protection qui lui est due, sur l'autorité que nous nous attribuons, et qui doit être compensée et légitimée par nos sacrifices; ces sortes de raisons ne sont pas les moins puissantes pour convaincre les femmes elles-mêmes et cette autre partie de l'humanité qui adopte volontiers la manière de voir des femmes, et ne connaît encore la vie que par ses rêves et ses espérances. Des raisons d'un ordre plus élevé se tirent des soins de la maternité et de l'importance capitale de l'éducation. Il faut un dévouement de tous les instants pour surveiller le développement de ces jeunes plantes d'abord si frêles, pour former à la science austère de la vie ces âmes si pures et si confiantes, qui reçoivent d'une mère leurs premiers sentiments avec leurs premières idées, et qui en conserveront à jamais la douce et forte empreinte.

Cette théorie, comme beaucoup d'autres, a une apparence admirable; mais elle a plus d'apparence que de réalité. De ce que le principal devoir des femmes est de plaire à leurs maris et d'élever leurs enfants, il n'est pas raisonnable, il n'est pas permis de conclure que ce soit là leur seul devoir. Dans les familles riches, cette conclusion erronée est acceptée comme

une vérité inattaquable ; les hommes et les femmes
tombent d'accord qu'à l'exception des devoirs de mères
de famille, les femmes n'ont rien à faire en ce monde.
Et comme pour la plupart d'entre elles cette unique
occupation, même consciencieusement remplie, laisse
encore vacantes de longues heures, elles se condamnent scrupuleusement au supplice et au malheur de
l'oisiveté, atrophiant leur esprit par ce régime contre
nature, exaltant et faussant leur sensibilité, tombant
par leur faute dans des affectations puériles et dans
des langueurs maladives qu'un travail modéré leur
épargnerait. Ce préjugé est poussé si loin qu'il y a
telle famille bourgeoise dont le chef se condamne à
un labeur obstiné pour gagner tout juste le nécessaire, tandis que sa femme, épouse vertueuse, tendre mère, capable de dévouement et de sacrifice, passe
son temps à faire des visites, à jouer du piano et à
broder quelque collerette. C'est à Lyon particulièrement que cette oisiveté des femmes de la bourgeoisie
est complète : non-seulement les femmes des fabricants n'aident pas leurs maris dans leurs comptes,
dans leur correspondance, dans la surveillance de
leurs magasins, comme cela se fait avec beaucoup
d'avantages dans les autres industries; mais elles demeurent ignorantes du mouvement des affaires au
point de ne pas savoir si l'inventaire de l'année les
ruine ou les enrichit. C'est bien peu respecter les
femmes, c'est en faire bien peu de cas, que de perdre
ainsi volontairement ce qu'elles ont d'esprit d'ordre,

de bon goût, de rectitude morale, je dirai même de disposition à l'activité, car les femmes, quand nos préjugés ne les gâtent point, aiment le travail; elles sont industrieuses; ces mollesses et ces langueurs où nous voyons tomber leurs esprits et leurs organes leur viennent de nous et non pas de la nature. Même pour la seule tâche dont elles sont encore en possession, pour la tâche d'élever leurs filles et de commencer l'éducation de leurs fils, croit-on qu'elles y soient propres, quand elles ne donnent point l'exemple d'une activité sagement dirigée, quand leur esprit manque de cette solidité que peuvent seuls donner le contact des affaires et l'habitude des réflexions sérieuses? Admettons que les femmes soient aussi frivoles qu'on le prétend, ce qui est loin d'être établi : on ne comprendra jamais quel intérêt la société peut avoir à entretenir, à développer cette frivolité, ou pourquoi notre monde affairé et pratique s'efforce de conserver aux femmes le triste privilége d'une vie à peu près inoccupée.

Il faut avouer que, si les femmes riches ne travaillent pas assez, en revanche la plupart des femmes pauvres travaillent trop. C'est pour elles que les soins du ménage sont pénibles et absorbants. Il y a une grande différence entre donner des ordres à une servante ou être soi-même la servante, entre surveiller la nourrice, la gouvernante, l'institutrice, ou suffire, sans aucun secours, à tous les besoins du corps et de l'esprit de son enfant. Les heureux de ce monde, qui se

contentent de secourir les pauvres de loin et de soulager la misère sans la regarder, ne se doutent guère
de toutes les peines qu'il faut se donner pour la
moindre chose quand l'argent manque, et de la
bienfaisante activité que déploie une mère de famille
dans son humble ménage, pour que le mari, en revenant de la fatigue, ne sente pas trop son dénûment,
pour que les enfants soient tenus avec propreté, et
ne souffrent ni du froid ni de la faim. Souvent, dans
un coin de la mansarde, à côté du berceau du nou-
veau-né, est le grabat de l'aïeul, retombé à la charge
des siens après une dure vie de travail. La pauvre
femme suffit à tout, levée avant le jour, couchée la
dernière. S'il lui reste un moment de répit quand sa
besogne de chaque jour est terminée, elle s'arme de
son aiguille et confectionne ou raccommode les habits
de toute la famille; car elle est la providence des siens
en toutes choses, c'est elle qui s'inquiète de leurs maladies, qui prévoit leurs besoins, qui sollicite les fournisseurs, apaise les créanciers, fait d'innocents et
impuissants efforts pour cacher l'excès de la misère
commune, et trouve encore, au milieu de ses soucis
et de ses peines, une caresse, un mot sorti du cœur,
pour encourager son mari et pour consoler ses enfants.
Plût à Dieu qu'on n'eût pas d'autre tâche à imposer à
ces patientes et courageuses esclaves du devoir, qui
se chargent avec tant de dévouement et d'abnégation
de procurer à ceux qu'elles aiment la santé de l'âme
et du corps! Mais il ne s'agit pas ici de rêver : ce

n'est pas pour le superflu que l'ouvrier travaille, c'est pour le nécessaire, et avec le nécessaire il n'y a pas d'accommodement. Il est malheureusement évident que, si la moyenne du salaire d'un bon ouvrier bien occupé est de deux francs par jour, et que la somme nécessaire pour faire vivre très-strictement sa famille soit de trois francs, le meilleur conseil que l'on puisse donner à la mère, c'est de prendre un état et de s'efforcer de gagner vingt sous. Cette conclusion est inexorable, et il n'y a pas de théorie, il n'y a pas d'éloquence, il n'y a pas même de sentiment qui puisse tenir contre une démonstration de ce genre.

Il ne reste qu'un refuge à ceux qui veulent exempter la femme de tout travail mercenaire : c'est de prétendre qu'en fait le salaire d'un ouvrier suffit pour le nourrir lui et les siens. Il ne faut, hélas! qu'ouvrir les yeux pour se convaincre du contraire. « En tout genre de travail, dit Turgot, il doit arriver et il arrive en effet que le salaire de l'ouvrier se borne à ce qui est nécessaire pour lui procurer la subsistance. » S'il y a une exception, elle ne peut exister que pour l'ouvrier de talent, parce que le talent est rare; tandis que les bras s'offrent de tous côtés, et ont à lutter contre la concurrence des machines. C'est en vertu de ce principe que les manufacturiers ont substitué peu à peu le travail des femmes à celui des hommes, et l'on sait ce qui serait arrivé, au grand détriment de l'espèce humaine et au grand préjudice

de la morale, si le législateur ne s'était empressé de
protéger les enfants contre les terribles nécessités de
la concurrence. Il n'est donc pas permis d'espérer que
le salaire d'un ouvrier sans talent soit jamais très-
supérieur à ses besoins, ou, ce qui est la même chose,
que l'ouvrier, par son seul travail, suffise à ses besoins et à ceux de toute une famille. On ne doit pas oublier non plus que la richesse d'un peuple résulte du
rapport qui s'établit entre sa consommation et sa production. Si la France, nourrissant le même nombre
d'ouvriers, produisait tout à coup une quantité moindre de travail, il est clair, ses dépenses restant les mêmes
et ses bénéfices diminuant, que son industrie subirait
une crise. Elle n'aurait même plus pour se défendre
cette vieille arme de la prohibition qu'elle vient de
mettre au rebut en une belle matinée, comme par
une inspiration soudaine. Aussi ne peut-elle ni restreindre pour les hommes la durée du travail, ni se
priver du travail des femmes et, dans une certaine
mesure, de celui des enfants, à moins que les peu-
ples rivaux ne fassent en même temps le même sacrifice. Toutes ces propositions étant des vérités d'évidence, on peut regarder comme établi que le travail
de la femme est nécessaire à l'industrie, et que le
salaire de la femme est nécessaire à la famille.

On dit que cette dure nécessité n'a pas été connue
de nos pères; mais nous ne sommes plus au temps
où la mère de famille filait le lin et tissait la toile pour
les usages domestiques. La véritable économie con-

siste désormais à travailler fructueusement pour l'industrie, sauf à recevoir d'elle les produits qu'elle livre à bas prix aux consommateurs. Ainsi le même travail, en changeant de nature, produit des résultats plus avantageux, et la tâche des femmes s'est modifiée sans s'accroître.

Il y aurait donc de l'exagération à regarder comme un malheur social cette obligation qui leur est imposée de contribuer par leur travail personnel à l'allégement des charges communes. Le travail en lui-même est salutaire pour le corps et pour l'âme, il est pour l'un et pour l'autre la meilleure des disciplines. Loin de dégrader celui qui s'y livre, il le grandit et l'honore. Jamais un homme de cœur ne verra sans quelque respect les nobles stigmates du travail sur les mains de l'ouvrier. La pitié, pour être saine à celui qui l'éprouve et profitable à celui qui en est l'objet, doit être fondée sur des infortunes réelles.

Voici ce qu'il faut dire pour être justes : ce n'est pas le travail en lui-même qui est une peine et un malheur, c'est l'excès du travail. Il est à souhaiter que les femmes travaillent dans toutes les classes de la société; et puisque dans les ménages pauvres, le salaire du mari suffit difficilement, ou ne suffit pas aux besoins communs, on peut se résigner à voir les femmes ajouter aux soins très-absorbants du ménage un travail industriel dont le produit serve d'appoint au salaire du chef de famille. Mais quand cette nouvelle tâche est écrasante pour elles, quand elle les éloigne de leur maison et les empêche d'accomplir le premier et le plus indispensable de leurs devoirs, quand elle est incompatible avec les bonnes mœurs, alors on ne doit plus la considérer que comme un malheur social, également funeste à la santé des femmes, au bonheur de leurs maris et à l'éducation de leurs enfants. Ce qu'on peut espérer, ce qu'il faut demander avec une ardeur infatigable à Dieu et à la société, c'est que le travail des femmes soit équitablement rétribué, qu'il n'excède pas la mesure de leurs forces, et qu'il ne les enlève pas à leur vocation naturelle, en rendant le foyer désert et l'enfant orphelin.

Le travail, pour les femmes comme pour les hommes, est de trois sortes : le travail isolé, le travail de fabrique, et le travail des manufactures. Le travail isolé est le seul qui convienne aux femmes, le seul qui leur permette d'être épouses et mères ; cependant il devient chaque jour plus rare et plus improductif, la manufacture absorbe tout, et la fabrique elle-même, forme intermédiaire entre le travail isolé et la manufacture, est menacée de périr, c'est-à-dire de se transformer. On pense généralement que, si elle se transforme en manufacture, ce sera un grand progrès pour l'industrie, et il sera facile de montrer que, si elle se changeait au contraire en travail isolé, ce serait un grand avantage pour la morale. Nos conclusions à cet égard ne vont pas plus loin. Il y a une nécessité qui domine toutes les autres, c'est la nécessité d'avoir du pain. Malgré tous les dangers du travail en commun, surtout pour les femmes, il est encore possible de vivre honnêtement dans un atelier, et s'il fallait opter entre l'envahissement des manufactures et la ruine de notre industrie, la sagesse voudrait qu'on préférât les manufactures; mais on n'a pas encore jusqu'ici démontré la nécessité, l'urgence de cette révolution pour toutes les formes du travail mécanique, et puisque la question est pendante en ce qui concerne les fabriques de soie, et que de bons esprits hésitent sur les résultats matériels du système nouveau qui tend à s'établir, il peut être bon de plaider par des faits, sans exagération, sans affectation, la cause de la morale.

CHAPITRE II.

Nous n'avons pas eu en France de ces magnifiques enquêtes que l'on fait en Angleterre avec tant de dépenses et de fruit; mais nous possédons un grand nombre de livres[1] où la situation de nos ateliers est décrite avec un soin minutieux, et jugée avec une parfaite intelligence des conditions et des besoins de l'industrie. Rien n'est plus attachant que la lecture de quelques-uns de ces ouvrages. Les ateliers qu'ils décrivent, les mœurs qu'ils racontent, les horizons qu'ils ouvrent à la pensée, ont à la fois le charme d'un voyage de découverte et l'autorité d'un livre de mo-

---

1. Nous citerons, au premier rang, le dernier ouvrage de M. Louis Reybaud, *Études sur le régime des Manufactures.*

rale. Pénétrons à leur suite dans les ateliers de la fabrique lyonnaise, car c'est surtout l'industrie de la soie, dont Lyon est le chef-lieu en France et même en Europe, qui a échappé jusqu'ici, au moins chez nous, au régime de la manufacture.

Les bonnes ouvrières de Lyon aiment leur état; elles en parlent volontiers, souvent avec esprit, et il est vrai que ces métiers si propres, ces belles étoffes si souples et si brillantes ont quelque chose d'attrayant pour les mains et pour les yeux d'une femme. Quand on entre dans un atelier, c'est toujours la maîtresse qui en fait les honneurs, et qui répond avec un visible plaisir et beaucoup de netteté aux questions des visiteurs. L'une de celles qu'on appelle les *canuses* disait dernièrement, devant une commission d'enquête, que la soie est le domaine des femmes, et qu'elles y trouvent du travail depuis la feuille de mûrier sur laquelle on élève le ver jusqu'à l'atelier où l'on façonne la robe et le chapeau. Il y a en effet toute une armée d'ouvrières de toute sorte sans cesse occupées sur ce frêle brin de soie. On étonnerait beaucoup la plupart des femmes du monde en leur apprenant combien il a fallu de peine pour faire leur plus simple robe, et par combien de mains elle a passé. Nous avons d'abord toute une grande industrie agricole, l'industrie de la production, car la France produit une grande partie de la soie qu'elle met en œuvre, et elle en fournit même à l'Angleterre concurremment avec l'Asie. Il faut surveiller avec une attention infatigable, depuis sa

naissance jusqu'à sa métamorphose, ce petit ver qui
se nourrit de la feuille du mûrier, et qui, à force de
filer, se crée cette précieuse enveloppe qu'on appelle
le *cocon*. La sollicitude de l'éleveur se porte d'abord
sur le choix de la graine. La meilleure graine a une
couleur gris bleu , que les fraudeurs parviennent à
imiter à l'aide du gros vin. Les œufs une fois achetés,
on les conserve dans des boîtes fermées, qu'on place
dans des caves pour éviter les variations brusques
de température. Si on laissait la graine éclore spon-
tanément, l'éclosion de tous les œufs ne se ferait ni
à propos ni en même temps, et l'éducation serait
irrégulière ; on a donc recours à la couveuse mécanique, ou plus simplement à la chambre à éclosion,
qui n'est autre chose qu'une petite pièce à température convenablement élevée. On a soin de faire coïn-
cider l'éclosion des vers avec le développement de la
végétation du mûrier, dont les feuilles leur servent de
nourriture. Quand la graine a pris une couleur jau-
nâtre, les vers sont déjà tout formés et perceptibles à
la loupe ; on les recouvre alors d'une bande de mousseline ou d'une feuille de papier percée de petits
trous, sur laquelle on dépose des feuilles de mûrier
qui ne tardent pas à se charger de vers. Ces feuilles
sont portées ensuite dans des ateliers, où les vers
traversent sept âges différents dans une durée de
quarante jours. La température, le degré de l'hygro-
mètre, le nombre des repas varient suivant les âges;
ainsi les vers font vingt-quatre repas par jour pen-

dant le premier âge et huit seulement pendant le cinquième. Deux opérations délicates sont le *délitement*,
qui consiste à enlever la litière et les excréments de
dessous les vers, et le *dédoublement*, qui a pour but
de laisser entre eux un espace convenable. Les vers
sont sujets à de nombreuses maladies, occasionnées le
plus souvent par l'imperfection des procédés. Vers la
fin du cinquième âge, la chenille est achevée, et
cherche partout un point d'appui pour commencer
son cocon ; c'est alors qu'on procède au *boisement*,
c'est-à-dire qu'on place au-dessus d'elle de petits mor-
ceaux de bois, de bruyère, de genêt, etc., disposés en
plans inclinés ; les chenilles une fois pourvues de
cet outil, se mettent sans retard à filer, c'est ce qu'on
appelle *la montée du ver*. Au bout de six ou huit jours
tous les cocons sont formés. Les chrysalides ne manqueraient pas de les percer, si on les laissait se transformer en papillons; elles sont donc étouffées par
un courant d'air chaud, au moment où leur œuvre
utile est terminée. Aussitôt a lieu le *déramage*, ou
triage des cocons, que l'on range dans des paniers
suivant leurs espèces [1]. Quand le cocon est formé et
qu'on l'a débarrassé de la bourre, on saisit les fils de
soie et on commence à les tirer, en en réunissant au
moins trois et quelquefois vingt, suivant la grosseur
qu'on veut obtenir. Les brins élémentaires qu'on ob-

---

1. Consultez l'*Essai sur l'industrie des matières textiles*, par
M. Michel Alcan, professeur au Conservatoire des arts et métiers.

tient ainsi par le tirage sont ce que l'on appelle la *soie grége*. On les emploie sous cette forme à la fabrication des baréges, d'une partie de la rubanerie, de la gaze de soie, etc., et tout le reste de la soie grége est dévidé, tordu et doublé avant d'être mis en œuvre. Ces diverses opérations constituent le *moulinage*, après lequel la soie, suivant la force de l'assemblage, le degré et la nature de la torsion, se divise en *fil de trame* et en *organsin* ou *fil de chaîne*. C'est à ce moment-là qu'elle est livrée aux chimistes, qui commencent par la *décreuser* pour lui enlever la gomme qu'elle contient, lui donner de la flexibilité et de l'éclat, et la disposer à recevoir plus facilement la matière colorante. Une fois teinte, les dévideuses s'en emparent et enroulent la soie des écheveaux sur des bobines, ou la disposent sur des canettes pour former la trame.

Les *ourdisseuses* sont chargées d'une opération plus délicate, qui consiste à assembler parallèlement entre eux, à une égale longueur et sous la même tension, un certain nombre de fils dont l'ensemble à reçu le nom de *chaîne*. Quand la chaîne est toute préparée, on l'enlève de l'ourdissoir et on la dispose sur le cylindre ensouple du métier à tisser; c'est ce qu'on appelle le *montage*. Si l'étoffe qu'on va commencer est toute semblable à celle qu'on vient de finir, on rattache chacun des nouveaux fils à l'extrémité des fils correspondants de l'ancienne chaîne; cette opération, qui peut se répéter indéfiniment, et qui simplifie le travail parce que toutes les pièces qu'on fait successivement ne sont plus pour l'ouvrier qu'une seule et même pièce, est faite par les *rattacheuses* ou *tordeuses*. Si au contraire l'étoffe nouvelle a un nombre de fils différent, il est impossible de souder la nouvelle chaîne à la chaîne précédente, et il faut introduire directement tous les fils dans les maillons du métier. Les *remetteuses* sont chargées de ce travail. Après elles, le métier se trouve prêt, et il ne reste plus qu'à tisser l'étoffe.

Cependant, lorsqu'il ne s'agit pas d'un *uni*, mais d'un *façonné*, le tisseur, avant de se mettre à l'œuvre, a besoin du concours d'un nouveau personnel assez nombreux. En effet, il faut d'abord créer les ornements que doit recevoir l'étoffe ; c'est l'affaire du dessinateur, un véritable artiste, dont la profession demande beaucoup de goût et d'habileté. Il fait avec des fils de soie ce que le mosaïste fait avec ses cailloux diversement coloriés, ou plutôt, car le mosaïste n'est qu'un reproducteur, le dessinateur ressemble à l'artiste verrier, qui éblouit les yeux par les mille combinaisons de sa merveilleuse joaillerie. Le dessin achevé, il faut le *mettre en carte*, opération assez analogue à celle de l'architecte qui dessine la coupe de son édifice après en avoir dessiné l'élévation. Mettre un dessin en carte, c'est faire sur un papier quadrillé le plan du tissu que l'on veut produire, en marquant minutieusement la place de chaque fil. Après la mise en carte vient encore le *lisage*, qui a

pour but de distinguer, sur les fils de la chaîne, les
points qui doivent être apparents et ceux qui doivent
passer à l'envers du tissu. L'ouvrière fait cette opération sur un cadre tendu de fils qui simulent la
chaîne, et parmi lesquels elle sépare les fils apparents
ou cachés au moyen de ficelles qui à leur tour simulent la trame. On se sert de ce cadre pour préparer
des cartons percés de trous que l'on met en contact
avec le mécanisme chargé de faire mouvoir les fils de
la chaîne sur le métier. Ces cartons une fois posés,
le tisseur peut commencer sa besogne. Tout ce travail,
qui emploie tant de bras, coûte tant de soins et dure
si longtemps, n'est donc, à proprement parler, que la
préparation du travail. Enfin, lorsque le tisseur à son
tour a fini sa tâche et rendu la pièce fabriquée au négociant qui lui avait confié les fils, celui-ci, dans la
plupart des cas, la dépose encore chez l'apprêteur,
qui la nettoie, lui donne le brillant, et, s'il y a lieu,
certaines apparences particulières, celles par exemple
de la moire ou des étoffes gaufrées. L'art des apprêts
constitue à lui seul une grande et difficile spécialité.

N'est-ce pas là, comme nous le disions, une véritable armée d'artistes, d'ouvriers, d'industriels de
toute sorte? Dans cette armée, on retrouve partout
les femmes. D'abord dans la magnanerie, où l'on
élève le ver à soie. Pour une éducation de 310 grammes de graine, M. Henri Bourdon compte 20 journées d'hommes, 156 journées de femmes, et 30 jour-

nées d'enfants. Le tirage ou filage se fait exclusivement
par les femmes ; elles concourent avec les hommes
à la plupart des opérations du moulinage. Les hommes
sont en plus grand nombre dans les ateliers de teinture, et les femmes n'y sont employées qu'à des travaux accessoires, tels que le pliage ; mais dans les
spécialités qui suivent, jusqu'au tissage, il n'y a que
le dessin et la mise en carte qui soient exclusivement
dévolus aux hommes : le lisage se fait indifférem-
ment par des hommes ou par des femmes; puis
viennent les dévideuses et canetières, les ourdisseuses, les tordeuses, les remetteuses. Enfin, pour le
tissage proprement dit, c'est-à-dire pour l'industrie
en somme la plus importante et qui emploie le personnel le plus nombreux, plus d'un tiers des métiers
dans la ville de Lyon (il n'y en a pas moins de
soixante-douze mille), et peut-être les deux tiers
dans la grande banlieue, sont occupés par des
femmes.

Il est facile de comprendre pourquoi la présence des
hommes est nécessaire dans les ateliers du moulinage
et de la teinture; cependant, à mesure que les machines du moulinage se perfectionnent, les hommes
cèdent la place aux femmes, qui finiront par être
elles-mêmes remplacées par les enfants. On croirait
au premier abord que l'industrie du dessinateur pour
étoffes est faite exprès pour les femmes. C'est un joli
travail, sédentaire, peu fatigant, bien rétribué, qui
ne demande en apparence que du goût. Et qui sait

mieux que les femmes choisir un dessin ou assortir
des couleurs ? Néanmoins il est constaté par une longue
suite d'expériences, toutes infructueuses, qu'elles
ne savent pas inventer des combinaisons; leur aptitude est de les bien juger et d'en tirer bon parti.
Quand nous voyons des châles, des soieries, des papiers peints, des dentelles, dont l'aspect général nous
frappe par l'élégance et la richesse, sans que nous
nous rendions un compte très-exact du dessin, nous
ne pensons guère que la faculté dominante de l'artiste
qui fait les patrons ou modèles est plutôt la création
que le goût, et pourtant il en est ainsi : une belle
étoffe à dessin riche, touffu, élégant, est tout un petit
poëme. L'opération de la mise en carte pourrait se
faire par des femmes, et se fait généralement par des
hommes. A ce petit nombre d'exceptions près, les
femmes sont plus nombreuses que les hommes dans
tous les ateliers de l'industrie de la soie. En Allemagne, le tissage se fait presque exclusivement par
leurs mains. Il ne faut, pour tisser, que de l'adresse,
de l'assiduité, de la propreté; les velours seuls exigent
de la force.

A présent que nous avons dénombré et classé les
bataillons, nous pouvons entrer dans les rangs, et
tâcher de nous rendre compte des conditions d'existence des membres les plus importants de cette armée : commençons par les capitaines.

La première fois qu'on va visiter un fabricant
lyonnais, on s'attend à entrer dans d'immenses ate-

liers, à entendre le bruit d'une machine à vapeur, à voir d'innombrables métiers en mouvement, à être entouré d'un monde d'ouvriers. On trouve un comptoir, quelques magasins silencieux et deux ou trois hommes occupés sur un bureau à des écritures. C'est que le fabricant est un entrepreneur qui achète la soie en écheveaux, la fait tisser hors de chez lui, dans des ateliers dont il n'est ni le propriétaire ni le directeur, et la revend ensuite au commerce de détail. Son industrie comprend trois parties : acheter la soie, surveiller la fabrication, vendre l'étoffe. Il n'y a peut-être pas de profession qui, par sa nature, soit soumise à des chances plus variables, et demande la réunion d'un plus grand nombre de qualités très-rares. Cela tient principalement à deux causes : l'une, c'est le prix de la matière première, qui vaut littéralement son pesant d'or; l'autre, c'est la nature capricieuse de la mode, qui règne souverainement sur l'industrie de la soie. L'achat est soumis à toutes les chances de l'agriculture, la vente à tous les caprices de la fantaisie. Ainsi, soit que l'on considère l'approvisionnement en matières ou l'approvisionnement en tissus, la valeur de l'inventaire peut varier d'un moment à l'autre dans des proportions énormes. A ces conditions, qui exigent évidemment dans un degré supérieur toutes les qualités d'un commerçant, s'ajoute encore, pour le fabricant de soieries, l'obligation de choisir les nuances et les dessins, et de les faire exécuter avec goût; il faut donc qu'il soit à la

fois négociant et artiste. Si l'on songe maintenant à
l'influence qu'il exerce par ses achats sur les magna-
neries, par ses commandes sur la population ouvrière,
par ses ventes sur le commerce des nouveautés, on
comprendra quelle est l'importance exceptionnelle de
son rôle dans l'industrie. Avec deux ou trois commis
de magasin et autant de commis de ronde qui composent tout son état-major, il a sur la richesse nationale une influence plus réelle, plus personnelle
que des directeurs d'usines qui emploient douze cents
ouvriers et construisent des chemins de fer de plusieurs kilomètres pour le service exclusif de leurs
établissements.

L'auxiliaire immédiat du fabricant lyonnais est un
simple artisan. Quand le fabricant a acheté la soie,
quand il l'a fait mouliner et teindre, il appelle un ouvrier auquel il confie la quantité de matière nécessaire pour faire une pièce. L'ouvrier emporte cette
soie chez lui, avec les dessins et les cartons quand il
y a lieu; il la fait disposer sur son métier par une
ourdisseuse et une remetteuse, et quand la pièce
d'étoffe est achevée et qu'il la rapporte au patron, celui-ci paye sa fabrication par mètre courant. L'ouvrier, dans ces conditions, est donc un entrepreneur;
il ne dépend de son patron que comme tout fabricant
dépend de celui qui lui donne de l'ouvrage.

S'il n'y avait d'autre élément dans la fabrique
lyonnaise que le négociant qui fait la commande et
l'ouvrier qui l'exécute, l'industrie du tissage appar-

tiendrait à ce que nous avons appelé le travail isolé ;
mais il est bien rare que l'ouvrier qui possède un
métier n'en possède qu'un seul : en général, il en a
au moins deux et au plus six. Une chambre où cinq
ou six métiers sont occupés par autant d'ouvriers est
un atelier ; ce n'est plus le travail isolé, ce n'est pas
non plus la manufacture, c'est ce que l'on appelle proprement la fabrique.

La plupart des ateliers sont situés dans des rues
étroites, malpropres, à l'aspect désolé. On monte un
vieil escalier médiocrement entretenu, et l'on se
trouve dans une pièce assez vaste, bien éclairée,
munie d'un petit poêle en fonte, et très-souvent voisine d'une espèce de petit salon où la maîtresse de la
maison vous reçoit. Les métiers sont disposés à côté
l'un de l'autre, de manière à profiter le plus possible
de la lumière. Dans certains ateliers, il n'y a pas
d'autre homme que le maître, ou d'autre femme que
la maîtresse ; quelquefois les deux sexes sont mêlés.
Ces chefs d'ateliers forment une classe très-intéres-
sante et très-curieuse, qu'on ne retrouve pas ailleurs,
car ils sont très-décidément des ouvriers, et ne cherchent pas, comme la plupart des maîtres dans les
autres corps d'état, à s'affilier à la bourgeoisie. Qu'ils
soient fils de maîtres ou qu'ils soient arrivés à s'établir après avoir longtemps travaillé comme compagnons, ils font leur journée dans l'atelier comme tous
les autres : leur travail est rétribué par le fabricant
de la même façon, au même prix ; ils dirigent leurs

apprentis, mais ils ne se mêlent pas du travail des
compagnons; ils n'ont sur eux d'autre autorité que
celle d'un propriétaire sur son locataire. Ils portent
le même costume, et se réunissent les dimanches dans
les mêmes lieux de plaisir. S'ils ont l'esprit plus ouvert, ce n'est pas que leur éducation soit différente;
c'est que le sentiment et le souci de la propriété donnent toujours quelque force au jugement et une certaine régularité à la conduite. Ils se connaissent entre
eux, s'apprécient, tiennent à l'estime de leurs voisins, et entrent volontiers dans des associations de
secours mutuels, non-seulement par de louables vues
d'épargne, mais pour se procurer une force de résistance contre les patrons. La preuve de ce dernier
fait, c'est qu'il existe à Lyon plus de cent soixante
sociétés de secours mutuels, et que quand on a
essayé de les réunir en une société générale, très-peu
de chefs d'atelier s'y sont prêtés, tant ils craignent
de ne pas rester maîtres d'eux-mêmes. Les sources
de leurs bénéfices sont de trois sortes : ils ont d'abord
le produit de leur journée de travail comme tous les
autres ouvriers; puis ils prélèvent, pour location du
métier, la moitié du salaire gagné par les compagnons : on calcule qu'en tenant compte du loyer, du
chauffage et de l'éclairage, cette moitié se trouve réduite à un quart; enfin chaque apprenti leur paye,
pour frais d'apprentissage, une somme assez élevée
ou leur abandonne pendant plusieurs années le produit de sa main-d'œuvre. Un chef d'atelier proprié-

taire de six métiers en bon état, qui a de nombreuses
commandes, des compagnons laborieux et capables,
avec un apprenti, est certainement dans l'aisance. Il
travaille treize heures par jour, mais c'est la condition de tous les ouvriers, et au moins il travaille chez
lui, près de sa femme et de ses enfants, sans être gêné
par un surveillant ou par un contre-maître, et en
tirant de son industrie un salaire relativement très-
élevé. A ne considérer que ces traits généraux de sa
situation, il est permis de le compter parmi les
ouvriers les plus favorisés. Une population ouvrière
dont un tiers environ est composé de chefs d'atelier
présente d'importantes garanties d'ordre et de moralité, et la perspective de devenir chef d'atelier à
leur tour est pour les compagnons un encouragement
à la bonne conduite et à l'économie.

La situation du simple compagnon est de tout point
différente de celle du maître. D'abord il est réduit à
son propre salaire, et il en perd chaque jour la moitié,
disons le quart, pour plus d'exactitude, puisqu'il
perdrait toujours l'autre quart en frais généraux.
Ensuite il travaille hors de chez lui, ce qui implique
une certaine dépendance; il n'a ni famille ni intérieur. Il rentre dans un garni après treize heures de
travail; s'il ne gagne pas assez pour partager l'ordinaire du maître, il se nourrit mal dans un cabaret.
Une vie sans foyer est presque fatalement une vie de
désordre, car l'économie n'est conseillée au célibataire que par la raison, tandis que c'est le cœur qui

la conseille au père de famille. Dans un temps qui
n'est pas encore très-éloigné de nous, le compagnon
s'attachait à la famille du maître, et trouvait dans ces
rapports un adoucissement à sa solitude ; mais peu
à peu un abîme s'est creusé entre ces deux ouvriers, dont l'un n'a que ses bras, tandis que l'autre
a un établissement et un capital. Les compagnons
sont devenus nomades, courant d'atelier en atelier,
faisant leur tâche à côté du maître pendant tout le
jour, sans le prendre pour confident, sans lui donner
et sans lui demander de l'affection, de jour en jour
moins honnêtes, moins réfléchis et moins à l'abri
d'une vieillesse malheureuse.

L'apprentissage se fait dans de mauvaises conditions. Il est d'usage que l'apprenti abandonne au
maître le produit de son travail pendant quatre années, contrat onéreux qui met l'enfant à la charge du
père de famille dans un âge où il a déjà toute sa vigueur. Il en résulte que le métier de tisseur ne peut
être appris par la partie la plus pauvre de la population, et que les ouvriers aisés, épuisés par les sacrifices que ces quatre années leur imposent, ne peuvent plus songer à exonérer leurs enfants du service
militaire. On a peine à se rendre compte d'une exigence aussi disproportionnée, car le métier de tisseur
s'apprend en six mois. Les pères de famille rachètent,
quand ils le peuvent, une portion de ces quatre années d'esclavage par une somme qui s'élève quelquefois à cinq cents francs. Voilà en gros quelle est la si-

tuation du maître, du compagnon et de l'apprenti. Tout
ce que nous venons de dire s'applique également
aux hommes et aux femmes; mais il y a des différences nécessaires, et qu'il faut maintenant examiner.

CHAPITRE III.

CONDITION DES OUVRIÈRES.

Constatons d'abord un fait très-important à l'honneur de l'industrie lyonnaise, c'est que l'ouvraison est payée à tant le mètre, sans aucune différence pour les hommes et pour les femmes. Il n'en résulte pas que la moyenne du salaire soit la même pour les deux sexes, car si la moyenne pour un homme s'élève, par exemple, à 2 francs 50 centimes, elle n'atteint pas 1 franc 75 centimes pour une femme. La raison en est toute simple : il faut plus d'adresse et d'agilité que de force pour conduire un métier ordinaire ; mais il faut plus de force que n'en possède ordinairement une femme pour faire mouvoir les métiers qui tissent des pièces de grande largeur, ou les métiers pour velours et certaines étoffes façonnées. Quelques femmes tissent des velours; on en citait une dernièrement qui, grâce à une vigueur exceptionnelle et en travaillant quatorze heures par jour, gagnait des journées égales à celles du meilleur ouvrier. La pauvre fille avait une jeune sœur aveugle à pourvoir; elle est morte à la peine dans la fleur de l'âge, et sans avoir pu réaliser entièrement la pensée pour laquelle elle donnait sa vie. La charité, si active à Lyon, a sur-le-champ adopté la sœur orpheline. Plusieurs femmes, chargées de famille et trouvant dans leur cœur la source d'un courage inépuisable, compensent ainsi par leur activité ce qui leur manque de force, et arrivent à égaler les journées des hommes en travaillant plus longtemps. Ce sont là de rares exceptions. Il ne faut pas souhaiter qu'elles se multiplient, puisque ces excès de travail sont infailliblement funestes à la santé des ouvrières. Le salaire des femmes reste donc inférieur à celui des hommes; mais elles reçoivent ce qu'elles ont réellement gagné, le fabricant acquitte ce qu'il croit être le juste prix du service reçu : ce n'est pas de lui que les femmes peuvent se plaindre, mais seulement de la nature, qui leur a refusé des forces égales aux nôtres.

On voit que le principe d'après lequel la rémunération est répartie dans la fabrique lyonnaise est le principe libéral, celui qui dit : « A chacun suivant ses œuvres. » Si l'on cherchait bien, on reconnaîtrait que ce principe est le fondement du droit de propriété. Aussi quelques écoles socialistes lui ont-elles opposé

un principe tout différent, et dont on sait la formule :
« A chacun suivant ses besoins ! » Comme le droit de
propriété sort du premier de ces deux principes, le droit
au travail sort du second. Le premier principe mesure
la rétribution sur le service, parce qu'il reconnaît le
droit de celui qui paye, et le second mesure la rétribution sur les besoins du travailleur, parce qu'il ne
reconnaît de droits qu'à celui qui est payé. Or, quoique le socialisme soit chassé de nos institutions, de
nos lois et de nos usages, il envahit sournoisement le
domaine de l'industrie. Ce sont les manufactures qui
le ramènent de tous côtés, malgré la guerre théorique
que leurs chefs lui ont faite et lui feraient certainement
encore. Le socialisme brutal réclamait pour l'ouvrier
incapable ou fainéant un salaire qu'il ne gagnait pas :
il attentait à la propriété. Les manufacturiers qui
payent un service moins qu'il ne vaut, parce que l'ouvrier qui le rend a peu de besoins ou beaucoup de
résignation, attentent à la justice. A l'époque du
grand développement des manufactures en Angleterre, les bras ayant été brusquement abandonnés
pour la vapeur, et l'ouvrier ayant cessé par conséquent d'être lui-même une force pour devenir le guide
et le surveillant d'une force mécanique, on remplaça
partout les hommes par des femmes, qui rendaient
le même service, et qui, dépensant moins, se conten-
taient d'un moindre salaire. On vit les hommes,
inoccupés, inutiles, garder la maison et les enfants,
tandis que les femmes vivaient à l'atelier, et, prenant

le rôle de l'homme, en prenaient jusqu'à un certain point les habitudes. Bientôt les fabricants cessèrent de mesurer la rétribution sur les besoins, (il n'y a plus de règle en dehors de la règle,) et comme les femmes n'ont ni l'esprit de résistance qui anime les hommes, ni la force nécessaire pour se faire rendre justice, on poussa aux derniers excès la réduction des salaires. Il y eut même des ateliers où l'on rechercha de préférence les femmes qui avaient des enfants à leur charge, parce que, dans leur désir de donner du pain à leur famille, elles ne reculaient devant aucun travail, et acceptaient avec empressement des prolongations de journée qui dévoraient en peu de temps leurs forces et leur vie. Quand les machines devinrent de plus en plus puissantes et la surveillance de plus en plus facile, l'ardeur du gain, aiguillonnée par la concurrence, remplaça la femme par l'enfant, détruisant ainsi les adultes par le chômage et les enfants par la fatigue. « Les fabricants anglais, énormément enrichis par les machines récentes, vinrent se plaindre à M. Pitt et dirent : « Nous n'en pou- « vons plus, nous ne gagnons pas assez ! » Il dit un mot effroyable qui pèse sur sa mémoire : « Prenez « les enfants[1]. » De tels résultats méritent d'être pesés par les partisans du droit au travail ; on peut dire que c'est leur arme qui se retourne contre eux. C'est pour avoir voulu entamer le capital au nom du

---

1. M. Michelet, *la Femme*, p. XVII.

besoin qu'ils voient le capital rejeter les hommes,
épuiser et rançonner les femmes et les enfants. C'est
donc un grand titre d'honneur pour la fabrique lyonnaise d'être constamment restée dans le vrai, et d'a-
voir toujours payé le service rendu sans acception des
personnes.

La maîtresse d'atelier est rémunérée, de même que
son mari, au prorata de l'étoffe qu'elle a tissée. Si
l'on ne regardait que ces ouvrières privilégiées, on
pourrait dire que la fabrique de Lyon a résolu le problème de traiter équitablement les femmes. Une maîtresse d'atelier, n'ayant pas le loyer de son métier à
payer, peut, sans trop de fatigue, gagner 4 francs dans
sa journée. Sur ces 4 francs, il faut défalquer un
quart pour les frais, ce qui porte encore la journée à
3 francs, et comme le ménage, outre le salaire du
mari et de la femme, opère un prélèvement sur la
journée de chaque compagnon, le bénéfice s'élève en
moyenne à 5 ou 7 francs pour la femme, à 6 ou 8
pour le mari. Il ne faut pas oublier toutefois que les
crises de l'industrie se traduisent immédiatement
pour le chef d'atelier en ruine complète, qu'il dépend
pour avoir de l'ouvrage de la bonne volonté du fabricant et de ses commis, et que, même en supposant
toutes les chances propices, il subit une interruption
forcée de travail chaque fois qu'une pièce est finie et
qu'il faut en disposer une autre sur le métier. Les fabricants qui favorisent un maître tisseur, lui donnent
des pièces à longue chaîne, ou dont l'ourdissage se

fait avec rapidité, afin de lui épargner des pertes de temps. Malgré ces inconvénients, on peut dire qu'une ouvrière placée à la tête d'un atelier reçoit pour ses peines un salaire convenable.

Elle exerce d'ailleurs son industrie dans des conditions excellentes. Sauf l'obligation de rendre l'étoffe à des époques déterminées, ce qui même n'a pas toujours lieu, elle est affranchie de toute surveillance. Elle travaille chez elle, à côté de son mari, elle peut avoir ses enfants sous la main, et reste maîtresse de partager son temps au mieux de ses intérêts entre les soins du ménage et son travail industriel. Sa santé, sa moralité, son bonheur domestique ne sont pas menacés par sa profession. Un point qu'il faut seulement indiquer dans les habitudes de la place peut donner lieu à des inquiétudes. L'usage de Lyon veut que la femme du maître serve d'intermédiaire entre son mari et les fabricants. Ce n'est pas le mari qui va chercher l'ouvrage à faire ou rapporter l'ouvrage fait, c'est la femme. Une fois la pièce achevée, enlevée du cylindre, proprement pliée, la maîtresse met son plus beau bonnet et sa meilleure robe, et s'en va affronter les reproches ou recevoir les compliments du patron qui l'emploie. Quand la femme est jolie et que le patron ou ses commis sont jeunes, il peut assurément en résulter des abus au point de vue des mœurs. Beaucoup de plaintes se sont élevées à ce sujet; il y a eu de grandes exagérations. La plupart des négociants sont des hommes sérieux, incapables de profi-

ter de leur position pour porter le trouble dans un
ménage qui dépend entièrement d'eux. Les maîtresses
tisseuses, de leur côté, sont presque toutes des personnes sensées et réservées, fières à juste titre de conduire un atelier et de gagner leur vie par le travail.
Quand on les interroge sur les relations établies entre
elles et les fabricants, loin de s'en plaindre elles en
paraissent charmées. Est-ce seulement une petite va-
nité? est-ce le plaisir de faire une course de temps à
autre et un bout de toilette? Est-ce l'autorité que cette
fonction leur assure dans le ménage? Il y a un peu
de tout cela, et tout cela ne vaut rien. C'est toujours
une chose regrettable pour le bon ordre de la famille
que de donner à la femme une importance trop grande
dans la conclusion des marchés, et par conséquent
dans la direction des affaires communes. Pour peu
qu'elle soit adroite et laborieuse, elle gagne autant
que son mari par son travail personnel, et alors l'autorité du chef de famille n'a plus de raison d'être. Il
faut toujours souhaiter que les faits soient d'accord
avec les institutions.

Quand on voit, le dimanche, toute la population
des ateliers affluer dans les lieux de plaisir qui envi-
ronnent la ville, il est assez difficile de distinguer la
simple ouvrière de la maîtresse. Toutes ces femmes
ont le même goût pour la toilette, et la plus humble
moulinière fait volontiers des sacrifices pour être vêtue
avec élégance. Cependant il y a un abîme entre la
destinée de ces deux femmes, dont l'une a une fa-

mille et une position aisée et assurée, tandis que l'autre vit seule, réduite, quand elle ne chôme pas, au salaire insuffisant de la journée. Il est bien difficile d'établir la moyenne de ce salaire; les écrivains les mieux renseignés n'y sont pas parvenus, et les commissaires chargés de faire des enquêtes au nom de la chambre de commerce n'ont donné que des à-peu-près. Si l'on interroge sur les lieux les patrons et les ouvriers, ils semblent incertains et hésitants. C'est qu'indépendamment des fluctuations de la place, mille circonstances peuvent modifier le gain de la journée. Il y a des étoffes qui rendent plus que d'autres; il y en a dont le montage est lent, difficile, fréquemment renouvelé, source de pertes énormes, car il faut payer la remetteuse et chômer pendant qu'elle travaille; il y a surtout des ouvrières appliquées et robustes, et d'autres qui se découragent facilement ou que leurs forces trahissent. La santé d'une ouvrière entre pour beaucoup dans la détermination de ses bénéfices, la volonté pour plus encore, car une volonté énergique tire parti d'un corps malade et d'une force épuisée. Les supputations les plus favorables ne permettent pas d'évaluer en moyenne la journée d'une tisseuse à plus de 1 franc 50 centimes. Portons, pour mettre tout au mieux, la moyenne des salaires à 1 franc 75 centimes par jour, ce qui donnerait 525 francs par an pour trois cents jours de travail. Avec 1 franc 75 centimes par jour, chiffre exagéré évidemment, on peut vivre, mais on vit très-mal. Si l'on ne prélève

sur le revenu de l'année que 72 francs (20 centimes
par jour) pour le logement, ce logement sera un taudis.
Si l'on ne met pas plus de 150 francs pour le blanchissage, la chaussure et le vêtement, on supposera à
l'ouvrière lyonnaise plus de retenue sur l'article de
la toilette qu'elle n'en montre ordinairement; car
avec cette dépense peut-être excessive pour un budget de 525 francs, elle ne pourra guère se procurer
que le plus strict nécessaire [1]. Il ne reste qu'environ
80 centimes par jour pour la nourriture, les dépenses imprévues et les frais professionnels, à la
vérité presque insignifiants. Si nous avions pris
1 franc 50 centimes pour point de départ, le chiffre
de la dépense journalière tombait à 55 centimes! La
plupart des tisseuses se nourrissent dans l'atelier
avec la famille du maître; cette combinaison, qui
n'est pas toujours praticable, est de beaucoup la
meilleure. Quoique les femmes soient naturellement
sobres, et qu'elles aient en général moins besoin que
les hommes d'une nourriture réparatrice, on doit songer que les tisseuses font un métier assez fatigant, et
que la force leur est nécessaire, ne fût-ce que pour
gagner une bonne journée. Être misérablement logée,
pauvrement vêtue, assez mal nourrie, et avec cela

---

1. On verra dans la troisième partie un calcul qui n'évalue cette
dépense qu'à 115 fr. 50 cent., mais pour l'abaisser à ce point, il a
fallu pousser l'économie jusqu'aux plus extrêmes limites. On doit
remarquer, d'ailleurs, que les ouvrières lyonnaises sont obligées de
sortir tous les jours pour aller travailler sur un métier de maître, et
qu'il en résulte un accroissement de dépense pour les vêtements.

travailler, au minimum, douze heures par jour, voilà quel est le sort matériel d'une ouvrière tisseuse, placée dans des conditions favorables de santé et de travail.

Cependant il faut bien le dire à présent, et on ne le dit pas sans avoir le cœur serré, les tisseuses sont des ouvrières privilégiées; elles sont, après les maîtresses, l'aristocratie de la fabrique. Les *ovalistes* ou moulinières, qui travaillent constamment debout pendant treize heures, ne gagnent que 8 francs par semaine; à certaines époques, leur salaire est tombé à 80 centimes par jour. En général, elles se nourrissent chez les maîtres, qui leur trempent une soupe le matin pour 5 centimes, et leur fournissent un plat à midi pour 25 centimes, le pain restant à leurs frais ainsi que le vin, si elles en boivent. La soupe des ovalistes est passée en proverbe à Lyon. Cette nourriture insuffisante absorbe les deux tiers de leur salaire, si chèrement gagné. Les *dévideuses*, surtout les *dévideuses de trames*, ne sont pas dans des conditions meilleures. Elles travaillent chez des maîtresses qui prélèvent la moitié de leur salaire, comme cela se pratique dans les ateliers de tissage. La journée, après ce prélèvement, flotte entre 1 franc et 1 franc 25 centimes pour treize ou quatorze heures de travail. On leur trempe la soupe deux fois par jour. Les *dévideuses d'organsin* gagnent un peu plus, parce qu'elles travaillent pour les fabricants et non pour les chefs d'ateliers, et parce que l'organsin (la soie des chaînes) a en général plus de valeur que le fil de trame. Les *ca-netières*, qui disposent la soie sur les canettes, ne gagnent que 1 franc pour des journées de douze heures. On leur trempe la soupe deux fois, comme aux dévideuses. Les *ourdisseuses*, dont le salaire est aussi de 1 franc à 1 franc 25 centimes par jour, sont nourries par les maîtres qui les emploient. Dans les bons ateliers, on a une ourdisseuse à l'année pour 100, 125 ou 150 francs de gages. Cela est plus avantageux pour l'ouvrière, parce qu'elle est nourrie, blanchie et logée; mais alors elle se charge des gros ouvrages de la maison, où elle est plutôt considérée comme servante que comme ouvrière. Les gages d'une domestique ordinaire dans une maison bourgeoise de Lyon sont plus élevés. Les *metteuses en mains* sont mieux traitées que les ourdisseuses: leur journée est de 2 francs au moins, et leurs gages, quand on les prend à l'année, sont de 200 à 250 francs. C'est qu'elles travaillent pour les fabricants, et qu'elles sont employées à un métier où le vol qu'on appelle le *piquage d'once* est assez facile. Leur besogne consiste à subdiviser un paquet d'un certain poids en portions plus petites, désignées sous les noms de *mains*, *pantines* et *flottes*. La pantine se compose de deux, trois ou quatre flottes, et il faut quatre pantines pour faire une main. Les *liceuses*, qui fabriquent les lices ou réseaux de longues mailles entre lesquelles passent les fils de la chaîne des étoffes, ont un état peu fatigant, mais qui ne donne pas de quoi vivre. Les *liseuses*, qui font les cadres au moyen desquels on perce les cartons, gagnent quelquefois par jour jusqu'à 1 franc 75 centimes ; elles sont sujettes à de fréquents chômages. Les *tordeuses*, qui placent la nouvelle pièce sur le métier, peuvent en placer deux par jour, et gagnent pour chaque pièce 1 franc 50 centimes. Les *remetteuses* sont encore plus favorisées ; ce sont elles qui changent la disposition du métier, quand la nouvelle chaîne est formée de plus de fils que la précédente. On leur paye 5 centimes par portée, ce qui peut leur faire des journées de 4 francs, et même plus. Une bonne remetteuse est très-recherchée, parce que le tisseur a les bras croisés pendant qu'elle travaille, et qu'il a par conséquent intérêt à obtenir les services d'une remetteuse habile, et à l'avoir sous la main quand il en a besoin. Comme ces ouvrières passent leur vie à courir d'atelier en atelier, ce sont ordinairement des femmes d'un certain âge. On va les chercher chez elles, on les nourrit dans la maison où elles travaillent, et ordinairement on leur fait un petit régal. Le soir, on les reconduit en famille. Ce sont les fêtes de l'atelier.

Dans tous ces calculs, nous n'avons tenu aucun compte des trois fléaux qui rendent la position de l'ouvrier si précaire : le chômage, la maladie et la vieillesse. Même quand le commerce est florissant et la fabrique en pleine activité, l'ouvrier n'est jamais à l'abri du chômage. Il y a des corps d'état où il est en quelque sorte chronique. Les remetteuses, dont le salaire est très-élevé, chôment en général trois jours

par semaine ; elles n'ont presque plus d'ouvrage dès
que le commerce se ralentit. On comprend qu'il en
soit de même des liseuses et de toutes les professions
qui tiennent aux variations de la mode. Les tisseurs
ont plus de fixité, sans pouvoir cependant être sûrs
du lendemain. Tantôt, en arrivant à l'atelier, on apprend que le maître n'a pas de commande, tantôt c'est
une pièce d'un nouveau dessin qu'il faut monter, et
la remetteuse n'est pas prête. On perd un temps in-
calculable en courses dans les ateliers, si l'on est
simple ouvrier, et chez les patrons, si l'on est maître.
Les Anglais disent proverbialement que le temps c'est
de l'argent ; il faut changer cela pour les ouvriers :
pour eux, le temps est du pain. Pendant qu'une
malheureuse femme va d'atelier en atelier, deman-
dant du travail sans en trouver, l'heure du repas
arrive bien vite. Comment montera-t-elle les mains
vides ce long escalier au bout duquel l'attendent ses
enfants, déjà exténués par les privations ? S'il y a un
malade dans le grenier, comment aura-t-elle une
drogue chez le pharmacien, un peu de viande pour
faire un bouillon, une couverture pour remplacer
le feu ?

De temps en temps il survient dans les régions
élevées du commerce une de ces crises que signalent
tant de sinistres à la Bourse. Tout le monde est frappé,
mais c'est dans l'industrie surtout que le contre-coup
est terrible. Du jour au lendemain, les fabricants ar-
rêtent leurs commandes. Aussitôt tous les ateliers se

vident, la poussière les envahit, les métiers dégarnis
ressemblent à des ruines lugubres. Le ménage du
maître vit quelques jours sur ses épargnes; l'argent
épuisé, et il s'épuise bien vite, le pain manque absolument, car il n'y a pas de crédit possible si la crise
menace d'être longue. Le loyer court cependant,
comme l'impôt, pour cet atelier désert; c'est ce qui
précipite la catastrophe. On porte au mont-de-piété
sa vaisselle, sa literie, ses vêtements de chaque jour.
L'ouvrier qui n'a rien, pas d'épargne, pas d'effets,
est mis à l'aumône d'un seul coup. Il devient mendiant avec un cœur courageux et des bras robustes.
En 1836, on ramasse un ouvrier sur le quai de la
Charité, exténué, presque moribond : « c'est de honte
que je meurs, » dit-il pendant qu'on le porte à l'hôpital. A Lyon, le fléau frappe à la fois quatre-vingt
mille âmes dans la ville et quatre-vingt-dix mille dans
la population rurale. La peste et la famine ne sont
rien auprès. La ville est effrayante et navrante le soir.
Tout est éteint et morne dans les quartiers laborieux.
Les femmes se glissent comme des ombres, tendant
la main pour que leurs enfants ne meurent pas, ou
chantent avec des sanglots dans la voix, et le visage
tourné vers la muraille de peur d'être reconnues.

En dehors de ces désastres qui accablent une population entière, il y a des malheurs attachés à la
nature humaine, mais dont les conséquences sont
particulièrement terribles pour ceux qui vivent du
travail de leurs mains. La maladie n'est que la ma-

ladie pour le riche ; pour l'ouvrier, elle est fatalement
la ruine. Dès le premier jour qu'il passe sur le lit de
douleur, la paye est supprimée; en même temps la
dépense augmente. Il faut payer le médecin, le pharmacien. Hélas ! il faudrait aussi avoir de la propreté
autour du malade, donner de l'air à cette poitrine
embrasée. On a pour ressource l'hôpital, quand l'hôpital ne manque pas de lits. On trouve là le repos,
des soins intelligents, des remèdes ; mais l'inquiétude
torture ce corps brisé autant que la maladie. Que devenir pendant la convalescence ? Comment retrouver
un métier, des commandes ? Si c'est une femme, une
mère, où sont ses enfants tandis qu'elle est là gisante
et impuissante ? ·

Il y a aussi la vieillesse, longue et incurable maladie. On fait des calculs sur le salaire des ouvriers :
4 centimes pour le logement, 75 pour la nourriture ;
mais combien pour l'épargne ? Si chaque jour, pendant
la santé et la force, il n'a pas le courage de se retrancher le superflu et quelquefois de prendre sur le nécessaire, quand ses yeux ne voient plus, quand ses
mains tremblent, il tombe à la merci des siens, ou,
s'il n'a pas de famille, à la charge de la charité. Re-
connaissons toutefois que l'industrie de la soie est
une des plus salubres. Les ateliers sont propres et
bien aérés. Le travail est fatigant, sans demander une
grande dépense de force. Il n'engendre aucune maladie spéciale. La navette peut encore être lancée par
les mains débiles d'un vieillard. Il arrive fréquemment

qu'on est obligé de faire aux vieux parents une sorte
de violence pour leur imposer l'oisiveté. Ils aiment
leur profession; cela est en quelque sorte dans le
sang, c'est la vertu locale et l'une des causes de la
supériorité de la fabrique lyonnaise. Ils ont, comme
tous les Lyonnais, un sentiment profond de l'indépendance. Ils se croient dégradés en devenant inutiles.
On ose à peine leur dire que leur tissu n'est plus assez
égal et assez serré, et que le métier qu'ils occupent
rapporterait davantage entre des mains plus jeunes et
plus actives.

Jusqu'ici nous n'avons point parlé des enfants, des
apprenties. Quelques-unes des professions que nous
avons successivement passées en revue exigent à peine
un apprentissage. Au contraire, on a vu que, pour
arriver à être tisseuse, il fallait faire un apprentissage
de quatre ans, c'est-à-dire donner son temps et son
travail depuis l'âge de treize ans environ jusqu'à
dix-sept ou dix-huit. Il y a peu de familles en état
de suffire pendant quatre années à l'entretien et à la
nourriture d'un enfant dont le travail est improductif.
Le nombre de celles qui peuvent racheter deux ans
d'apprentissage en payant 4 ou 500 francs est encore
plus restreint. L'apprentissage proprement dit ne demande pas plus de six mois pour une fille intelligente
et adroite, de sorte que le maître d'atelier profite seul
pendant plus de trois ans du travail de la jeune ouvrière. Il est bien clair que, surtout dans les deux
dernières années, elle gagne des journées presque

complètes, et le prix élevé du rachat montre l'importance des bénéfices réalisés par le maître. Son intérêt
est donc de contraindre l'apprentie à travailler énergiquement pendant toutes les heures qu'elle lui doit.
L'usage fixe la journée à huit heures; mais très-souvent l'apprentie la prolonge de deux heures, et même
de quatre, malgré les prescriptions de la loi sur les
contrats d'apprentissage, et le bénéfice de ce travail
est partagé par moitié entre elle et le maître. Voilà
donc une enfant de quatorze ans, à l'âge où la santé
des jeunes filles demande tant de ménagements, livrée
à un travail qui épuiserait les forces d'une grande
personne, et jusqu'ici la société est désarmée devant
un tel abus.

On sait combien on a eu de peine à introduire dans
la législation des lois protectrices pour les enfants.
En Angleterre, où les usines emploient un si formidable outillage, les manufacturiers ont intérêt à prolonger la durée de la journée pour tirer le plus grand
parti possible de ces coûteuses machines; ils résistent
donc avec énergie à toute limitation des heures de
travail. Le premier sir Robert Peel eut plus d'un
assaut à livrer avant d'emporter le bill de 1802, qui
limitait le travail des apprentis à douze heures effec-
tives, sur lesquelles devait être pris le temps de l'instruction élémentaire, et qui interdisait de les faire
travailler entre neuf heures du soir et six heures du
matin. Et comme le bill n'imposait ces restrictions
qu'au travail des apprentis, et non au travail des en-

fants, les fabricants en furent quittes pour ne plus
signer de contrats d'apprentissage ; car, en Angleterre, la loi est toujours interprétée littéralement, et
l'on aime mieux, en toute occasion, périr par un
texte que par l'arbitraire. La loi protectrice de 1802
fut étendue en 1819 à tous les enfants, apprentis
ou non, au-dessous de seize ans. En 1825, trois
heures furent retranchées au travail de chaque samedi. En 1833, sur la proposition de lord Ashley,
on divisa les enfants en deux catégories : de 13 à
18 ans, ils travaillèrent 69 heures par semaine, soit
11 heures et demie par jour ; de 8 à 13 ans, leur
journée fut limitée à 8 heures. Enfin le 15 mars 1844
sir Robert Peel le ministre fit réduire à 6 heures et
demie le travail des enfants dans cette dernière classe.
Un personnel salarié, créé par la loi de 1833 et composé
de quatre inspecteurs généraux et de nombreux sous-
inspecteurs, tient la main à l'exécution des règlements.

Il est digne de remarque que la France a encore
plus de peine que l'Angleterre à s'accommoder du
principe de la limitation du travail des enfants. En
général, le citoyen est beaucoup plus passif de ce
côté-ci du détroit ; la centralisation, qui règne des-
potiquement sur nous depuis plusieurs siècles, nous
a déshabitués de l'initiative, et l'on nous gouverne en
une foule de choses que nos voisins n'abandonne-
raient pas à la tutelle de leur gouvernement. En
revanche, les Anglais, qui ont moins de lois, leur
obéissent mieux et plus volontiers ; c'est peut-être

parce qu'on ne leur impose que les lois les plus indispensables. Notre loi sur le travail des enfants date
de 1841 ; elle admet, comme la loi anglaise, la distinction proposée par Wilberforce en 1819 entre les
plus jeunes enfants et les adolescents. La première
classe comprend en Angleterre les enfants de 8 à
13 ans ; en France, ceux de 8 à 12 : ainsi la protection se relâche chez nous un an plus tôt. En Prusse,
il faut avoir 14 ans pour entrer dans une manufacture.
Les enfants de 8 à 12 ans peuvent travailler chez
nous 8 heures sur 24, et par conséquent 1 heure et
demie de plus qu'en Angleterre, ce qui est très-considérable : 8 heures de travail pour un enfant de
8 ans ! Chez nos voisins, les enfants d'un âge plus
avancé ne peuvent être employés au travail effectif
que pendant 11 heures et demie sur 24 ; nous tolé-
rons 12 heures de travail effectif. Enfin, malgré notre
ruineuse et énervante manie de créer à tout propos
des fonctionnaires, nous n'avons pas d'inspection
réelle pour le travail des enfants, ce qui rend la loi
impuissante et presque inutile. La loi française ne
s'applique d'ailleurs qu'aux manufactures, usines et
ateliers à moteur mécanique ou à feu continu, et aux
fabriques occupant plus de vingt ouvriers réunis en
atelier. Or les ateliers de la fabrique lyonnaise ne
renferment jamais plus de six ouvriers, et l'administration n'a pas usé du droit qui lui est conféré par
l'article 7 de la loi, d'étendre les prohibitions. Il en
résulte que le travail des enfants n'est protégé que

par la loi sur les contrats d'apprentissage et par la
coutume locale, qui peut être impunément enfreinte,
et qui l'est tous les jours. Cette infraction est d'autant
plus regrettable que la plupart des enfants employés
dans la fabrique lyonnaise ne sont pas de Lyon, et
qu'il ne s'agit pas ici de ces ateliers où l'apprenti
travaille à la journée et se tient pendant un temps
déterminé à la disposition d'un ouvrier ou d'un
contre-maître, leur servant quelquefois d'auxiliaire et
trop souvent de commissionnaire. Dans un atelier de
tissage où chacun a son métier, l'apprenti aussi bien
que le compagnon, et où tout le monde est tâcheron,
les avantages du contrat sont pour le maître en raison
directe du travail qu'il obtient de son apprenti, de
sorte qu'il a intérêt non-seulement à le faire travailler
longtemps, mais à le faire travailler énergiquement.
La loi manque donc précisément là où elle eût été
très-nécessaire. Quand on se promène le soir dans
les rues tortueuses de la Croix-Rousse, et qu'on voit
dans les étages supérieurs ces fenêtres éclairées derrière lesquelles retentit sourdement le bruit de la
barre, on a le cœur serré en pensant à ces pauvres
filles qui sont là depuis six heures du matin, pauvrement vêtues, à peine nourries, lançant et relançant
la navette sans repos ni trêve, courbées sur cette
barre trop pesante pour leurs jeunes bras, la poitrine
fatiguée par leur attitude, ne respirant plus le grand
air, l'air du dehors, l'air de la campagne, si nécessaire à leur développement. Où vont-elles en sortant

de là dans la nuit noire ? Trouvent-elles au moins la
solitude dans l'asile qui les reçoit ? N'obéissent-elles
pas à cet instinct de la nature, si vif dans la jeunesse,
et qui devient si impérieux après de longues journées d'un travail incessant, à l'instinct qui nous
pousse à chercher une diversion ? Et dans cette
absence de bons conseils, de bons exemples, ne de-
mandent-elles pas cette diversion à la débauche,
comme beaucoup d'hommes, dans une situation
moins triste, demandent l'oubli à l'ivresse[1] ?

Quoique le métier de couturière et même celui de
modiste ne soient guère lucratifs, les familles lyonnaises hésitent depuis longtemps à faire entrer leurs
filles dans la fabrique. On a été obligé de chercher au
loin des apprentics. Quand la banlieue n'en a plus
fourni, on est allé jusqu'en Dauphiné, jusqu'en Pro-
vence, jusqu'en Auvergne. Avec le temps, les pères
de famille ont pris des scrupules. Ils se sont demandé
ce que deviendraient leurs enfants dans cette grande
ville. Ils ont remarqué que les jeunes ouvrières trou-
vaient difficilement un mari, quand elles n'avaient
pas vécu dans le sein d'une famille pendant leur apprentissage. Pour remédier en partie à ces maux et
pour calmer ces justes appréhensions, un fabricant,
sorti lui-même des ateliers et devenu riche par des

1. En général, les ouvriers de Lyon ne sont pas adonnés à l'ivrognerie. M. Villermé, qui a étudié de très-près les ouvriers de Lyon
en 1835, et qui les a observés dans les cabarets et dans les cafés,
déclare n'avoir rencontré qu'un seul homme ivre.

miracles d'économie, a eu l'idée de transformer l'apprentissage en une sorte d'internat. Il a bâti tout exprès à quelques lieues de Lyon un établissement considérable, fabrique, école ou couvent, comme on voudra l'appeler. L'idée a prospéré, et il y a maintenant plusieurs maisons de ce genre; nous citerons seulement les trois principales, l'une à Jujurieux pour les taffetas, c'est la maison la plus ancienne; une autre, à la Séauve, pour les rubans; la troisième, à Tarare, n'est qu'un atelier de moulinage annexé à une manufacture de peluche. Les jeunes filles, en entrant dans ces établissements, signent un engagement de trois années, non compris un mois d'essai obligé. On y reçoit aussi des ouvrières, qui contractent un engagement de dix-huit mois.

Le règlement est partout extrêmement sévère. Dans une de ces maisons, par exemple, le travail commence à cinq heures un quart du matin et finit à huit heures un quart du soir. Sur cet espace de quinze heures, cinquante minutes sont accordées le matin pour déjeuner et faire les lits, une heure pour dîner et se reposer, ce qui laisse un peu plus de treize heures de travail effectif[1]. La journée finie, on soupe, on dit la prière, et tout le monde est couché à neuf heures. Les apprenties n'ont droit qu'à une sortie toutes les six

---

1. Chapitre III du règlement : « Le travail commencera à cinq heures un quart du matin et finira à huit heures un quart du soir, à l'exception de deux heures employées à prendre ses repas et à se reposer. »

semaines. On ne trouve dans le règlement d'autre trace d'enseignement élémentaire qu'une école du dimanche : un enseignement aussi rare, donné à des enfants fatiguées par le travail de la semaine, est à peu près illusoire; on aurait agi autrement en Angleterre ou en Allemagne. Il faut dire, comme atténuation, qu'on ne reçoit pas d'enfants au-dessous de treize ans. Le chapitre V du règlement organise l'emploi de la journée du dimanche : « Le dimanche est un jour tout exceptionnel, nous voulons lui conserver le caractère qu'il doit toujours avoir, c'est-à-dire le consacrer à remplir les devoirs religieux et à se livrer au repos. Cependant comme l'ennui ne tarderait pas à rendre le dimanche plus fatigant qu'une journée de la semaine, on variera tous les exercices de façon à passer cette journée chrétiennement et gaiement. » Ce sont là sans doute d'excellents principes. Pour les appliquer, on partage toute la matinée entre les exercices religieux, une école de lecture et d'écriture, et des récréations plus longues qu'à l'ordinaire. De deux heures à trois heures, les apprenties assistent au catéchisme; après le catéchisme, elles entendent les vêpres, et c'est alors seulement, à l'issue des vêpres, qu'a lieu la promenade en commun sous la surveillance des sœurs. Cette promenade est évidemment le grand plaisir de la journée, le but des aspirations de toute la semaine. Le règlement dit bien que dans la belle saison elle se prolonge jusqu'à sept heures; mais en hiver, elle est impossible, ou ne commence qu'à la chute du jour et ne dure qu'un instant. Si le temps ne permet pas de sortir, on remplace la promenade par des lectures en commun. Tous les exercices de la maison, les prières, les repas, les récréations, le travail, les promenades sont dirigés par les sœurs; car les apprenties ne sont jamais seules, ni au dortoir, ni aux ateliers, ni au réfectoire, ni dans les cours; et les ouvrières, que le règlement appelle *ouvrières-apprenties*, sont soumises au règlement comme les enfants; elles doivent la même obéissance aux sœurs. En un mot, toutes les habitantes de la maison sont constamment surveillées, comme dans une pension ordinaire de jeunes filles. La surveillance est confiée aux sœurs de Saint-Joseph dans les établissements de Jujurieux, Tarare et la Séauve; à Bourg-Argental, on a eu recours aux sœurs de saint Vincent-de-Paul qui passent pour plus indulgentes; mais dans toutes les maisons le règlement est très-ponctuellement observé[1].

Il est plus que probable que les pensionnaires de ces établissements sont mieux nourries, mieux couchées, mieux soignées dans leurs maladies que les apprenties et les ouvrières de Lyon; mais ces treize heures de travail surveillé, ce dimanche passé tout entier à l'église ou à l'école, égayé seulement, quand il fait beau, par une promenade qui

---

1. Cf. M. Louis Reybaud, *Études sur le régime des manufactures, condition des ouvriers en soie*, p. 198, 199.

ne commence guère avant quatre heures de l'après-
midi, cette interdiction presque absolue de commu-
nications avec le dehors, constituent un régime qui
effraye l'imagination. Les autres jeunes filles ont au
moins la liberté de leurs dimanches, une liberté relative dans les ateliers, peut-être quelquefois une
promenade ou une causerie le soir après la journée de
travail. Ici tout est bien austère pour des enfants de
treize à dix-huit ans. C'est bien plus que le couvent,
car c'est le couvent avec treize heures de travail. On
se demande en quoi ce régime peut différer de celui
d'une maison de correction. Cependant au premier
appel les familles sont accourues, preuve évidente
qu'elles avaient le sentiment du péril auquel le séjour
de Lyon expose les apprenties sur lesquelles les parents ne peuvent pas veiller. Quoique ces fondations
ne datent pas de loin, on a déjà pu constater que les
jeunes filles trouvent plus aisément à se marier en
sortant de Jujurieux. Les fabricants qui ont fondé ces
écoles n'en retirent pas de profit, obligés qu'ils sont
de marcher en tout temps à cause de leur personnel
et de leur outillage. En un mot, c'est rendre un service aux jeunes ouvrières lyonnaises que de les enfermer pendant trois ans, en les assujettissant à un
travail de treize heures par jour. Ce seul fait éclaire
mieux leur situation que tous les détails dans lesquels
nous sommes entrés. L'archevêque de Lyon a fondé
une communauté de religieuses tout exprès pour
fournir des surveillantes aux fabricants qui voudront

entrer dans la voie des pensionnats d'ouvrières. Il est impossible de ne pas reconnaître qu'en agissant ainsi il reste dans le véritable esprit de l'église catholique et il faut ajouter que cette transformation de la condition des jeunes ouvrières est un progrès sur ce qui existe aujourd'hui, car le plus grand intérêt d'un père et d'une mère obligés de se séparer de leur fille est d'être rassurés sur sa conduite morale. On nous permettra cependant d'avouer d'une manière générale notre éloignement pour ces agglomérations de personnes, qui substituent la communauté à la famille, le règlement à l'affection. Cet internement peut être un bien par comparaison; mais en lui-même il est un mal.

CHAPITRE IV.

Il est assez curieux de remarquer que, tandis que
le clergé catholique, poursuivant un but désintéressé
et charitable, pousse à la transformation de la fabrique en manufacture, certains économistes y poussent aussi par des raisons tout opposées, pour diminuer les frais de la fabrication par l'emploi du moteur
mécanique. De tous côtés, on semble prévoir le moment où le moteur mécanique chassera la force humaine. On n'aura pas même besoin de recourir à la
vapeur, puisque les départements de l'Isère, de l'Ardèche, de la Loire et de la Haute-Loire sont sillonnés
en tout sens par de nombreux cours d'eau. Si une

fois les grandes maisons lyonnaises en prennent leur parti, il est difficile qu'elles n'entraînent pas toutes les autres. Des essais ont été faits avec bonheur pour les étoffes les plus simples, qui exigent peu d'habileté de main-d'œuvre, et notamment pour les crêpes. Il y a donc là une question à examiner, car on ne connaîtrait pas la situation vraie des ouvrières, si on ne tenait point compte de la possibilité d'une transformation aussi radicale.

Il est à peine nécessaire de dire quelle est la cause qui fait présager la transformation prochaine de la fabrique lyonnaise en manufacture. On a calculé que quatre ouvriers aidés par un moteur mécanique font la besogne de douze. En mettant pour le prix d'achat, l'alimentation et l'entretien d'une machine hydraulique, une somme équivalente au salaire de deux ouvriers, on dépasse certainement le chiffre des frais, et on a encore une économie nette de moitié sur la main-d'œuvre du tissage. Peu importe que ces chiffres soient contestés: il suffit que l'économie soit certaine et considérable. Or, dès qu'un fabricant réalisera une économie de moitié sur la main-d'œuvre, il abaissera ses prix de manière à accaparer le marché, et ses concurrents seront forcés de l'imiter ou de se retirer. On ne peut ni recourir à des prohibitions, puisque les prohibitions sont effacées de notre code commercial, ni protéger la fabrique française au moyen d'un droit, puisqu'il s'agit surtout de l'exportation et que le marché national n'écoule que la moindre partie de

nos produits [1], ni surtout renoncer à une branche
d'industrie jusqu'ici florissante, et qui nous donne à
la fois de l'argent, du travail et de la gloire. Pourquoi
ne reconnaîtrions-nous pas de bonne grâce que ces
conclusions sont d'une évidence irrésistible, les pré-
misses étant données, et que, s'il est une fois établi que
la fabrique étrangère peut fournir des produits aussi
parfaits que les nôtres à des prix inférieurs, il faudra
se hâter de lui emprunter ses moyens de fabrication?

Cependant voici un fait bien digne aussi d'attention.
Il y a déjà longtemps que les fabricants anglais appli-
quent le système des manufactures à l'industrie de la
soie, ce qui n'empêche pas Lyon, et en général toute
la fabrique française, de s'en tenir à l'ancienne méthode, et de garder néanmoins son rang sur le marché. Quelle est la cause de ce phénomène?

S'il ne s'agissait que d'une simple hésitation, d'un
retard, rien ne serait plus facile à expliquer. La place
de Lyon a deux caractères qui lui sont propres : une
extrême prudence, une extrême solidité. Les négociants ont résisté jusqu'ici à la tentation d'augmenter
leurs affaires par le crédit. Ils achètent la soie à
soixante jours, sous la condition de payer l'intérêt du
prix s'ils vont jusqu'au terme, et de ne pas payer
d'intérêts s'ils effectuent le payement dans les dix

1. L'Autriche, la Suisse, le Zollverein et l'Angleterre produisent
ensemble des tissus de soie pour une somme que M. Louis Reybaud évalue à 469 millions de francs, tandis que la France en produit à elle seule pour 532 millions.

jours. Il est bien rare qu'ils ne s'affranchissent pas
des intérêts par un payement anticipé ; un négociant
qui ne solde pas ses achats dans les dix jours de la
livraison porte infailliblement atteinte à son crédit
commercial. Ils traitent avec leurs acheteurs dans les
mêmes conditions. Comme ils sont soumis, ainsi que
nous l'avons vu, aux chances de la récolte et à celles
de la mode, ils ne veulent pas se charger en outre des
chances du crédit. Ce sont des négociants de la vieille
roche, spéculant à coup sûr, autant du moins que le
permet l'incertitude des prévisions humaines. La
place de Lyon compte à peine une faillite par an.
Malgré cette extrême prudence, la matière première
représentant à peu près la moitié de la valeur des
tissus, les crises prennent très-vite des proportions
considérables; aussi les négociants ne font-ils jamais
d'approvisionnements supérieurs aux besoins présu-
més d'une saison. Au moindre signe de diminution
dans la vente, ils restreignent leurs achats s'il se peut,
et en tout cas leurs commandes. S'ils fabriquaient
eux-mêmes, comme les Anglais, ils auraient un personnel d'ouvriers sur les bras, un outillage considérable, de vastes terrains occupés, ou se verraient
contraints, dans les moments de crise, de fabriquer
coûte que coûte pour ne pas laisser improductif un
capital aussi important. C'est précisément ce qui
rend lourdes pour leurs fondateurs les écoles d'apprentissage de Jujurieux, de Tarare et de la Séauve.
Quand tous les ateliers sont fermés parce qu'on ne

trouve plus d'écoulement pour les produits, Jujurieux n'en a pas moins ses quatre cents ouvrières à nourrir. Au contraire, le fabricant lyonnais, qui commande à chaque compagnon une pièce à la fois, voyant le marché se restreindre, ne renouvelle pas sa commande, et tout est dit.

On comprendrait donc, avec ces habitudes invétérées, dont quelques-unes sont des traits de caractère, que le commerce de Lyon pût hésiter ; mais il fait plus : il se tient inébranlable dans ses anciennes allures. Les statistiques les plus exactes ne portent qu'à cinq mille seulement le nombre des métiers mus par des moteurs mécaniques, et ils sont presque tous placés hors de Lyon et du département du Rhône. À Lyon même, le moteur mécanique n'a encore fait de conquêtes importantes que parmi les théoriciens. Le commerce a donc provisoirement trouvé le moyen de soutenir la concurrence contre les prix anglais. A-t-il pour cela fait quelques sacrifices, et renoncé par exemple aux étoffes unies pour se rejeter uniquement sur les articles de goût ? Il ne l'a pas fait et ne pouvait pas le faire. Jusqu'à présent, la supériorité de la fabrique lyonnaise au point de vue de l'art n'est pas menacée ; cette supériorité incontestable tient à diverses causes : aux dessinateurs sans doute, qui sont les premiers du monde, mais aussi au goût exercé des fabricants et des ouvriers. L'Angleterre fonde d'excellentes écoles de dessin, et, comme si elle se défiait elle-même de ses aptitudes, elle prend à Lyon ses dessinateurs et jusqu'à ses modèles. Rien n'y fait. Nos produits conservent une telle supériorité, que le principal effort de la fabrique étrangère consiste à nous copier. En ce sens, Lyon est devenu une fabrique d'échantillonnage universel. Les reproductions mêmes ne sont point parfaites. L'ouvrier anglais ou allemand imite scrupuleusement la pièce : dessin, couleurs, nuances, tout se retrouve dans la copie, excepté une certaine physionomie de l'original qui lui donne son cachet. Nous restons donc les maîtres pour la haute fantaisie, le grand luxe; mais ce n'est là que la fleur de la fabrique. La force du commerce est dans les étoffes courantes; si nous étions battus sur ce dernier point, la fabrication des étoffes de luxe ne serait plus qu'une partie relativement très-insignifiante de la richesse nationale, et il n'est pas même certain qu'on pût la continuer longtemps dans ces conditions, parce qu'il faut qu'une industrie soit montée sur un grand pied pour être florissante, et que les ouvriers d'élite se recrutent dans la masse des ouvriers ordinaires. La vérité est que Lyon a lutté, pour les étoffes de luxe, par la supériorité de ses produits, et pour les étoffes courantes, par la dissémination commencée et chaque jour croissante des métiers dans la banlieue, ce qui a permis de réaliser d'importantes économies sur la main-d'œuvre, et par conséquent de tenir les prix de vente au niveau des étoffes étrangères.

Cette dissémination des métiers hors de Lyon est un fait d'une importance capitale : elle nous préser-

vera de la manufacture, ce qui est un grand bien pour
la morale; elle donnera aux femmes un travail isolé
et sédentaire, ce qui peut être le salut de la famille;
elle luttera, au grand profit de l'ordre et au grand bénéfice des ouvriers, contre la dépopulation des campagnes; elle servira en même temps les intérêts de
l'industrie et ceux de l'agriculture. C'est vers ce but
assurément que doivent tendre de tous leurs vœux,
de tous leurs efforts, tous ceux qui s'intéressent au
sort des femmes, à la restauration des vertus de la
famille. M. Villermé déclarait déjà en 1835 que les
compagnons qui fabriquent les étoffes unies légères
gagnaient à peine de quoi vivre. A plus forte raison, le
salaire des femmes était alors et est encore aujourd'hui
insuffisant; cependant il n'y a aucun reproche à faire
au commerce, aucune réforme à lui proposer, tant
que la fabrication restera concentrée dans la ville. Il
faut que les femmes puissent se marier, et que les
femmes mariées puissent rester tout le jour au domicile commun, pour y être la providence et la person-
nification de la famille. A Lyon, les ouvrières se marient difficilement, parce que la débauche y est facile
pour les hommes, et parce que, les femmes gagnant
à peine le nécessaire pour elles-mêmes, les enfants
retombent à la charge du mari. Une fois mariées, si
elles n'ont pas un capital pour acheter un métier, elles
continuent à fréquenter l'atelier treize heures par jour,
ce qui réduit à l'état d'orphelins des enfants dont le
père et la mère sont vivants et valides. Tout change,

si la fabrique, au lieu de se concentrer à Lyon, se répand hors de la ville. Les femmes contractent des mariages réguliers; elles contribuent doublement, par leur salaire et par leurs soins, à l'aisance commune ; elles vivent constamment au milieu de leurs enfants, ce qui est pour ainsi dire leur atmosphère vitale. En même temps, le commerce lyonnais, loin de s'appauvrir par cette transformation, réalise des économies qui le mettent en état de tenir tête à la concurrence anglaise.

Tout le monde comprend que l'ouvrier des campagnes, dépensant moitié moins que l'ouvrier des villes, peut se contenter d'un salaire moitié moindre. Ce n'est point ici comme pour la substitution des femmes aux hommes et des enfants aux femmes dans les manufactures; il ne s'agit pas de spéculer sur les privations que l'ouvrier de la campagne peut supporter, car si les objets de consommation lui coûtent moitié moins qu'à l'ouvrier de la ville, il reçoit un salaire égal en touchant une somme d'argent moitié moindre. A la vérité, pour que cette proposition soit juste, il faut supposer que tout l'argent de l'ouvrier est immédiatement consommé pour ses besoins, et qu'il ne fait pas d'épargne; il serait donc équitable de lui tenir compte de cette différence: l'économie pour le fabricant n'en serait pas moins énorme. Disons sur-le-champ, à l'honneur de la fabrique lyonnaise, qu'il y a tout lieu de compter que, si l'exemple donné par quelques-unes des maisons les plus fortes et les plus intelligentes de décentraliser le travail vient à se gé-

néraliser, les salaires seront établis sur un pied raisonnable. On calcule que, dans l'état actuel, les capitaux employés dans la fabrique de la soie ne rendent
pas au delà de 10 pour 100, ce qui prouve que les
exigences du capital ne sont pas exagérées.

Une autre économie considérable et toute spéciale
résultant de la décentralisation serait la suppression
du chef d'atelier. A Lyon, tout maître tisseur prélève
de droit la moitié du salaire gagné par les compagnons.
Si, par exemple, le travail d'un compagnon produit
8 francs par jour, le commerçant débourse 8 francs,
et l'ouvrier n'en touche que 4. 2 francs à peu près
représentent les frais généraux; il y a donc 2 autres
francs qui accroissent la part du chef d'atelier sans
utilité réelle.

Assurément, comme il n'y a ni droit de maîtrise,
ni brevet, ni rien de semblable, et que la différence
entre le maître et le compagnon tient uniquement à
la possession du métier, on pourrait croire que la
même distinction se reproduira à la campagne pour
les mêmes motifs; mais il faut remarquer que l'achat
du métier sera moins difficile pour l'ouvrier rural. Un
métier pour tisser les châles coûte 12 ou 1500 francs;
c'est le prix courant à Saint-Étienne pour la fabrique des rubans. Un métier à tisser ordinaire, tel
qu'il en faudrait aux ouvriers de la banlieue lyonnaise, ne coûte pas plus de 150 francs, et il en
coûterait en outre depuis 30 jusqu'à 150 francs, suivant le nombre des crochets, pour le transformer

en métier à la Jacquard. Or l'apprentissage à la ville coûte quatre années de temps, ou une année et 400 francs; il est clair qu'à la campagne il sera facile de faire une économie de plus de 200 francs sur cette dépense; on peut donc dire, sans rien exagérer, qu'on aura le métier pour rien. D'ailleurs pourquoi la maison n'achèterait-elle pas le métier à son propre compte, comme cela se pratique déjà dans plusieurs maisons importantes? Si la charge paraissait trop lourde, le négociant pourrait se couvrir au moyen d'annuités. La fabrique de Lyon élèverait ainsi les compagnons au rang de maîtres sans se grever. Les manufacturiers de Mulhouse transforment par un procédé analogue les ouvriers en propriétaires[1]. Rien ne saurait mieux convenir au rôle des chefs d'industrie et aux sentiments qui les animent.

Il importe d'ailleurs extrêmement de ne pas oublier que l'emploi du moteur mécanique peut très-bien se concilier avec l'établissement des métiers ruraux. La houille est abondante à Lyon et à Saint-Étienne; les chutes d'eau ne manquent pas dans la banlieue lyonnaise, qui comprend, au point de vue industriel, l'Isère, l'Ardèche, la Loire et la Haute-Loire. Il n'est pas nécessaire qu'une machine, quand elle coûte peu, fasse mouvoir un grand nombre de métiers à la fois. M. Louis Reybaud raconte qu'à Elberfeld, quand le

---

1. On trouvera dans la quatrième partie la description des cités ouvrières de Mulhouse.

premier moteur mécanique fut introduit, les ouvriers, comme partout, se crurent perdus; mais au lieu de s'attrouper et de briser les appareils, ce qu'ils n'auraient pas manqué de faire ailleurs, ils attendirent patiemment le résultat de l'épreuve, non sans une secrète espérance de la voir échouer. Les machines réussirent. Que firent les ouvriers? Ils en achetèrent. Ils luttèrent avec des machines de six chevaux contre des machines de trente-cinq chevaux, et ils luttèrent avec succès. On pourrait donc à la rigueur avoir à la campagne, au lieu de métiers isolés, des ateliers restreints, et cela vaudrait toujours mieux pour les mœurs que des manufactures, et surtout des manufactures à la ville. On y réunirait les femmes d'une même famille avec tous les avantages du travail isolé. Si nous étions moins indifférents sur la morale, nous trouverions fréquemment que l'intérêt du bon ordre et des bonnes mœurs se concilie très-bien avec le progrès économique; mais c'est un malheur de notre société que les moralistes dédaignent les questions industrielles, au risque de se rendre impuissants, tandis que de leur côté les intérêts consentent à peine à tenir compte des questions morales.

Les défenseurs de l'agglomération prétendent qu'on ne peut confier de la soie à de grandes distances; comme s'il n'était pas tout aussi facile de se renseigner sur un paysan demeurant chez lui, dans son village natal, que sur un ouvrier perdu au milieu de Lyon, à cinquante lieues de sa famille. Ils insistent sur la nécessité de surveiller le travail pour que le dessin soit bien exécuté, la trame serrée également, le tissage fait avec propreté. La réponse est facile. Ce n'est pas en général le commerçant lui-même qui exerce cette surveillance, ce sont des commis qu'on appelle *commis de ronde;* il s'agit tout au plus d'en augmenter le nombre, ou de leur donner un cheval, comme à Saint-Étienne et à Saint-Chamond. D'ailleurs on fera faire à Lyon, sous les yeux des négociants, les *façonnés*, qui sont une affaire de goût et qui peuvent braver l'élévation des prix; le travail rural ne sera que pour les *unis*, qui n'exigent pas une surveillance aussi assidue. Enfin on voit des difficultés dans les déplacements de l'ouvrier, de la matière première, des tissus; mais il est clair qu'il se créera des centres secondaires, qu'on installera des comptoirs : toutes ces difficultés prétendues ne sont que des nouveautés; et dans notre pays très-routinier et très-peu entreprenant, toute nouveauté paraît longtemps une impossibilité.

Il y a peut-être plus de force réelle dans l'objection qui consiste à dire qu'il faut être laboureur ou tisseur, et qu'on ne saurait être à la fois l'un et l'autre; qu'un paysan qui, dans le moment où la terre ne le réclame pas, se met au métier pour utiliser son chômage, travaille nécessairement sans propreté et sans délicatesse. Il est certain que la théorie des alternances proposée par Owen en 1818, et qui fait d'une profession industrielle la compagne complaisante

et soumise de l'agriculture, ne tient pas contre les
difficultés pratiques, quand il s'agit d'une profession
qui exige du goût, de l'adresse, une main légère.
A Crefeld, où quelques laboureurs emploient le mauvais temps à tisser, on n'obtient d'eux que des ouvrages de qualité très-inférieure; mais à Crefeld aussi
la plupart des métiers à tisser ruraux sont tenus par
des femmes, et ceux-là réussissent à merveille. A Zu-
rich, les femmes occupent cinq métiers sur six. Voilà
le vrai, voilà un partage intelligent du travail : à
l'homme, la charrue, la bêche, le râteau ; à la femme,
la navette et le fil de soie. Le mari vit au grand air,
bravant la pluie ou le soleil ; la femme reste sédentaire, n'interrompant son travail que pour vaquer
aux menus ouvrages de la maison. Ces campagnardes,
qui ne remuent pas le hoyau, ont bien vite la main
légère, elles apprennent bien vite à exagérer la propreté, et leur maison y gagne en même temps que
leur état. Souffrons, puisqu'il le faut, qu'un homme
manie la navette et reste assis à l'ombre treize heures
par jour; cependant il vaut mieux pour lui suivre ses
grands bœufs et marcher dans la terre fraîchement
remuée. Il est plus à sa place dans les sillons de son
champ, dans les herbes humides de ses prés. Il y déploie mieux sa vigueur, il y sent plus complétement
sa dignité. Ce mâle labeur est fortifiant pour son corps
et pour son âme. La femme au contraire ne s'accou-
tume que malaisément à ces brusques transitions du
froid et du chaud ; elle a peine à conduire un atte-

lage, ses mains ne sont pas faites pour la pioche et le râteau; son corps succombe sous le faix des grandes gerbes qu'il faut porter au chariot ou à la meule. Pendant qu'elle sarcle ou qu'elle fauche, dépensant beaucoup de peine pour peu de besogne, la maison reste vide et l'enfant est abandonné. On se plaint de la désertion de la campagne; à quoi tient-elle? A l'abaissement des salaires. Les manœuvres vont se faire journaliers à la ville parce que le travail dans les villes se paye moitié plus; le père envoie ses enfants en apprentissage à Lyon parce qu'il y gagnera plus tard des journées de 4 francs, tandis qu'il arrive difficilement à 1 franc ou à 1 franc 50 centimes dans les plaines du Dauphiné. Si dans chaque ferme les femmes gagnaient de bonnes journées au travail de la soie, il en résulterait une grande aisance pour la maison; le laboureur, privé du concours de sa femme et de ses filles, appellerait un ouvrier à son aide en le payant bien. Un bon ouvrier fait la besogne de trois femmes. Le premier principe économique est d'appliquer tout producteur à l'ouvrage auquel il est propre.

Les résistances, autant qu'on peut le présumer, viendront d'en bas plutôt que d'en haut. L'esprit de routine retient seul encore les fabricants; mais les chefs d'ateliers ont tout à perdre à cette transformation. Il s'agit pour eux de rentrer dans les rangs des simples ouvriers, et de renoncer à l'importance individuelle et collective que comporte leur situation actuelle. Les compagnons, qui ne pourraient que gagner

à la suppression des maîtres, y répugnent aussi : le
séjour de la ville a un grand attrait pour eux ; ils ne
pourraient plus se faire aux habitudes de la campagne.
On trouve ce sentiment même chez les femmes. La
ville les tente par leurs mauvais côtés, par le luxe,
par les plaisirs, les spectacles. Une fois habituées à
ne dépendre que d'elles-mêmes aux heures où l'atelier ne les réclame pas, elles ne pensent pas volontiers
à reprendre le joug des habitudes domestiques, ce
joug si doux à porter quand on n'a pas fait l'essai
d'une liberté maladive et fatale. Au fond, il ne peut
être question de renvoyer chez eux les ouvriers de
la ville ; tout ce qu'on peut faire, c'est de diminuer
progressivement le nombre des ateliers de Lyon, en
multipliant les commandes au dehors. L'exemple de
plusieurs maisons importantes prouve que cela est praticable. En Suisse, en Allemagne, on ne procède pas
autrement. La moitié de la fabrication de Viersen et
de Crefeld se fait ainsi à domicile, loin des grands
centres de population. Pourquoi ce qui se fait avec
un plein succès à Viersen, pourquoi ce que font avec
un succès égal certains négociants de Lyon ne se fe-
rait-il pas par tous les autres ?

Il est bien à craindre d'ailleurs qu'**on** ne puisse
maintenir longtemps les habitudes actuelles en présence des concurrents étrangers. Il faudra recourir à
la dissémination des ateliers ou au moteur mécanique.
Le premier procédé n'a que de bons résultats ; le second n'est pas sans inconvénients.

D'abord il faudrait que le commerce de Lyon renonçât à toutes ses façons d'agir. Dans son organisation actuelle, rien ne lui est plus facile que de suivre les variations de la mode. Cette aptitude à se transformer est une des conditions de son succès, que l'outillage en grand et le travail par masses ferait disparaître. C'est là, dans cette industrie spéciale, un inconvénient réel des machines, et il a plus d'importance chez nous que chez nos voisins, dont les modes ont une certaine fixité, surtout pour les étoffes courantes. Non-seulement le négociant de Lyon peut changer ses dessins en un clin d'œil, mais il peut ralentir ou suspendre sa fabrication suivant les besoins. Au contraire, du moment qu'on a de vastes ateliers, un immense loyer sur les bras, des machines, des impôts à payer, des ouvriers enrégimentés par centaines, on ne peut plus, comme aujourd'hui, attendre la commande ou ne la devancer qu'avec réserve, diminuer quand il le faut sa fabrication, ou même l'arrêter tout à fait. Il y a des frais courants qui en très-peu de jours constitueraient des pertes considérables, si l'on gardait à sa charge dans une inaction complète tant de bras et tant de métiers. La nécessité de travailler dans les crises entraîne l'obligation de recourir au crédit, car on ne pourrait plus atténuer les effets du chômage de la vente par le chômage de la fabrication. Voilà tout Lyon en quelque sorte bouleversé, la solidité proverbiale de la place compromise, tous les rapports changés avec les producteurs de

soie, les ouvriers et les marchands. Le fabricant ne
se reconnaîtrait plus lui-même. Le chef d'une grande
usine qui emploie quatre ou cinq cents ouvriers n'a
rien de commun avec le fabricant que nous connaissons, que rien ne détourne des deux opérations fon-
damentales de son industrie, l'achat des matières
premières et la surveillance de la fabrication. Quant à
l'ouvrier, il périt en quelque sorte dans ce change-
ment; c'est l'eau et la vapeur qui le remplacent. On
dit que les crises seraient moins fréquentes, mais à
quelle condition? A la condition d'être cent fois plus
redoutables quand elles éclateraient, car la modéra-
tion des achats n'entraîne qu'une suspension de travail, tandis que la faillite d'un négociant a pour conséquence la suppression des métiers. Au milieu de
cette métamorphose universelle, nos produits conser-
veraient-ils leur supériorité? Cela est peut-être dou-
teux. Il est très-difficile d'apprécier les causes de la
supériorité en matière de goût; on peut dire au moins
que trois personnes concourent à la perfection de nos
soieries : le dessinateur, le fabricant et l'ouvrier. La
preuve que la supériorité du dessin n'est pas tout,
c'est que nos modèles sont copiés partout avec la dernière exactitude, et ne sont égalés nulle part. Quand
nous aurons remplacé la main de l'homme par des
machines, peut-être devrons-nous nous estimer heureux de réussir aussi bien que les Anglais.

Faisons-nous, en parlant ainsi, la guerre aux machines, à la vapeur, et à tout ce qu'on est convenu

d'appeler la grande industrie? Le ciel nous en préserve. Le moteur mécanique est un progrès réel, puisqu'il exempte de plus en plus les hommes de l'obligation d'être des bras, et qu'il leur permet de plus en plus d'être des intelligences. Il augmente le bienêtre des ouvriers, puisqu'il met à leur portée des meubles, des étoffes, qui étaient encore, il y a moins de cent ans, des objets de grand luxe. Le mètre de coton, qui coûte aujourd'hui 1 franc, aurait coûté 3 francs avant la Révolution; la consommation des produits manufacturés était en 1788 de 38 francs pour chaque habitant, et de 125 francs en 1847. Mais nous ne parlons ici que de l'industrie de la soie, dont la situation est toute particulière, et nous ne faisons pas de thèse générale. Il y a certainement quelques industries où l'on peut forcer la fabrication pour forcer le marché; quant au marché de la soie, aujourd'hui immense, il paraît avoir atteint tout son développement. Lutter par la fabrication grossière et les bas prix contre le lin et le coton serait une entreprise ruineuse pour le producteur et sans utilité réelle pour le consommateur. Il ne serait donc pas à propos, dans cette question, de répéter que l'intérêt de la consommation prime tout, et que si la machine produit de meilleurs résultats ou les mêmes résultats à moindre prix, on doit appeler la machine, parce que l'intérêt du fabricant, comparé à celui du consommateur, est toujours éphémère, la force délaissée ne manquant jamais, au bout de quelque temps, de trouver un em-

ploi utile. La question est toute différente. L'humanité
peut se passer d'avoir un plus grand nombre de robes
de soie; mais la France ne peut pas laisser l'industrie
de la soie sortir de chez elle. Il n'y a au fond à se
préoccuper que de la concurrence, et tant que le travail isolé nous permettra de tenir tête aux manufactures, nous n'aurons pas de motif, au point de vue
industriel, de renoncer au travail isolé. ,

Certes aucun esprit sensé ne voudrait résister à
l'établissement des manufactures, s'il fallait opter
entre elles et la ruine de notre fabrique. Cependant,
si l'industrie nationale peut être sauvée par un autre
moyen, il est bien permis de souhaiter que la famille
de l'ouvrier échappe à ce nouveau fléau dont on la
menace; la famille, dis-je, car c'est elle qui souffre
chaque fois qu'une branche de travail isolé est détruite au profit du travail en commun. Ces grandes
simplifications de l'industrie, qui produisent tant de
merveilles parce qu'elles multiplient indéfiniment les
forces disponibles, ont le malheur de désorganiser la
plus simple, la plus naturelle et la plus nécessaire de
toutes les associations. Elles améliorent évidemment
la vie matérielle, mais elles menacent quelquefois la
vie morale. La société supporterait cette calamité, si
les hommes seuls étaient enrégimentés au service du
noir génie de la vapeur, car après tout la tâche principale de l'homme dans la famille est de l'édifier par
son exemple et de la faire vivre par son salaire. Le
père de famille n'a pas besoin de rester tout le jour

parmi les siens. Quand il revient le soir, portant ses
outils, après douze ou treize heures de fatigue, et
qu'il s'asseoit à son foyer, près de sa femme, avec ses
enfants pendus à son cou, il n'est personne autour de
lui qui ne bénisse le travail qui donne à toute la maison
la sécurité et le bien-être. Rien qu'en pressant ses
mains calleuses, son jeune fils s'instruit des nécessités
et des consolations de la vie. Mais si, à l'aube du
jour, la mère prend le même chemin que son mari,
laissant le plus jeune enfant à la crèche, envoyant
l'aîné à l'école ou à l'apprentissage, tout est contre
nature, tout souffre, la mère éloignée de ses enfants,
l'enfant privé des leçons et de la tendresse de la
mère, le mari qui sent profondément l'abandon et
l'isolement de tout ce qu'il aime. S'il y a une chose
que la nature nous enseigne avec évidence, c'est que
la femme est faite pour être protégée, pour vivre,
jeune fille, auprès de sa mère, épouse, sous la garde
et l'autorité de son mari. L'arracher dès l'enfance à
cet abri nécessaire, lui imposer dans un atelier une
sorte de vie publique, c'est blesser tous ses instincts,
alarmer sa pudeur, la priver du seul milieu où elle
puisse vraiment être heureuse. Trop souvent l'atelier
où on la conduit est mixte, et elle se voit obligée de
vivre au milieu des hommes, dans un contact perpétuel avec eux. N'est-il pas à craindre que les opinions
libres et quelquefois immorales qui ont cours parmi
les ouvriers ne se communiquent à leurs compagnes ? Quand même elles échapperaient aux autres

périls, il est presque impossible que leur esprit demeure chaste. Il est trop évident d'ailleurs que, dans
une grande réunion de femmes, il y en a que le vice
a flétries; cependant les femmes honnêtes qui gagnent leur vie dans le même atelier travaillent tout le
jour côte à côte avec elles; elles subissent leur contact et
peut-être leur amitié, car il n'est guère possible d'iso-
ler son âme dans cette promiscuité forcée.

Ce qui caractérise la situation des femmes travaillant en commun dans un atelier, c'est qu'elles
souffrent par leurs vertus. Otez-leur les vertus de
leur sexe, et il n'y aura plus de motif pour les plaindre. Le travail n'est pas plus fatigant à l'atelier que
dans la mansarde, et il s'y fait souvent dans de meilleures conditions pour la santé et le bien-être de
l'ouvrière. On peut même penser qu'à ce point de
vue la manufacture est plus avantageuse que la fabrique proprement dite : il est bien entendu que
cette remarque ne s'applique pas aux professions insalubres. Plus la manufacture devient considérable, et
plus le patron s'élève en richesse, en importance sociale; en même temps qu'il s'élève, il comprend mieux
ses devoirs envers les instruments vivants de sa fortune, et il a plus de moyens pour les remplir. Certes
on rencontre encore un très-grand nombre d'ateliers
où le patron n'est qu'un calculateur sans cesse préoc-
cupé d'augmenter la vente et de diminuer les frais
aux dépens de qui il appartiendra; mais qui ne sait
que déjà quelques-unes de nos grandes industries ri-

valisent à qui fera le plus de bien aux ouvriers?
Quand on construit les ateliers, au lieu de ménager
l'espace pour diminuer la dépense, on veille à faire
arriver à flots l'air et la lumière, ces deux puissants
véhicules de la vie et de la santé. Si une industrie
a des effets délétères, on demande à la science des
outils, des remèdes, pour diminuer au moins un
malheur qu'on ne peut supprimer. Tantôt on organise
dans les ateliers un système de primes, tantôt on
fonde des caisses locales de secours. Les fabricants
s'occupent de l'approvisionnement pour les ouvriers;
ils rendent leur vie meilleure et moins chère en supprimant les intermédiaires coûteux. Sur différents
points du territoire, de véritables hommes de bien
ont créé autour de leurs ateliers des colonies où l'ouvrier trouve à bas prix un logement commode, un
jardin, des soins pour ses maladies, des livres même,
la chance de devenir un jour propriétaire de sa maison par voie d'amortissement, non-seulement le bien-
être, mais un peu de luxe, en un mot des conditions
meilleures que ce qu'il aurait pu réaliser par le travail le plus opiniâtre et le plus heureux, s'il était de-
meuré livré à ses propres forces. Ces fondations n'ont
pas le caractère transitoire des œuvres de bienfaisance; elles ne disparaîtront pas avec les hommes
éclairés qui en ont pris l'initiative. Tout indique au
contraire qu'elles sont les premiers et honorables
essais d'un système qui tend à s'établir et à se généraliser. D'abord, point essentiel, l'ouvrier les accepte

avec empressement, ce qui prouve qu'elles sont conçues dans un esprit véritablement pratique. Quant
aux patrons, ils ont intérêt à les maintenir, même au
prix d'assez grands sacrifices, car s'il y a un point
désormais acquis à la science, c'est que le meilleur
ouvrier, le plus productif et le plus habile, est l'ouvrier bien nourri, bien logé, content de son sort,
habitué à la propreté et à la prévoyance. Nos chefs
d'industrie comprennent, comme l'aristocratie anglaise, qu'il faut prévenir les dangers du socialisme
en réalisant sans lui le bien qu'il rêve, et qu'il ne
pourrait accomplir. La philosophie morale, dont les
préceptes se répandent chaque jour, leur apprend
qu'enrichis par le travail de leurs ouvriers, ils ne sont
pas quittes envers eux quand ils leur ont payé un
juste salaire, et qu'au-dessus des devoirs réglés par
la loi il y en a d'autres, non moins sacrés, qui ne re-
lèvent que de Dieu et de la conscience.

La même sollicitude qui veille au bien-être des
ouvriers s'est étendue sur leurs enfants. A Manchester, en 1847, quand l'industrie commençait à remplacer partout les hommes par des femmes, un grand
nombre de malheureuses mères n'avaient d'autre ressource que de confier leurs enfants à la mamelle à
des gardiennes mercenaires qui en réunissaient le
plus grand nombre possible dans des chambres malsaines, où toutes les conditions de la santé et de la
vie leur manquaient. Pour réduire au silence et à l'immobilité ces pauvres créatures, on leur faisait pren-

dre des doses d'opium. A la même date, par une conséquence terrible, le quart des individus qui mouraient n'avait pas dix-huit mois, la moitié n'avait pas dix ans. Aujourd'hui, en France comme en Angleterre, l'institution des crèches s'est multipliée. Il n'y a pas de grand centre industriel qui n'en soit pourvu. A la crèche succède immédiatement l'asile, puis à l'asile l'école primaire. L'enfant est soigné et protégé depuis sa naissance jusqu'au commencement de l'apprentissage. Ceux qui n'ont jamais vu ni une crèche ni un asile ne savent pas avec quelle intelligence ces utiles établissements sont organisés, à quelle active surveillance ils sont soumis, avec quel dévouement on s'y occupe de la santé et du bien-être des enfants. Grâce à la crèche et à l'asile, l'enfant du pauvre ne connaît plus ni le froid, ni la faim, ni la malpropreté, ni le vagabondage. La mère dans son atelier peut être tranquille sur le sort de son nourrisson.

Que lui manque-t-il donc à cette femme, à cette mère, pour être heureuse? Il lui manque la présence de son enfant. Si tout se réduisait en ce monde à avoir un abri pour sa tête, des vêtements, de la nourriture, il n'y aurait rien à redire à cette vie en commun. Le pain est abondant, la nourriture est saine, le corps ne souffre pas; mais l'âme souffre. Cette femme à chaque instant est blessée dans sa pudeur, menacée dans sa chasteté; cette épouse vit loin de son mari, ne prenant pas même ses repas avec lui, et ne le retrouvant que le soir, quand ils arrivent l'un et l'autre

de leurs ateliers, épuisés et haletants; cette mère
n'embrasse pas son enfant à la clarté du soleil, elle
ne le tient pas dans ses bras, elle ne le dévore pas de
ses yeux charmés, elle n'assiste pas à ses premiers
bégaiements, elle n'a pas les prémices de ses premiers
sourires. Étrange illusion de ces mécaniciens de la
vie sociale qui font tout par des rouages : la crèche
pour l'enfant au berceau, l'atelier pour l'âge mur,
l'hospice pour la maladie et la vieillesse ! Ils songent
à tous les besoins de la nature humaine, excepté à
ceux du cœur, dont ils ne sentent pas les battements.
Ils auront grand soin de mesurer la quantité d'air et
de nourriture qu'il faut à une ouvrière, ils propose-
ront des lois pour que son travail ne soit pas prolongé au delà de ses forces; mais ils ne feront rien
pour que cette ouvrière puisse être une femme. Ils ne
savent pas que la femme n'est grande que par l'amour,
et que l'amour ne se développe et ne se fortifie que
dans le sanctuaire de la famille.

Quand on aura donné la dernière perfection aux
ateliers, aux crèches, aux écoles, aux hôpitaux, quand
il sera bien démontré que, grâce à ces conquêtes de
la philanthropie, l'ouvrier trouve plus de comfort dans
la vie commune qu'il n'en pourrait rêver dans la vie
de famille, le seul fait que les femmes sont entraînées
avec leurs maris et leurs enfants dans cette nouvelle
organisation où les affections intimes ont si peu de
place, constituera encore un véritable malheur social.
Les femmes sont faites pour cacher leur vie, pour

chercher le bonheur dans des affections exclusives, et pour gouverner en paix ce monde restreint de la famille, nécessaire à leur tendresse native. La manufacture, qui a quelque chose du couvent et de la caserne, sépare les membres de la famille contre le vœu de la nature; elle substitue à l'autorité du mari et du père l'autorité du règlement, du patron et du contremaître, et les froids enseignements du maître d'école à cette morale vivante qu'une mère fait pénétrer avec ses baisers et ses larmes dans le cœur de son enfant. Pour que les mœurs conservent ou retrouvent leur pureté et leur énergie, la première de toutes les conditions, c'est que la femme retourne auprès du foyer, la mère auprès du berceau. Il faut que le chef de la famille puisse exercer la puissance tutélaire qu'il tient de Dieu et de la nature, que la femme trouve dans son mari le guide, le protecteur, l'ami fidèle et fort dont elle a besoin, que l'enfant s'habitue sans y penser aux soins et à la tendresse de sa mère. Il faut même qu'il y ait quelque part un lieu consacré par les joies et les souffrances communes, une humble maison, un grenier, si Dieu n'a pas été plus clément, qui soit pour tous les membres de la famille comme une patrie plus étroite et plus chère, à laquelle on songe pendant le travail et la peine, et qui reste dans les souvenirs de toute la vie associé à la pensée des êtres aimés que l'on a perdus. Comme il n'y a pas de religion sans un temple, il n'y a pas de famille sans l'intimité du foyer domestique. L'enfant qui a dormi dans le berceau banal de la crèche, et qui n'a pas été embrassé à la lumière du jour par les deux seuls êtres dans le monde qui l'aiment d'un amour exclusif, n'est pas armé pour les luttes de la vie. Il n'a pas comme nous ce fonds de religion tendre et puissante qui nous console à notre insu, qui nous écarte du mal sans que nous ayons la peine de faire un effort, et nous porte vers le bien comme par une secrète analogie de nature. Au jour des cruelles épreuves, quand on croirait que le cœur est desséché à force de dédaigner ou à force de souffrir, tout à coup on se rappelle, comme dans une vision enchantée, ces mille riens qu'on ne pourrait pas raconter et qui font tressaillir, ces pleurs, ces baisers, ce cher sourire, ce grave et doux enseignement murmuré d'une voix si touchante. La source vive de la morale n'est que là. Nous pouvons écrire des livres et faire des théories sur le devoir et le sacrifice; mais les véritables professeurs de morale, ce sont les femmes. Ce sont elles qui conseillent doucement le bien, qui récompensent le dévouement par une caresse, qui donnent, quand il le faut, l'exemple du courage et l'exemple plus difficile de la résignation, qui enseignent à leurs enfants le charme des sentiments tendres et les fières et sévères lois de l'honneur. Oui, jusque sous le chaume, et dans les mansardes de nos villes, et dans ces caves où ne pénètre jamais le soleil, il n'y a pas une mère qui ne souffle à son enfant l'honneur en même temps que la vie. C'est là, près de cet humble foyer, dans cette communauté de misère, de soucis et de tendresse, que se créent les amours durables, que s'enfantent les saintes et énergiques résolutions; c'est là que se trempent les caractères; c'est là aussi que les femmes peuvent être heureuses, en dépit du travail, au milieu des privations. Toutes les améliorations matérielles seront les bienvenues; mais si vous voulez adoucir le sort des ouvrières et en même temps donner des garanties à l'ordre, raviver les bons sentiments, faire comprendre, faire aimer la patrie et la justice, ne séparez pas les enfants de leurs mères!

DEUXIÈME PARTIE

LES FEMMES DANS LES FILATURES ET LES TISSAGES MÉCANIQUES

CHAPITRE PREMIER.

PROGRÈS DES GRANDES MANUFACTURES; LEUR INFLUENCE
SUR LE SORT DES OUVRIERS.

Dans la fabrication des étoffes de soie, la manufacture est l'exception; pour les autres matières textiles,
et principalement pour le coton et la laine, elle est
au contraire la règle. Il y a quelques années, nous
avions très-peu de tissages mécaniques et nous n'a-
vions pour ainsi dire pas de filatures; aujourd'hui
la France a pris définitivement et glorieusement sa
place parmi les pays de grande industrie, et il y a
lieu de prévoir que, dans un temps peu éloigné, une
activité nouvelle sera imprimée à la fabrication nationale. Le traité de commerce avec l'Angleterre ne
peut avoir pour résultat que de détruire nos manufactures, ou d'en décupler l'activité : il ne les détruira
pas; nous allons donc voir nos chefs d'industrie faire

assaut d'énergie, de capitaux et d'habileté pour lutter victorieusement au moins sur le marché français, avec nos rivaux. Les Anglais ont le charbon et le fer, une marine admirable, un corps consulaire habilement organisé, ce qui est l'âme du commerce; nous ne pouvons pas songer à les égaler pour l'exportation. Mais nous ne sommes pas non plus sans ressources. Il ne tient qu'à nous d'être partout bien renseignés et bien protégés. Si nous produisons peu de charbon, et si notre production en ce genre atteint à peine le quinzième de celle de l'Angleterre, ce n'est pas absolument faute d'avoir des mines; nous avons des richesses stériles, qu'une mauvaise législation et une mauvaise appropriation du sol nous obligent d'abandonner. Tout le monde sait maintenant que la loi de 1810, injuste en principe, puisqu'elle spolie les propriétaires du sol en faveur de concessionnaires arbitrairement choisis par l'administration, est dure et tracassière dans l'application, au point de soumettre les concessionnaires au contrôle et même à la volonté de l'administration des mines, et de punir par la déchéance une interruption prolongée de l'exploitation. Cette loi, imaginée pour défendre l'intérêt public contre l'intérêt privé, devait être et est en effet un instrument de ruine, parce que la prospérité de l'État ne peut résulter que de l'activité et de l'énergie déployées par les citoyens dans la poursuite de leurs intérêts particuliers. La loi de 1810, qui pèse très-lourdement sur nos richesses métallurgiques, est moins funeste à l'exploitation des houilles, parce que la houille n'ayant pas, à proprement parler, de valeur par elle-même, et ne devenant coûteuse que par le transport, a toujours dans le rayon de la mine une prime considérable sur les houilles étrangères. Ce qui nous manque pour ce genre de produits, c'est moins encore une bonne loi, qu'une bonne installation de la messagerie. Nous sommes depuis si peu de temps un peuple industriel, que tous les aménagements les plus indispensables nous font défaut; l'industrie est plutôt campée en France qu'elle n'y est établie. Notre réseau de chemins de fer n'est qu'à moitié fait, quoi qu'il soit démontré que chaque voie de communication nouvelle ajoute une masse de houille et de fer à la richesse nationale. Ainsi, par exemple, il est évident que la France ne sera en possession de ses propres mines de l'Aveyron, que quand elle aura sillonné tout ce plateau par des voies rapides et économiques. Nos grandes compagnies de chemins de fer, qui sont à peu près maîtresses des tarifs, les tiennent haut, ce qui restreint le cercle du marché des mines françaises. La conséquence immédiate du traité de commerce avec l'Angleterre aurait dû être l'abolition de la loi de 1810 sur les mines, l'achèvement du réseau de chemins de fer, l'abaissement considérable des tarifs, et la canalisation de toute la France. On peut dire que, dans son état actuel, le pays n'est pas outillé pour la lutte. Ou il faut renoncer à l'industrie, ou il faut faire le nécessaire pour que l'industrie puisse prospérer. Faites courir partout les chemins de fer et les canaux, et alors, avec nos houilles, et, dans un besoin, avec les houilles belges, nous serons en état de suffire à notre consommation, fût-elle doublée, triplée, quadruplée comme elle le sera infailliblement. Sur le littoral seulement, et cela est regrettable, la houille française aura toujours le dessous, parce que nos mines sont situées assez avant dans l'intérieur, et que les tarifs de transportation par mer l'emporteront toujours sur ceux de la batellerie. Il va sans dire que ce qui est vrai de la houille s'applique nécessairement au fer, avec cette différence que nous avons des forêts, ce qui implique certains avantages pour le fer au bois. On sait d'ailleurs que nous avons un grand nombre de cours d'eau qui peuvent fournir des moteurs à peu de frais. L'étendue de nos côtes sur les deux mers, la transformation déjà opérée dans la messagerie par les voies rapides, et celle que ne manquera pas d'occasionner quelque jour le percement de l'isthme de Suez, destinent nos ports à devenir les entrepôts du commerce universel. Enfin, supériorité immense, si l'on en vient à une lutte réglée, nous sommes le dernier peuple à qui les bras manqueront. Et qu'on ne s'y trompe pas : nos ouvriers ont déjà la supériorité en toute matière de luxe ; ils peuvent aisément acquérir l'égalité comme force de production, c'est surtout l'affaire d'un meilleur régime alimentaire. On peut donc compter sur un accroissement régulier et rapide de la population industrielle.

C'est là un très-grand fait moral; car pour la question économique, nous la laissons de côté; ce qui nous préoccupe, c'est la transformation opérée par les progrès de l'industrie dans la condition morale des ouvriers. Il est clair que par l'accroissement du nombre des manufactures tous les anciens rapports sont modifiés. L'État a en face de lui de véritables régiments, composés d'ouvriers ayant tous un intérêt identique, et qui n'ont besoin ni de se chercher, ni de chercher un lieu de ralliement, puisqu'ils passent dans le même atelier douze heures par jour. Les patrons, qui pendant longtemps ont été les premiers ouvriers, ne sont plus aujourd'hui que les gérants d'un capital; tout au plus, dans certaines industries, peuvent-ils être considérés comme ingénieurs. Quant aux ouvriers, un mot dit tout sur la métamorphose opérée dans leur situation : ils sont casernés. Pour changer de fond en comble le caractère, les idées, les habitudes des hommes, il n'y a qu'à les enfermer ensemble.

Et que dirons-nous des femmes, naguère encore isolées dans leurs ménages, et maintenant réunies dans les manufactures par troupeaux ? Quand Colbert résolut de venir au secours de l'agriculture en lui fournissant, au moyen d'un travail supplémentaire, une véritable augmentation de revenus, idée de génie, il voulut du même coup réglementer l'industrie, réunir les travailleuses dans des ateliers : sa toute-puissance y échoua. Ce pays-ci, qui aime à être admi-

nistré en tout et partout, fait cependant une exception
pour les détails intimes de la vie; il n'y veut point
être gêné, il tient à se sentir indépendant entre quatre
murailles. Ce qui avait été impossible à Colbert,
même avec l'appui du grand roi, un monarque bien
autrement puissant l'a réalisé. La vapeur dès son
apparition dans le monde de l'industrie, a brisé tous
les rouets, toutes les quenouilles, et il a bien fallu
que fileuses et tisseuses, privées de leur antique
gagne-pain, s'en vinssent réclamer une place à
l'ombre du haut fourneau de l'usine. Les mères ont
déserté le foyer et le berceau, les jeunes filles et les
petits enfants eux-mêmes sont accourus offrir leurs
bras débiles. Des villages entiers où naguère reten-
tissaient le bruit du marteau, le ronflement des bobines, les cris joyeux de l'enfance, sont aujourd'hui
déserts et silencieux, tandis que de vastes édifices
de briques rouges, surmontés d'une immense cheminée au panache ondoyant, engloutissent dans leurs
flancs, depuis l'aube du jour jusqu'à la tombée de
la nuit, des milliers de créatures vivantes. Là tout
ce qui constitue l'individu disparaît; on oublie ses
affaires, on fait trêve à ses inquiétudes : toutes les
volontés se courbent devant cette trinité suprême, le
règlement, le patron, le moteur. Encore le règlement
et le patron n'ont-ils qu'une autorité restreinte; c'est
le moteur qui est tout. Quand le charbon est allumé,
il faut que le métier travaille. Et comme les machines
ont une valeur considérable dont l'intérêt court même

la nuit, il y a des patrons dont l'usine ne chôme jamais, et dont la chaudière ressemble au feu des Ves-
tales, qu'on ne devait pas laisser éteindre sous peine
de mort.

La famille disparaît nécessairement sous l'action
du travail ainsi réglé. La manufacture appelle jusqu'aux plus jeunes enfants; et les parents, égarés
par le pressant besoin, se plaignent des prescriptions
de la loi qui, plus | prévoyante que la tendresse
paternelle, ne permet pas l'entrée des manufactures
avant huit ans révolus. Chaque matin avant le lever
du soleil, père, mère et enfants partent pour la fabrique; la dispersion commence au seuil même de
la maison. Il est déjà nuit quand ils rentrent au domicile commun, accablés par treize heures et demie
de fatigue. Rien n'est prêt pour le dîner de la famille;
le foyer est froid. Ni le linge, ni les habits n'ont été
mis en ordre. La mère, en vérité, n'est plus qu'un
ouvrier comme son mari. C'est à peine si ses enfants
la connaissent. Le salaire qu'ils touchent, quelque
minime qu'il soit, leur donne une sorte d'indépendance dont ils sont très-prompts à se prévaloir, et le
père, absorbé par son travail, tenu loin d'eux dans
une autre manufacture, ne peut ni les gouverner, ni
les protéger. Ils ont, comme lui, leur atelier, leur
patron, leurs compagnons et leur tâche. En signant
le contrat d'apprentissage de ses enfants, le père a
signé son abdication.

Le mal est si grand que certains esprits plus géné-

reux que sensés, et pour ainsi dire à bout de ressources dans leurs tentatives de régénération morale,
se sont mis à souhaiter ouvertement le retour aux
anciennes méthodes, dans l'espoir de revenir aussi
aux anciennes mœurs : transformation deux fois impossible. On ne recommencera pas la petite industrie,
on ne retrouvera pas l'ouvrier d'autrefois. C'est un
monde détruit, une race perdue. Ni l'industrie, ni
les mœurs ne peuvent reculer. L'isolement sera maintenu là où il subsiste, pour le tissage de la soie et
pour lui seul, parce que dans cette fabrication exceptionnelle l'intérêt du commerce est d'accord avec les
vœux des moralistes; mais dès que le travail n'a plus
besoin de l'application constante d'un artiste, dès
que la consommation peut s'étendre dans une proportion indéfinie, l'industrie, forcée d'obéir à la loi
du bon marché, est condamnée à n'employer le tissage
à domicile que comme auxiliaire du tissage mécanique, à remplacer sans cesse les bras par des machines, à simplifier de plus en plus les machines pour
diminuer le nombre des bras. On pouvait à la rigueur
s'obstiner dans les vieilles routines quand on tra-
vaillait à l'abri des lois prohibitives; il était permis
alors de tenter des essais, de réfléchir longuement
avant d'adopter un nouvel appareil; on voyait même
des fabricants employer des machines surannées,
comme, dans un corps de troupe mal organisé, ceux
qui n'ont pu trouver un sabre, combattent avec une
pique; et tout le monde se rappelle les métiers hors

d'usage de M. Jean Dolfus, qu'il voulait vendre pour le prix du fer, qui furent, à son grand étonnement, achetés comme métiers, et qui fonctionnèrent longtemps dans les Vosges. Mais à présent que le démon de la concurrence est absolument déchaîné et qu'il faut courir sans relâche sous peine d'être immédiatement distancés, les chefs d'industrie ne doivent plus compter que sur la promptitude de leur décision et la sûreté de leur coup d'œil. Ils seraient perdus au moindre tâtonnement.

Et quand même on pourrait éteindre ces fournaises, arrêter ces chutes d'eau, disperser ces métiers, renvoyer tout ce peuple dans ses demeures, qu'y gagnerait-on? La révolution est faite jusqu'au fond des âmes. Non-seulement nous n'avons plus que du travail de fabrique à offrir aux ouvriers, mais nous n'avons plus que des ouvriers de fabrique. Entre ce que les ouvriers étaient et ce qu'ils sont devenus, il y a la même différence qu'entre un conscrit de vingt ans et le soldat qui revient après sept ans de service reprendre l'habit et les occupations du paysan sans en reprendre jamais l'esprit. Quand on explique aux ouvriers de Lyon qu'ils pourraient gagner le même salaire et vivre à moins de frais en transportant leurs métiers dans la banlieue, ils se montrent aussi étonnés ou pour mieux dire aussi indignés que si on leur parlait d'aller en exil. On a constaté à Lille des faits peut-être plus significatifs : les ouvriers lillois refusent d'aller à Roubaix, où le travail est mieux payé et la vie moins

chère, parce que Lille est la capitale, et qu'il leur
faut désormais des estaminets, des théâtres, des bals
publics. On réussirait bien moins encore à les ramener à l'état de campagnards, à leur mettre le manche
de la charrue dans la main. Pour se plaire à la vie des
champs, quand on n'a pas une âme d'élite, il faut ne
l'avoir jamais quittée. Envisageons donc en face le
nouvel état social que la vapeur nous a fait. La vapeur
ne reculera pas; c'est à nous de chercher avec elle
des accommodements, et de restaurer ce que nous
pourrons de la vie de famille à l'ombre de la fabrique.

Ce n'est pas seulement parmi les populations de
nos manufactures que les liens de la famille sont re-
lâchés : il importe grandement de ne pas l'oublier, si
l'on veut être juste ; mais tandis que le relâchement
vient ailleurs de la faute des hommes, il découle ici
de la situation exceptionnelle que les manufactures
font aux ouvriers, et principalement aux femmes.
Quand les conditions matérielles du travail séparent
forcément tous les membres de la famille pendant la
journée, et quand le domicile où ils se rencontrent
quelques heures pour prendre un peu de repos est
malpropre, insuffisant, presque inhabitable, il faut
une grande vertu pour résister à ces deux causes de
trouble intérieur. Les désordres produits par cette situation anormale des femmes doivent être constatés
avec une sympathie profonde pour ceux qui en souffrent et un désir ardent d'y porter remède. C'est en
même temps le plus grand malheur des ouvriers et la

cause de tous leurs autres malheurs. En énumérant
les principales professions de la filature, nous verrons quelques occasions de danger, quelques états insalubres ou fatigants à l'excès; mais nous pouvons
dire à l'avance que le mal n'est pas dans la manufacture elle-même; il est à côté. Les professions insalubres sont en petit nombre et n'occupent qu'un personnel restreint; les dangers que présente le voisinage
des machines peuvent être évités par des précautions
très-simples et très-connues. On peut dire que la manufacture, sous la main d'un patron honnête homme,
est bienfaisante pour les corps : c'est pour les âmes
qu'elle est un danger.

CHAPITRE II.

Il n'est personne qui n'ait vu filer au rouet ou à la quenouille. L'ouvrière prend du coton bien propre : s'il ne l'était pas, s'il contenait de la poussière et des débris de bois ou d'écorce, il faudrait le battre et l'éplucher avec soin ; elle l'ouvre un peu, pour diminuer la cohésion et le tassement des fibres ; elle le dispose autour de la quenouille de manière à former ce qu'on appelle une poupée. Cela fait, elle prend dans la masse une pincée de fibres qu'elle étend dans le sens de la longueur, sans toutefois les séparer du reste ; puis elle les presse et les arrondit sous ses doigts. Le fil se forme et s'amincit sous cette pression répétée. L'ouvrière l'étire, l'attache au fuseau qu'elle fait tourner rapidement ; ce mouvement de rotation tord le fil et lui donne de la force; elle l'enroule alors sur le fuseau, et l'opération continue jusqu'à ce que la quenouille soit nue et le fuseau chargé. Voilà ce qu'on appelle filer à la main. La filature mécanique ne fait pas autre chose: sa tâche est de nettoyer, battre, ouvrir le coton, de l'étendre dans le sens de la longueur pour transformer en nappe et en ruban cette masse floconneuse, de l'étirer, l'amincir, la tordre, et finalement de l'enrouler sur une broche pour la livrer ensuite au tissage. Si le nombre des machines qui composent ce qu'on appelle un assortiment de filature est considérable, c'est que plusieurs machines recommencent le même travail sur le même fil, qu'elles conduisent peu à peu au degré de finesse et de cohésion voulu. Tout semble uni et confondu sous la main de la fileuse, tout est divisé à l'excès dans la manufacture.

Quand la balle de coton arrive à la fabrique, elle ne contient qu'un coton emmêlé, sale, rempli de débris de toute sorte; on commence par l'éplucher et le battre. Cette besogne se fait quelquefois à la main, mais le plus souvent à l'aide de machines qui ont reçu le nom de *loups*. Cette première opération s'appelle le *louvetage*. On livre successivement la matière ainsi préparée à deux machines, le batteur-éplucheur et le batteur-étaleur, qui recommencent à peu près le même travail et rendent le coton sous la forme de ouate. Les éléments de cette ouate sont floconneux; ils ressemblent moins à des fils qu'à une sorte de duvet. Pour commencer à les étendre dans le sens de la longueur et imprimer aux fibres une direction parallèle, on a recours à la machine à carder. Cette opération donne au coton l'aspect d'un large ruban assez épais et n'offrant que peu de consistance; on fait passer ce ruban par divers appareils mécaniques qui l'étirent sans le tordre, par le *rota-frotteur*, qui l'étire en le frottant, par le *banc à broches*, qui l'étire en le tordant, puis par une machine de doublage, qui réunit plusieurs rubans en un seul. Une nouvelle machine prend ces rubans tous ensemble et les presse, les condense, pour leur donner plus de corps sous un moindre volume : c'est une opération analogue au *laminage* des métaux, et qui porte en effet le même nom. Ce n'est qu'à la suite du laminage que le coton est disposé sur la *mull-jenny* ou machine à filer. On comprend que toutes ces machines, si différentes de formes et de noms, ne remplissent en réalité que deux fonctions : les unes épluchent et battent la matière textile, les autres l'étendent et la tordent. On dit que la *mull-jenny* est la fileuse, que c'est elle qui file le coton ; il serait plus juste de dire qu'elle achève de le filer, qu'elle termine l'étirage et la torsion. Au lieu de cette fournaise ardente, de cette machine à vapeur toujours haletante, de ces monstres de fer dont les dents mordent le coton, dont les cylindres le pressent, dont les broches le tordent, on avait autrefois deux appareils bien simples : une claie d'osier et une baguette pour le battage et l'épluchage, un rouet ou une

quenouille pour tout le reste ; mais avec un bon métier et un garçon de quinze ans pour *rattacheur*, un
ouvrier fait dans sa journée la besogne de quatre
cents fileuses.

Il y a trois ateliers dans une filature : l'atelier de
l'*épluchage* et du *louvetage*, l'atelier des *préparations*,
comprenant la carderie, les étirages et le doublage,
enfin l'atelier de la *filature* proprement dit. Le premier est le moins sain et le moins propre. Les machines y sont peu compliquées et en petit nombre ;
mais la poussière et le duvet qui s'échappent du coton épaississent l'air, couvrent les vêtements, entrent
dans les poumons et causent souvent des maladies
sérieuses. Dans cet atelier, où il ne s'agit que d'é-
tendre le coton avec la main et de le présenter aux
machines, on emploie presque exclusivement des
femmes. Si le bâtiment a été construit spécialement
pour cette destination, et que l'espace soit suffisant,
on remédie en grande partie aux inconvénients du
battage et de l'épluchage par une forte ventilation qui
appelle au dehors la poussière et les détritus de coton ; mais il est beaucoup de centres industriels où
les manufactures se sont établies dans des édifices
dont la destination primitive était tout autre. Quelquefois aussi elles ont pris des accroissements suc-
cessifs qui ont obligé le fabricant à entasser les
machines et les travailleurs. Le sol est humide, les
parois de l'atelier noires et encrassées, les fenêtres
étroites et peu nombreuses. Les simples visiteurs ne

peuvent respirer dans ces tristes salles, et les éplucheuses, qui doivent y passer douze heures par jour,
résistent avec peine à cette atmosphère chargée de
poussière et de débris végétaux.

L'atelier des *préparations* est aussi un atelier de
femmes. Les *soigneuses de carderie* et en général les
femmes de préparation sont dans de bien meilleures
conditions que les *éplucheuses*. Elles n'ont d'autre occupation que de présenter à la carde le coton monté
sur des cylindres, de surveiller la marche de la machine, de rattacher les nattes qui se sont rompues;
ce travail demande plus de soin et d'attention qu'il
n'impose de fatigue. Dans les grands établissements
construits et dirigés avec intelligence, l'air et l'espace
ne manquent pas, l'atelier est propre, et l'ouvrière ne
subit d'autre inconvénient que celui d'une température élevée sans être énervante (18 ou 20 degrés de
température sèche). Les cardes, en assez peu de temps,
se remplissent de bourre, les dents s'émoussent : il
faut les débourrer et les aiguiser; mais le débourrage,
opération très-malsaine, est fait presque partout par
des hommes, et l'aiguisage a cessé d'être dangereux
depuis qu'il se fait à la mécanique. Le métier de *soigneuse de carderie* serait donc en somme un métier
très-doux, s'il était partout exercé dans des conditions normales; mais il faut ici encore signaler un
grand nombre d'établissements où rien n'a été fait
pour l'hygiène du travailleur. Le nombre des machines est si grand qu'on peut à peine circuler; les

femmes suspendent le long des murailles les vêtements que la chaleur les oblige de quitter, ce qui
obstrue encore le passage, offense la vue et aggrave
l'insalubrité du local. Malgré les recommandations
pressantes de l'autorité, les engrenages qui donnent
le mouvement à la machine ne sont pas toujours en-
veloppés de boîtes; les vêtements, les membres,
peuvent être saisis, et pour éviter des accidents terribles, les ouvrières sont obligées à une attention
perpétuelle sur elles-mêmes.

Le troisième atelier de la fabrique, celui qui ren-
ferme les métiers à filer, semble un palais quand on
le compare aux deux autres. Chaque métier comprend
deux parties, l'une composée de cylindres tournant
avec des vitesses inégales, entre lesquels le coton est
laminé ou étiré une dernière fois, l'autre d'un chariot
qui parcourt incessamment, par un mouvement de
va-et-vient, un espace d'environ 1 mètre 20 centimètres, emportant et ramenant avec lui les broches
sur lesquelles s'enroulent les fils, et qui tournent
avec rapidité pour achever la torsion. Quand le chariot s'écarte des cylindres, il fournit le champ nécessaire à l'étirage du fil; quand il s'en rapproche,
il renvide le fil, c'est-à-dire que, le mouvement de
rotation ayant lieu en sens inverse pendant ce retour,
le fil déjà fait s'enroule à la partie inférieure de la
broche. Le chariot est plus ou moins long suivant le
nombre de broches, qui varie de cinq cents à douze
cents; mais l'espace nécessaire au développement du

chariot, même le plus petit, et à son mouvement de
va-et-vient, est considérable, de sorte qu'il y a toujours un petit nombre d'ouvriers dans une vaste
pièce.

Il y a peu d'années encore, quand le chariot avait
glissé sur ses rails, le fileur le ramenait vers la partie
immobile du métier en le poussant avec le genou,
opération fatigante et qui finissait presque infailliblement par amener une tuméfaction du genou et une
déviation de la taille. Aujourd'hui on emploie presque
partout des renvideurs mécaniques (*mull-jenny self-
acting*) qui avancent et reculent tout seuls. Le fileur
n'est plus qu'un surveillant, et il peut aisément conduire deux métiers, c'est-à-dire quelquefois plus de
deux mille broches. Ainsi transformé, ce travail a
cessé d'être pénible; mais comme il exige de la présence d'esprit et beaucoup d'activité, on continue de
le confier à des hommes. Les fileurs ont un travail
aisé, une bonne paye, une indépendance relative; ils
sont en quelque sorte les aristocrates de la filature.
Chacun d'eux a près de lui, sous sa direction immédiate, un ou deux *rattacheurs*, qu'il paye ordinairement lui-même, mais à des prix fixés par le patron. Ce
sont des enfants ou de très-jeunes gens dont la besogne
consiste à rattacher les fils qui se cassent pendant
l'étirage. A Roubaix et dans quelques autres centres
industriels de plus en plus rares, l'office de rattacheur
est rempli par de très-jeunes filles, ce qui constitue
la pire espèce d'atelier mixte, parce que le fileur a

nécessairement la direction de l'ouvrage et presque toujours le droit de renvoi. Ce n'est pas seulement un compagnon, c'est un maître.

Il ne nous reste plus à visiter dans la filature qu'un seul atelier, et celui-ci n'occupe que des femmes. Nous ne l'avons pas signalé encore, parce qu'il ne dépend pas du moteur mécanique; c'est l'atelier du *dévidage* et de l'*empaquetage*. On y apporte dans de grands paniers les broches couvertes du fil destiné à être dévidé; on forme de ce fil des paquets ou écheveaux que l'on pèse avec soin. L'unité de poids est 500 grammes, l'unité de mesure est 1000 mètres. L'écheveau est divisé par longueurs de 1000 mètres qu'on nomme échevettes. C'est le rapport du poids à la longueur qui détermine le degré de finesse ou le *numéro* du coton. Le numéro 1 se donne au coton dont une seule échevette pèse 500 grammes; le numéro 100 comprend pour le même poids cent échevettes de 1 000 mètres.

Entre une filature de coton et une filature de lin, de chanvre ou de laine, il y a d'inévitables différences; mais le travail des femmes demeure à peu près le même : ce sont toujours des éplucheuses, des soigneuses de carderie et de préparation, des rattacheuses et des empaqueteuses. La laine exige diverses opérations de désuintage, de graissage et de dégraissage; cependant elle produit moins de poussière que le coton, elle contient moins de corps étrangers, et n'a point au même degré l'inconvénient de charger et

d'empester l'atmosphère, d'adhérer aux cheveux et
aux vêtements. L'odeur de l'huile qu'on ajoute à la
laine pour la lubréfier et faciliter le cardage et le peignage n'est désagréable que pour les étrangers; les
ouvriers ne la sentent plus. En général, le filage de la
laine est moins pénible et moins pernicieux que celui
du coton. Plusieurs filatures de laine sont remarquables par leur propreté et leur élégance. Au contraire, les préparations du chanvre, du lin, surtout
des étoupes, dégagent une poussière abondante et
malsaine. On ne peut les carder et les filer qu'à une
température élevée et avec addition d'eau. Rien n'est
plus douloureux à voir qu'une filature de lin mal en-
tretenue. L'eau couvre le parquet pavé de briques;
l'odeur du lin et une température qui dépasse quelquefois 25 degrés répandent dans tout l'atelier une
puanteur intolérable. La plupart des ouvrières, obligées de quitter la plus grande partie de leurs vêtements, sont là, dans cette atmosphère empestée, em-
prisonnées entre des machines, serrées les unes
contre les autres, le corps en transpiration, les pieds
nus, ayant de l'eau jusqu'à la cheville; et lorsqu'a-
près une journée de douze heures de travail effectif,
c'est-à-dire en réalité après une journée de treize
heures et demie, elles quittent l'atelier pour rentrer
chez elles, les haillons dont elles se couvrent les pro-
tégent à peine contre le froid et l'humidité. Que de-
viennent-elles, si la pluie tombe à torrents, s'il leur
faut faire un long chemin dans la fange et l'obscu-

rité? Qui les reçoit au seuil de leur demeure? Y
trouvent-elles une famille, du feu, des aliments?
Tristes questions qu'il est impossible de se poser sans
une émotion douloureuse.

Il est de grands établissements qui renferment à la
fois une filature et un tissage mécanique; cependant
ces deux industries sont ordinairement séparées. Les
tissages présentent moins de complication que les
filatures; ils n'emploient pas ce grand nombre de
métiers qui travaillent successivement la même matière. Les opérations du tissage sont au nombre de
quatre : le dévidage, l'ourdissage des chaînes, le *pa-
rage* ou encollage, enfin le tissage proprement dit.
Le dévidage et le bobinage, qui occupent un grand
nombre de travailleurs, sont confiés à des enfants, à
des femmes, à des vieillards, et se font presque toujours à domicile. A l'intérieur de la manufacture,
l'ourdissage du coton, du lin, de la laine, s'opère à la
mécanique. L'encollage, qui a pour but d'égaliser les
fils et d'en faciliter le mouvement dans le tissage, est
fait par des hommes dans des salles chauffées à une
température de 37 ou 40 degrés. Dans l'atelier du tissage, il y a toujours un nombre considérable de métiers : un seul cheval de force suffit pour mettre en
mouvement dix métiers avec tous les appareils de
préparation nécessaires. Le *taquet*, qui chasse incessamment la navette, le *battant*, qui frappe la trame
cent vingt fois, ou même, dans les métiers à grande
vitesse, cent quarante fois par minute, les vibrations

que ces chocs réitérés impriment à toutes les parties
du métier, produisent un vacarme assourdissant que
la voix de l'homme a peine à couvrir. La vapeur fait
tout dans le tissage ; elle lance la navette, la ramène
et la lance encore ; elle enroule le tissu sur le cylindre
à mesure qu'il est formé ; elle arrête même le métier
chaque fois qu'un fil se casse. L'ouvrier ne fait que
rattacher les fils brisés et remettre ensuite la courroie
sur la poulie pour que la machine reprenne sa marche.
Il est vrai que cette simple besogne le laisse rarement
en repos, et c'est de la rapidité avec laquelle il la
remplit que dépend l'importance de son salaire. Un
ouvrier adroit et actif gagne deux ou trois fois plus
qu'un ouvrier indolent ou maladroit. L'habileté de
l'ouvrier profite également au patron, dont les frais
fixes sont invariables, quelle que soit la besogne faite.
En général, un tisserand à la mécanique gouverne
deux métiers, avec lesquels il fait autant de besogne
que cinq tisserands à bras. Ce travail, qui n'exige
que de la dextérité, de l'attention, et peu de force,
convient aussi bien aux femmes qu'aux hommes ; elles
tissent aussi vite, et gagnent par conséquent d'aussi
bons salaires, parce que tout ce travail se fait à la
tâche. De tous les métiers auxquels peuvent se livrer
les femmes, le tissage est le plus productif, et comme
les hommes en France le recherchent aussi beaucoup, tous nos ateliers de tissage presque sans
exception sont des ateliers mixtes. Notons dès à
présent qu'autour d'un tissage mécanique, il y a

presque toujours un grand nombre d'ouvriers qui travaillent chez eux, pour l'établissement, sur des métiers à bras[1].

Nous ne parlerons pas des fabriques de drap, parce que les femmes n'y ont pas d'attributions particulières. Le tissage de la laine, principalement confié à des hommes, se fait presque partout à bras et à domicile. Ce sont des hommes encore que l'on emploie pour *apprêter* le drap, c'est-à-dire le fouler, l'ouvrir avec des brosses de chardon, le tondre, le presser et le décatir. Il nous reste pourtant à signaler dans l'industrie des matières textiles quelques grands ateliers de femmes. Les étoffes les mieux faites contiennent une certaine quantité de nœuds ; les draps les plus soignés ont été entamés par places en passant sous la machine tondeuse. Il faut arracher les nœuds avec de petites pinces, réparer les coupures au moyen de reprises ; cette besogne occupe deux corps d'état différents. Les premières ouvrières s'appellent *énoueuses, épinceteuses, nopeuses,* suivant les pays ; les secondes, qui remplissent une tâche difficile et importante, s'appellent des *rentrayeuses.* Quelques patrons ont chez eux un atelier de nopeuses ; on en rencontre toujours un dans les fabriques de drap ; ailleurs on confie l'étoffe à des femmes qui l'emportent chez elles pour l'énouer ou l'épinceter. Cette opération fatigue gravement la vue, et peut même passer pour dange-

1. Voyez ci-après, troisième partie, chapitre II.

reuse. Dans les indiennages, l'impression de seconde
main est faite par des femmes; comme il s'agit surtout d'appliquer la planche sur l'étoffe avec précision,
pour que la seconde impression se raccorde bien
avec la première, elles sont pour le moins aussi propres que les hommes à ce genre de travail. On les
emploie aussi en grand nombre dans les ateliers d'ap-
prêteurs, par exemple pour les articles de Saint-Quentin. L'industrie des apprêts consiste à donner aux
étoffes blanchies certaines apparences, en les mouil-
lant dans un bain amidonné ou gommé, et en les
soumettant ensuite à l'action de diverses machines
et à des manutentions variées. Les ouvrières qui
font ce qu'on appelle l'apprêt écossais passent douze
heures par jour dans des ateliers chauffés à 40 degrés
centigrades. Elles supportent assez bien cette température excessive, mais le passage du chaud au froid,
lorsqu'elles sortent de l'atelier sans se couvrir suffisamment, engendre un grand nombre de fluxions de
poitrine. Tous les fabricants s'accordent à dire qu'on
a la plus grande peine du monde à leur faire prendre
les précautions les plus indispensables. Dans toutes
les professions, les ouvriers dédaignent les soins
hygiéniques; il faut presque toujours penser pour
eux à leur santé et quelquefois les contraindre à en
prendre soin. On a beau leur répéter qu'en perdant
leur vigueur ils perdent leur pain; ils ne le savent
que trop, et pourtant ils ne consentent jamais à prévoir la maladie ni la vieillesse.

De toutes ces professions, il en est infiniment peu qui soient insalubres par elles-mêmes. Les éplucheuses de coton, les soigneuses de carderie dans les filatures de chanvre, quelques catégories d'apprêteuses sont placées assez fréquemment dans des conditions délétères; cela ne fait que trois corps d'état sur plus de vingt, et ces corps d'état n'emploient qu'un personnel restreint[1]. Les dévideuses et bobineuses, les nopeuses, les empaqueteuses, les rentrayeuses se livrent à une besogne essentiellement féminine, qui n'exige aucune dépense de force, et dont l'analogie avec les travaux connus sous le nom d'ouvrages de femme est évidente. Les soigneuses de carderie mènent une vie tranquille à côté des métiers dont elles ont la surveillance, et si les tisseuses ont à déployer un peu plus d'énergie, elles gagnent en revanche de très-forts salaires.

Qu'on suppose à présent une fabrique construite tout exprès pour cette destination, comme il en existe un bon nombre dans la vallée de Rouen, aux environs de Lille et de Roubaix, à Dornach et dans tous les grands centres industriels. On a devant soi un

---

1. Nous ne parlons ici que de l'industrie des matières textiles. En dehors de cette industrie, il est d'autres professions qui exercent une influence déplorable sur la santé des femmes. Dans les verreries, par exemple, les tailleuses de cristal se tiennent toute la journée penchées sur leur roue et ont constamment les mains dans l'eau; mais en dépit de ces exceptions, heureusement très-rares, l'immense majorité des ouvrières n'a pas lieu de se plaindre des conditions hygiéniques que la manufacture lui impose.

vaste bâtiment de briques rouges à trois étages, percé
d'immenses fenêtres qui s'allument le soir et éclairent
au loin la campagne, tandis que le sifflement de la
vapeur et le bruit assourdissant des métiers contrastent avec le silence solennel de la nuit. La cheminée
de l'usine s'élance dans l'air à quelques mètres de la
fabrique, comme une colonne de basalte couronnée
de flamme et de fumée. Tout auprès un ruisseau roule
impétueusement ses flots troublés ; au loin, des arbres,
des prairies, un tranquille et frais paysage. Si l'on
pénètre dans les ateliers, l'élégance des machines, les
vastes espaces qui les séparent, l'air et la lumière
versés à flots et de tous côtés à la fois, une propreté
recherchée, rassurent l'esprit sur le sort des travailleuses, et donnent plutôt l'idée d'une activité féconde
et bien réglée que d'un travail fatigant et dangereux.
Les salles sont drainées, ventilées, chauffées par les
appareils les plus nouveaux et les plus coûteux ; des
stores s'opposent au rayonnement direct du soleil.
Chaque ouvrière a son armoire fermant à clef, où elle
range le matin ses vêtements et le panier qui contient
son repas. En arrivant à l'atelier, elle échange sa
robe contre un sarrau à manches qui l'enveloppe tout
entière et la préserve à la fois de la malpropreté et
des accidents. Des robinets sont disposés de distance
en distance et versent de l'eau à volonté. A l'heure du
repas, elle peut se promener dans une cour ombragée
d'arbres ou trouver un abri commode sous un vaste
hangar. Une petite pharmacie est rangée sur des ta-

blettes à côté du bureau du contre-maître. Un peu plus loin s'ouvre la salle d'école pour les enfants de la fabrique. Tout cet ensemble présente une beauté véritable, parce que tout y est utile et bien ordonné, et qu'on y respecte partout la dignité du travailleur. Ceux qui ont visité les magnifiques ateliers de Wesserling, qui sont entrés à Reims dans les fabriques de M. Saintis, de M. Fossin, de M. Villeminot, de M. Gilbert, ou dans la petite, mais admirable filature de M. La Chapelle, aux Capucins, qui ont vu à Sedan, au Dijonval, la fabrique de drap de M. David Bacot, qui ont parcouru les nouveaux établissements de Mulhouse et de Dornach, la filature fondée à Roubaix par M. Motte-Bossut, et que les ouvriers appellent le Monstre à cause de ses proportions inusitées, ou encore la Chartreuse de Strasbourg, qui réunit une filature et un tissage, et que l'on peut justement citer comme un modèle de parfaite installation hygiénique, ceux-là n'accuseront pas le tableau que nous venons de tracer d'être embelli à plaisir [1].

1. A la cristallerie de Baccarat, il y a un atelier où l'on prépare le minium, et qui a fait longtemps le désespoir des directeurs. Rien ne leur a coûté pour l'assainissement de ce service : les maladies étaient fréquentes et atroces, la mortalité effrayante. A force de soins, d'argent, de persévérance, ils ont vaincu une difficulté qui paraissait invincible. Le mode de fabrication a été changé, les heures de travail réduites, le personnel doublé, de telle sorte que chaque ouvrier passe alternativement huit jours à l'atelier et huit jours au travail des champs. Les chefs de la maison ont voulu régler eux-mêmes tous les détails de la nourriture et se sont chargés de la fournir. Enfin ils ont jeté bas murailles et fourneaux et re-

Indépendamment des considérations morales qu'il importe de ne jamais oublier, l'hygiène est toujours meilleure dans les établissements placés loin des villes. Ce qui mine à la longue la santé des travailleurs, c'est moins la fatigue que l'air vicié des ateliers, et de plus il arrive trop souvent que l'air est encore moins respirable dans leurs logements qu'à la fabrique. C'est presque un bonheur pour eux d'avoir une longue traite à faire pour se rendre de la manufacture à leur domicile; c'est un surcroît de fatigue, mais c'est un bain d'air salubre et vivifiant. M. Alcan, professeur au Conservatoire des Arts et Métiers, a constaté que les ouvriers qui demeurent au loin dans la campagne ont le teint plus coloré et sont plus vigoureux que les autres. Le terrain coûte moins cher hors des villes, et la fabrique peut s'étendre indéfiniment: rien n'empêche donc de s'en tenir au rez-de-chaussée et de supprimer les étages supérieurs. C'est un bénéfice pour le fabricant, dont la surveillance est rendue plus facile, dont tous les aménagements sont améliorés. L'uniformité de la température et les vibrations moindres de la machine exercent également une action favorable sur la qualité des produits. Pour l'ouvrier, c'est une source considérable de bien-être parce que les salles de rez-de-chaussée,

construit l'atelier dans des proportions plus vastes et dans d'admirables conditions d'aération. Cet atelier, qu'on ne songe point à montrer aux visiteurs, honore autant la cristallerie de Baccarat que ses magnifiques produits, qui font l'admiration du monde.

que rien ne surcharge, ont une hauteur beaucoup plus grande et peuvent être mieux ventilées.

D'autres améliorations ont été introduites dans le travail en fabrique. Avant l'invention du peignage mécanique, des apprentis appelés *macteurs* mâchaient constamment la laine pour arracher les nœuds avec leurs dents. Les ouvriers employés au peignage du lin et de la laine absorbaient des émanations délétères qui produisaient en peu de temps les plus graves désordres dans l'appareil respiratoire. Le tondage des draps se faisait avec d'immenses ciseaux, nommés *forces;* c'était un travail très-pénible, qui réclamait des hommes d'une vigueur particulière; au bout de quelques années, ils étaient hors de service. Le tondage est aujourd'hui une des opérations les plus simples de la fabrique. Les exemples de transformations analogues sont innombrables. Ainsi dans les professions dangereuses la nature peut être vaincue à force de soins et d'habileté; dans les autres, qui sont in-comparablement les plus nombreuses, le mal ne vient pas du travail lui-même, mais d'une mauvaise installation et d'un outillage imparfait. Il est donc possible, il est nécessaire de le vaincre. Tout fabricant qui négligerait de telles réformes n'encourrait pas seulement une juste réprobation, il compromettrait encore sérieusement son industrie. Les plus récalcitrants seront emportés malgré eux dans le mouvement général. Personne ne répéterait aujourd'hui cette réponse que M. Villermé eut une fois la douleur d'entendre : « Je fais de l'industrie et non de la philanthropie. » N'oublions pas cependant qu'il reste énormément à faire. Dans un trop grand nombre d'ateliers tout a été sacrifié à une économie sordide. Comme il y a des ouvriers nomades qui sont le fléau des ateliers, on rencontre aussi des patrons nomades, sorte d'aventuriers de l'industrie, qui entreprennent de faire fortune en dix ou quinze années, coûte que coûte, pour se retirer ensuite des affaires et jouir en paix de leurs bénéfices. Ce n'est pas de ceux-là qu'on peut attendre l'amélioration de la fabrication nationale ou les réformes favorables au sort du travailleur. Quand on a quelque habitude des choses de l'industrie, on devine les ateliers après quinze minutes de conversation avec le patron, comme on connaît le patron, sans l'avoir vu, après avoir parcouru ses ateliers.

CHAPITRE III.

L'IVROGNERIE, LE LIBERTINAGE ET LEURS SUITES.

C'est l'homme qui fait sa destinée bien plus que les circonstances. Quand l'industrie d'un pays l'emporte sur celle d'un autre, et qu'on cherche la cause de cette supériorité, on dit : c'est la houille, ou la matière première, ou l'outillage, ou la loi. On serait plus près de la vérité en disant : c'est l'homme. L'homme peut vaincre même la mort, et la preuve, c'est qu'on a fait une loi en Angleterre qui en un an a réduit la mortalité dans les logements d'ouvriers à 7 sur 1000, tandis qu'elle était de 22 sur 1000 pour la capitale entière, de 40 sur 1000 pour la paroisse de Kensington[1]. M Villermé raconte que, toutes les villes de fabrique souffrant du chômage du lundi, la place de

---

1. *Common lodging-houses act*, 1851.

Sedan seule réussit à l'abolir; cependant les ouvriers étaient les mêmes à Mulhouse, à Saint-Quentin, à Sedan; mais à Sedan les maîtres avaient su vouloir dans une cause juste. De même, pour la bonne condition de l'ouvrier dans l'intérieur de la fabrique, il suffit que le maître veuille; avec le temps, il est certain de réussir.

Cependant il est une autre volonté qui importe plus au bien-être de l'ouvrier que celle du patron, et c'est la volonté de l'ouvrier lui-même. Il n'y a, pour s'en convaincre, qu'à jeter les yeux sur la feuille des salaires dans une fabrique. Un ouvrier attentif, habile, fait nécessairement en un temps donné bien plus d'ouvrage qu'un travailleur ordinaire. Cette simple observation a de l'importance parce qu'elle peut devenir un argument contre les journées trop prolongées; il est toujours avantageux pour l'industrie de produire beaucoup en peu de temps, à cause du prix considérable des forces motrices. Voici des chiffres relevés, au mois d'avril 1860, sur les livres d'un tissage mécanique à Saint-Quentin. Un ouvrier tisseur, en douze jours, avait gagné 54 francs 70 centimes; un autre, pour le même temps, dans les mêmes conditions de santé et de travail, 25 francs. Le mari et la femme, conduisant ensemble six métiers mécaniques, avaient gagné 84 francs en douze jours; un père de famille, avec son fils âgé de quatorze ans et sa fille âgée de seize ans, avaient gagné en douze jours 87 francs 50 centimes; le salaire de la fille était le plus élevé, il montait à 33 francs

95 centimes. La plupart de ses compagnes, en donnant le même temps à l'atelier, arrivaient difficilement à 18 francs. Il est juste de reconnaître qu'il y a, dans un même atelier, des genres d'ouvrages plus avantageux les uns que les autres; mais cette circonstance ne saurait en aucun cas motiver des écarts aussi considérables. Des différences analogues ont été constatées dans un grand nombre d'ateliers, à Mulhouse et à Reims. Il ne faut pas les attribuer à la supériorité de la vigueur physique chez les ouvriers les mieux payés, puisque les femmes gagnent autant que les hommes; non, c'est la force de la volonté, plus que toute autre cause, qui fait le bon ouvrier.

On peut faire des observations analogues de peuple à peuple. En général, l'ouvrier anglais est plus fort que l'ouvrier français, peut-être parce qu'il est mieux nourri; en revanche, l'ouvrier français est plus ingénieux et plus adroit. La supériorité de force peut donner l'avantage à l'ouvrier anglais pour les grands travaux de construction; mais pourquoi gagne-t-il de meilleures journées dans un atelier de tissage, où la force musculaire ne compte pour rien? Il faut répondre simplement que c'est parce qu'il le veut, et il faut se hâter d'apprendre à nos hommes à vouloir, ne fût-ce que par patriotisme, car la race supérieure est toujours celle qui sait vouloir.

Ce n'est pas seulement par la direction du travail que le sort de l'ouvrier dépend de lui-même, c'est bien plus encore par le gouvernement de sa propre vie. La misère est certainement affreuse dans la plupart des centres industriels. Le nombre des ouvriers qui sont convenablement logés et nourris, qui peuvent donner quelque éducation à leurs enfants et les soigner dans leurs maladies, est déplorablement restreint. On en devrait conclure que le travail est rare, que les salaires sont minimes; nullement : presque partout on demande des bras, et si la main-d'œuvre n'est pas payée à un très-haut prix, on peut dire au moins que les salaires n'ont pas cessé de s'accroître depuis dix ans, qu'ils sont constamment plus élevés dans la grande industrie que dans la petite. D'où vient donc l'état de malaise de la plupart des ouvriers? On est bien forcé de s'avouer qu'il vient d'eux-mêmes.

Pour rendre la démonstration évidente, il faudrait pouvoir faire connaître en détail le taux des salaires, tâche en vérité presque impossible, puisque, indépendamment des fluctuations occasionnées par la situation générale de l'industrie, ils varient pour chaque place, pour chaque corps d'état, et en quelque sorte pour chaque ouvrier. Quelques chiffres pris au hasard suffiront pour montrer qu'un ouvrier laborieux peut aisément gagner sa vie et celle de sa famille. On cite à Saint-Quentin des tisserands qui gagnent des journées de 6 ou 7 francs. Ce n'est point exagérer que de porter à 4 francs la moyenne du salaire d'un ouvrier tisseur et d'un ouvrier fileur dans la plupart des centres industriels. A Mulhouse, où le taux n'est

pas très-élevé, on l'évalue à 3 fr. 75 cent. Dans la fabrique de drap de Sedan, les tondeurs chargés de
deux machines, les presseurs, les foulons et les déca-
tisseurs gagnent 3 francs. Les femmes mêmes, si
maltraitées dans l'industrie privée, trouvent des ressources très-supérieures dans les manufactures. La
moyenne de la journée d'une tisseuse est de 3 fr.
50 cent.; il y en a qui gagnent 5 fr. et même 6 fr.,
et les bénéfices obtenus dans ce corps d'état tendent à
faire hausser le salaire dans presque tous les autres.
Ainsi les ourdisseuses peuvent ourdir jusqu'à deux
chaînes par jour; on leur paye à Elbeuf 1 fr. 75 cent.
ou 2 fr. par chaîne, ce qui porte leurs journées à
3 fr. et à 4 fr. Les rentrayeuses gagnent en général
2 fr. pour des journées de dix heures. Quand la
journée est prolongée, ce qui arrive fréquemment en
hiver, parce que l'étoffe est plus défectueuse à cause
de la diminution de la lumière et demande un plus
grand nombre de reprises, on leur paye chaque heure
supplémentaire à raison de 15 centimes à Elbeuf, et
de 20 centimes à Sedan. Dans cette dernière ville,
l'usage est de compter les salaires par heure ; le minimum est de 15 centimes; les salaires de 20 centimes pour les femmes, de 25 centimes pour les
hommes, sont très-communs; ce sont en quelque
sorte les prix courants. Une journée de douze heures
à 20 centimes représente 2 fr. 40 cent. Le minimum
de la journée pour les femmes de préparation et les
soigneuses de carderie est de 1 fr. 15 cent. à Mul-

house, 1 fr. 25 cent. à Lille, 1 fr. 40 cent. à Reims,
1 fr. 50 cent. à Sedan et à Déville, près Rouen. Dans
toutes ces villes, le salaire des femmes peut s'élever
jusqu'à 1 fr. 75 cent. ou 2 fr. Il en est de même des
nopeuses ou épinceteuses et des rentreuses ou impri-
meuses de seconde main dans les indiennages de
Mulhouse. Le salaire n'est vraiment déplorable que
pour l'ouvrage fait à domicile par quelques pauvres
femmes qui n'appartiennent à aucun corps d'état
proprement dit; les couturières de sacs à Amiens, les
couturières de tricot à Troyes, les sarrautières (couturières de sarraux) à Lille, les bobineuses dans plusieurs villes de fabrique ne gagnent que 5 centimes
pour le travail d'une heure.

Le bobinage est ordinairement abandonné aux
jeunes enfants, aux vieillards et aux infirmes; il ne
serait donc pas juste de le faire entrer en ligne de
compte. Cette remarque faite, ceux qui savent quel
est le prix courant du travail manuel en France con-
viendront facilement que les salaires sont plus élevés
dans la grande industrie que dans la petite. L'administration a fait faire des recherches sur les salaires
dans la ville d'Amiens au mois de mars 1860; il en
résulte que les brodeuses, les couturières de robes et
les culottières gagnent en moyenne 1 fr. 25 cent. par
journée; les dentelières et les modistes, 1 franc, les
giletières et les lingères 75 cent. Les femmes employées aux manufactures dans la même ville gagnent
en moyenne 1 franc dans les filatures de coton, 1 fr.

25 cent. dans les filatures de laine, 1 fr. 10 cent. dans
les filatures de soie, 1 fr. 50 cent. dans les filatures
de lin. Les tisseuses gagnent un peu plus. Ces salaires sont évidemment très-inférieurs à ceux que paye
ailleurs la grande industrie; la ville d'Amiens subis-
sait une crise assez grave à l'époque où ces recherches
ont eu lieu, et les salaires y sont en tout temps tenus
assez bas. Tels qu'ils sont néanmoins, ils l'emportent
encore sur les salaires de l'industrie privée. La différence serait beaucoup plus sensible, si l'on faisait la
même comparaison à Lille, à Saint-Quentin, à Rouen,
à Mulhouse.

Quand on demande aux fabricants si l'élévation
des salaires a une influence favorable sur la moralité
des ouvriers, ils répondent presque tous que le contraire est précisément le vrai, et que les ouvriers les
mieux payés sont aussi les plus adonnés à l'ivrognerie[1]. Cette opinion, qui a quelque chose de révoltant,

1. M. Villermé (t. II, p. 23) a fait la même remarque : « On croit
communément que de forts salaires sont une garantie de moralité ;
cependant les ouvriers les mieux rétribués ne sont pas les plus moraux. Aussi certaines personnes ne craignent-elles pas d'affirmer
que si le vice abonde dans les villes, et y tient école, table et lit
ouverts, c'est en grande partie parce que le taux des salaires y est
plus élevé qu'ailleurs. Et on le conçoit, car plus les ouvriers gagnent, plus ils peuvent aisément satisfaire leurs goûts de débauche. »
Les commissaires de la chambre du commerce de Paris « ont constaté souvent, et à regret, dans le cours de l'enquête, que les ouvriers qui gagnent les plus forts salaires sont ceux qui font le moins
d'économies; non-seulement ils s'absentent du travail le lundi, mais
souvent ils ne reviennent à l'atelier qu'après deux ou trois jours
d'absence, et lorsqu'ils sont à bout de ressources. » *Statistique de
l'industrie à Paris*, 1851, Ire partie. p. 71.

est générale, mais seulement dans les centres industriels où la destruction de la vie de famille est un fait
presque accompli. On n'entendra soutenir rien de
semblable à Wesserling, à Sedan, à Mulhouse. Ici,
l'ouvrier qui voit augmenter ses ressources songe
d'abord au bien-être de ceux qu'il aime ; il prend de
loin ses mesures pour racheter son fils du service
militaire; il met de l'argent en réserve pour la maladie, pour la vieillesse. Jamais l'augmentation des salaires ne sera un danger pour les mœurs dans une
ville où il y a des mœurs; mais quand l'ouvrier
manque de force morale, ce qui devrait améliorer sa
situation ne fait au contraire que l'empirer. Les habitudes de dissipation et d'ivrognerie sont telles dans
plusieurs villes de fabrique, et elles entraînent une
telle misère, que l'ouvrier est absolument incapable
de songer à l'avenir. Le jour de paye, on lui donne
en bloc l'argent de sa semaine ou de sa quinzaine. Il
n'attend même pas le lendemain ; si c'est un samedi,
il se jette le soir dans les cabarets; il y reste le dimanche, quelquefois encore le lundi. Après la paye,
tous ces repaires de la débauche regorgent de buveurs. Les cartes, quelque jeu de quilles leur servent
à tuer le temps entre deux bouteilles. La pipe ne
quitte pas leurs lèvres ; l'atmosphère s'épaissit et devient à peine respirable. Parmi les chocs des verres,
on distingue des cris inarticulés, des chansons obscènes, des propos licencieux, des provocations. Chaque
pays a ses coutumes : à Lille, à Mulhouse, on chante;

à Rouen, on boit sérieusement, solitairement, jusqu'à
ce qu'on soit appesanti et abêti. L'argent s'épuise
vite. Bientôt il ne reste plus que les deux tiers ou la
moitié de ce salaire si péniblement gagné. Il faudra
manger, pourtant. Que deviendra la femme pendant
la quinzaine qui va suivre? Elle est là, à la porte,
toute pâle et gémissante, songeant au propriétaire
qui menace, aux enfants qui ont faim. Vers le soir,
on voit stationner devant les cabarets des troupeaux
de ces malheureuses qui essayent de saisir leur mari
si elles peuvent l'entrevoir, ou qui attendent l'ivrogne
pour le soutenir quand le cabaretier le chassera, ou
qu'un invincible besoin de sommeil le ramènera
chez lui. A Saint-Quentin, plusieurs détaillants ont
été pris pour ces femmes d'une étrange pitié; elles
enduraient le froid et la pluie pendant des heures: ils
leur ont fait construire une sorte de hangar devant la
maison. Ils y ont même mis des bancs. La salle où les
femmes viennent pleurer fait désormais partie de leurs
bouges.

Où sont allés, depuis l'agrandissement de Paris,
ces cabarets tristement célèbres qu'en langage d'atelier on appelait *la barrière?* Quand on suivait, pendant la semaine, l'interminable ligne des boulevards
extérieurs, bordés du côté de la ville par le mur
d'octroi, et de l'autre côté, par quelques chétives
maisons presque abandonnées, on se serait cru dans
un désert. Il fallait un effort d'imagination pour se
rappeler qu'à trois pas de là, derrière cette muraille,

étaient les faubourgs de Paris avec leurs grands ateliers et leur population grouillante. Ce désert se
transformait le samedi comme par enchantement.
Dès le matin, des baquets apportaient les provisions,
les verres, les assiettes ; on jetait dans les salles des
charretées de sable ; on portait à l'entrée quelques
arbustes dans leurs caisses ; on suspendait des lanternes de toutes couleurs qui devaient, le soir, servir
aux fêtes vénitiennes. Une nuée de garçons de café
et d'estaminet sans emploi accourait de tous les coins
de la ville ; les violons et les clarinettes, les rôdeurs
de barrière, les filles de joie, arrivaient aussi, tout
prêts chacun pour leur métier. La bande des ouvriers
n'apparaissait que le soir, après la paye, suivie à
distance par quelques malheureuses femmes qui es-
sayaient en vain d'attendrir leurs maris. Ils venaient
là, tous les samedis, à la même heure, avec la régularité du flot qui couvre chaque jour le rivage. Aussitôt
tout était en combustion sur les boulevards ; le vin
coulait à flots ; la musique faisait entendre ses sons
criards ; on buvait, on dansait, on se battait toute la
nuit. Ceux que la police n'entraînait pas au violon,
sortaient de là, après deux jours, ruinés, abrutis,
avilis, souffrant des reins ou de la tête, n'osant plus
se montrer ni à l'atelier, ni chez leurs femmes, objet
d'horreur et de dégoût pour les ouvriers honnêtes. Si
l'on trouvait dans les ateliers tant d'ouvriers dont la
main tremblait, dont la vue était trouble, dont le bras
succombait sous le poids du marteau, quelle en était

la cause? Était-ce le feu de la forge, et le fer incessamment frappé sur l'enclume? Non, le travail fortifie ; c'est la débauche qui tue; c'est elle qui fait les invalides, qui peuple les rues de mendiants et les hôpitaux d'incurables. Et si l'on se glissait, le jour, dans les mansardes des faubourgs, pourquoi ce poêle éteint, ce lit sans matelas et sans couverture, cette armoire vide, ces enfants mourant moitié de phthisie, moitié de faim? Y a-t-il eu une crise industrielle? Les ateliers refusent-ils l'ouvrage? Le père ne sait-il que faire de sa volonté et de ses bras? Non, non; sa femme et ses enfants vivraient, s'il voulait; c'est lui qui leur vole leur lit et leurs vêtements, lui qui les condamne au froid, à la faim, à la mort, lui, le lâche, qui a mangé leur substance au cabaret !

A Saint-Quentin, la perte occasionnée par le chômage du lundi est toujours prévue dans les calculs des fabricants : il n'y a point en effet ces jours-là dans les ateliers assez de bras, ni par conséquent assez de travail réalisé pour compenser les frais fixes. Ainsi la débauche des ouvriers compromet les intérêts de l'industrie en même temps qu'elle les ruine, eux et leurs familles. Beaucoup prolongent leur chômage volontaire jusqu'au mardi et même jusqu'au mercredi. Quand ce sont des fileurs, ils condamnent du même coup à l'oisiveté les rattacheurs, qui ne peuvent travailler qu'avec eux et sur le même métier; quelquefois ils les emmènent malgré leur jeunesse pour les initier aux mystères du cabaret et leur donner les premières leçons du vice. Il se consomme à Amiens 80 000 petits verres d'eau-de-vie par jour; on a calculé que c'était une valeur de 4000 francs, représentant 3500 kilos de viande ou 12 121 kilos de pain. A Rouen, le cidre ayant manqué ces dernières années et le vin étant hors de prix, les ouvriers ont bu de l'eau-de-vie. C'est le plus souvent de l'eau-de-vie de grain, dans laquelle on met des substances pimentées; ils appellent cette boisson *la cruelle*. Il s'est débité à Rouen dans l'espace d'une année cinq millions de litres d'eau-de-vie, outre le cidre, le vin et la bière.

Ces chômages périodiques n'empêchent pas les ouvriers d'avoir, chaque année, ce qu'ils appellent leur fête. La fête de Lille s'appelle *le Broglet*. Elle tombe le lundi qui suit la saint Nicolas d'été, c'est-à-dire le 9 mai, et ne dure pas moins de trois jours. S'il reste quelque chose dans la maison quand vient le Broglet, on ne manque pas de le boire; c'est comme le carnaval des Parisiens. Les ouvriers vont dès la veille demander à leurs patrons le produit des amendes de l'année; presque tous les patrons ont la faiblesse de le donner sous prétexte de montrer qu'en infligeant des amendes, ils ne songent qu'à maintenir la discipline, et non à augmenter leurs profits. Cet argent est bu le lendemain, car c'est un principe des ouvriers lillois, de ne pas permettre à une année d'empiéter sur l'autre. C'est dans le même esprit que leurs sociétés de malades consomment tous les ans leur reliquat le jour de leur fête : ils ont érigé l'insouciance en système.

Une fête, quand elle ne revient pas souvent, est une bonne chose en soi; et on verrait avec plaisir les ouvriers se donner un jour de repos, et même d'abondance, si leurs fêtes ne dégénéraient pas en orgies. Les médecins des pauvres et ceux des hôpitaux sont unanimes à constater les dangereux effets d'une excessive consommation de l'alcool sur la santé publique; ils signalent des troubles digestifs, la dyspepsie, les engorgements du foie, l'hypertrophie du cœur, et dans le système nerveux des désordres d'autant plus graves qu'ils sont héréditaires, une tendance à l'imbécillité ou à la démence, un tremblement général des membres, le *delirium tremens.* Rien n'est plus lamentable que cet abâtardissement de la race dans plusieurs grands centres industriels. L'opium ne fait pas plus de ravages en Chine. A l'exemple de leurs pères, les apprentis s'adonnent à l'ivrognerie dès l'âge de douze ou treize ans; on les voit entrer par troupes dans les cabarets, la pipe à la bouche, et se faire servir une *tournée* sur le comptoir. Le maire de Douai a pris un arrêté pour défendre aux enfants de fumer; à Lille, il est interdit aux cabaretiers de leur servir à boire, à moins qu'ils ne soient accompagnés par un parent. Il en résulte que le premier libertin venu leur sert de chaperon dans les cabarets et boit à leur écot[1].

---

1. Cette dépravation précoce est encore plus commune en Angleterre. On en jugera par l'extrait suivant de l'interrogatoire de M. J. Turner, 25 juillet 1834 : « Je me trouvais, il y a quelques mois, dans

Ces habitudes font un contraste navrant avec l'aspect débile de ces enfants; conçus dans l'ivresse, ils naissent peu viables, et ceux qui survivent sont accablés d'infirmités dès le berceau. La mortalité est effrayante parmi eux. On entend souvent une mère vous dire : Il me reste quatre enfants sur douze, ou quinze, ou dix-huit que j'avais, car les naissances sont nombreuses, quoique le chiffre de la population soit stationnaire! Il n'est pas rare de trouver dans les villes industrielles de cette partie de la France une femme qui a eu dix-huit enfants. Plus elles en ont, et plus la proportion des décès est grande, ce qui est facile à concevoir. Une mère, quel que soit le nombre de ses enfants, n'en sauve guère plus d'un ou deux. A Rouen, les registres de l'état civil donnent pour 1859, sur 3000 enfants inscrits, 1100 morts dans l'année ; ce chiffre n'est pas exact, parce qu'on ne tient compte que des enfants morts à Rouen, tandis qu'un grand nombre meurent en nourrice à la campagne. On peut admettre comme certain que la moitié au moins des enfants pauvres meurent dans l'année de leur naissance. Des observations faites avec beaucoup de soin en 1855 et pendant la moitié de

un débit de boissons, à Manchester, lorsque je vis entrer vingt-deux jeunes garçons, qui demandèrent un demi-gallon d'ale; lorsqu'ils l'eurent vidé, ils en demandèrent un second, et, après avoir payé cette consommation, comme il leur restait encore quelque monnaie, ils se mirent à se disputer, les uns voulant continuer à boire de la bière, les autres préférant acheter du tabac. De ces vingt-deux garçons, le plus âgé ne paraissait pas avoir plus de quinze ans. »

l'année suivante dans les hospices et dans les crèches
de Saint-Vivien et de Saint-Maclou, ont donné ce résultat : sur 100 enfants entrés de six jours à un an dans
les crèches, 56 sont morts dans l'année; sur 100 enfants exposés à l'hospice et âgés de moins de soixante
jours, 83 sont morts avant l'âge de 1 an. Presque
tous meurent de faim. Les soupes fatiguent l'esto-
mac, donnent la diarrhée chronique; rien n'est plus
digéré, et l'enfant qui a un besoin pressant de répa-
ration, succombe. Ce fait est d'ailleurs démontré par
de nombreuses autopsies. Suivant le docteur Leroy,
très-habile et très-scrupuleux observateur, c'est moins
la débauche des mères, que leur absence, qui cause
cette mortalité. Le lait de la mère la plus chétive, qui
ne conviendrait pas à un enfant étranger, convient au
sien : il n'y a d'exception que pour les mères qui se
saturent d'eau-de-vie. Une règle générale ne souffrant
presque pas d'exceptions, c'est que tout enfant pauvre ayant le muguet (ce qui a toujours lieu), et dont
le muguet est accompagné de dévoiement (ce qui est
le plus fréquent), succombe s'il est au biberon. A ce
compte, les manufactures seraient vraiment meur-
trières [1], car les mères ne peuvent guère allaiter leurs

1. M. Villermé écrivait en 1836 : « La misère dans laquelle vivent
les derniers ouvriers de l'industrie du coton dans le département du
Haut-Rhin est si profonde qu'elle produit ce triste résultat, que tandis que dans les familles de fabricants, négociants, drapiers, directeurs d'usines, la moitié des enfants atteint la vingt-neuvième année, cette même moitié cesse d'exister avant l'âge de deux ans
accomplis dans les familles de tisserands et d'ouvriers des filatures
de coton. » T. I, p. 28 ; et cf. t. II, p. 254 et suiv.

enfants que la nuit, et à midi pendant la suspension
du travail, quand une voisine les leur apporte. L'abâtardissement de la race n'est pas moins douloureux
que l'excessive mortalité. Presque partout, si on assiste à la sortie de la fabrique, on reste consterné du
nombre d'enfants estropiés ou contrefaits. Les conseils
de recrutement n'arrivent point à parfaire le contingent; parmi les jeunes hommes qui attendent leur
tour pour tirer au sort, un grand nombre n'atteint
pas la taille réglementaire, quoiqu'on l'ait si fort
abaissée; on leur donnerait quatorze ans. La faim, le
manque de soins pendant la première enfance, un
travail trop hâtif, les retiennent toute leur vie dans
un état de malaise et de faiblesse. Toutes ces hideuses
conséquences viennent de la misère; mais la misère,
quelle en est la cause? Ce n'est ni l'abaissement des
salaires, ni le chômage, ni une épidémie. Tous ces
fléaux ne sont rien devant le fléau de la débauche :
voilà le minotaure qui tue les mauvais ouvriers et
les poursuit jusqu'à la dernière génération, qui les
condamne au mépris des ouvriers honnêtes, au besoin, à l'humiliation, au crime, qui transforme des
femmes laborieuses et dévouées en véritables mar-
tyres et fait de la maternité un supplice.

On lutte partout contre ces habitudes funestes.
Tantôt on paye par quinzaine pour diminuer au moins
les occasions de chute : entreprise difficile à réaliser,
parce que les ouvriers ne s'y prêtent pas; ils sont
pressés de jouir et s'offrent de préférence dans les fa-

briques qui ne les font pas trop attendre. Un autre
inconvénient de différer la paye, c'est que le travail
de la première semaine s'en ressent; l'ouvrier ne veut
pas s'exténuer pour un salaire lointain; l'énergie ne se
réveille qu'au dernier moment, pour rattraper le temps
perdu. M. Motte-Bossut, à Roubaix, et quelques autres fabricants ont imaginé de payer leurs ouvriers le
mercredi pour que la possession d'une certaine somme
ne coïncide point avec le repos légitime du dimanche.
D'autres ne font la paye que le lundi, et l'ouvrier absent est obligé d'attendre jusqu'à la paye suivante, pu-
nition très-sévère à cause de la rareté et de la cherté
du crédit. Quelquefois aussi on a recours à des amendes; très-souvent, après deux absences du lundi non
motivées, l'exclusion de l'atelier est prononcée. Ce sont
des mesures excellentes, qui pourtant ne peuvent avoir
d'efficacité qu'à la condition d'être générales. Elles
font quelque bien, elles retiennent quelques âmes
chancelantes; mais peut-on en attendre une guérison
complète? On ne refait pas les âmes avec un article
de règlement. Tous ceux qui ont essayé de lutter contre
le démon de l'ivrognerie savent avec quelle violence
il s'empare des malheureux qui se donnent à lui. Le
vice en peu de temps devient passion, et la passion
frénésie. Le corps ne peut plus se passer de ce poison,
l'esprit s'éteint et s'abrutit; s'il reste assez de vie.in-
tellectuelle pour qu'il y ait quelque place au remords,
on l'étouffe dans l'ivresse.

Quelques administrations locales ont tourné contre

ce grand ennemi du travail et des mœurs toutes les
armes que la loi met entre leurs mains. Elles ont
fermé les établissements les plus mal famés, multiplié
les agents de surveillance, déployé une juste sévérité
contre les délinquants de toute sorte. Il ne faut pas
croire en effet que tout cabaretier soit un honnête
commerçant qui attend paisiblement derrière son
comptoir que les ivrognes viennent lui apporter l'argent de leur famille. Un cabaretier qui sait son métier
à fond et qui est pressé de se retirer des affaires pour
jouir bourgeoisement de sa fortune, en revendrait
à un usurier et à une courtisane dans l'art d'allumer la passion et de faciliter « à ses clients » les
moyens de se ruiner et de s'empoisonner. Cependant
on ne lui applique pas l'article 334 du Code pénal
sur l'excitation à la débauche, on ne traite pas les
dettes de cabaret comme les dettes de jeu. La mesure
même qui semble la plus facile, et qui est en même
temps la plus indispensable, celle qui consiste à forcer les détaillants de fermer leur établissement de
bonne heure, rencontre souvent des difficultés presque
insurmontables. A Lille, on a essayé une fois de faire
fermer les cabarets à neuf heures du soir; mais les
ouvriers ont réclamé sous prétexte que les cafés restaient ouverts jusqu'à minuit, et ils ont obtenu l'égalité devant la débauche. C'est à peine si on peut sortir
d'une grande manufacture sans avoir presque aussitôt
la vue blessée par une de ces cantines où tant d'ouvriers vont perdre leur santé et leur conscience : elles

sont là embusquées, entre l'atelier et la famille, entre le travail et le bonheur, pour appeler le vicieux, pour tenter le faible. Ce n'est pas une bien forte digue contre un pareil torrent que quelques règlements municipaux et quelques sergents de ville. Quand même il y aurait une coalition de toutes les municipalités de France pour clôturer les cabarets au moment où les fabriques éteignent leurs feux, quand même tous les patrons feraient à l'ivrognerie une guerre à mort, on ne la vaincra pas, si on ne porte le remède jusque dans les cœurs.

Le libertinage est à la fois la suite et la cause de l'ivrognerie. On ne détruira jamais l'un sans l'autre, parce qu'il n'y a qu'un remède pour tous deux, c'est d'apprendre aux ouvriers à être heureux dans leur famille et de leur en fournir les moyens. De toutes jeunes filles sont entassées dans un atelier avec des enfants ou des femmes d'un certain âge, la plupart sans moralité. Qui veille sur elles? Un contre-maître, chargé seulement de diriger et d'activer leur travail; le reste ne le regarde pas. Si la fillette est jolie et le contre-maître libertin, il abuse, pour la mettre à mal, de l'autorité qu'il a sur elle. Le patron ferme les yeux, pourvu qu'il ne se passe rien de compromettant à l'intérieur de l'atelier. Les jeunes ouvrières qui ne retrouvent le soir qu'un père abruti par l'ivresse, une mère sans conduite et sans principes, ont-elles une chance, une seule, d'échapper à la corruption? Loin de surveiller leurs filles et de leur enseigner les lois de l'honnêteté, il y a des mères qui leur conseillent de chercher un amant, parce qu'elles espèrent tirer de là pour elles-mêmes quelque honteux profit. Si l'affaire tarde trop, on leur fait des reproches : « Tu ne feras donc rien pour les tiens? » Ces jeunes filles ont des enfants à seize ans, même plus tôt. M. Villermé assure qu'à Reims, elles s'offrent dès l'âge de douze ans. Reims a été longtemps la grande pourvoyeuse des maisons de prostitution parisiennes. A Saint-Quentin, on parle des plus grands désordres sur le ton de la plaisanterie. On dit des jeunes filles un peu coquettes qui s'attifent le soir pour plaire aux bourgeois en sortant de l'atelier, qu'elles vont faire leur cinquième quart de journée; on les appelle des *cinq-quarts*. A Lille, dans les maisons les plus honnêtes, on préfère pour nourrice une fille-mère : un mari, une famille sont un embarras pour les maîtres! On n'en est pas moins austère et moins digne pour son propre compte. La pauvre fille, qui n'a jamais entendu parler du devoir, qui est entourée de mauvais exemples, que ses compagnes d'atelier raillent impitoyablement jusqu'à ce qu'elle ait trouvé un amant comme les autres, ne se défend pas, croit à peine mal faire. Sa faute est pour elle à l'atelier un sujet d'orgueil. Quand son amant est généreux et peut lui donner quelque bagatelle, elle étale le dimanche ses brillantes toilettes, pour exciter l'envie et l'émulation de toutes les autres.

Il est en vérité difficile de croire que la corruption

des mœurs soit plus grande à Paris qu'à Saint-Quentin, à Reims, à Rouen, à Lille ; car on ne voit pas ce
que l'imagination pourrait ajouter aux ravages de la
prostitution et de l'inceste dans nos grandes villes
manufacturières. La débauche est peut-être plus générale à Paris ; elle y est plus systématique ; elle y a
conscience d'elle-même, tandis qu'il y a dans les
courettes de Lille de véritables sauvages. L'ouvrier
de Paris, l'ouvrier dépravé s'entend, car tout se
trouve dans cette capitale universelle, et l'excès du
bien y côtoie l'excès du mal, l'ouvrier de Paris fait de
la débauche par système. Il a des objections de sophiste
contre le mariage. L'habitude de vivre en concubinage se propage de plus en plus chaque année dans
la population des faubourgs. Quand les ouvriers al-
saciens forment une de ces familles de contrebande,
ils appellent cela : vivre à la parisienne ; ils en ont
fait un verbe allemand, *paristeren*, qui n'est pas un
titre d'honneur pour les ateliers parisiens. C'est une
triste réflexion à faire que tous les changements opé-
rés depuis trente ans dans nos habitudes ont pour résultat de rendre la vie de famille de plus en plus indifférente aux hommes, et de plus en plus nécessaire
aux femmes. Un écrivain qui a combattu le divorce
dans un ouvrage assez répandu, parlait un jour à un
ouvrier du faubourg Saint-Antoine de cette habitude
croissante du concubinage. « Nous y renoncerons
peut-être, lui dit l'ouvrier, quand on nous aura rendu
le divorce. » Ce n'était qu'une protestation de plus

contre le mariage; car au fond, les doctrines lâchées facilitent les mauvaises mœurs. L'austérité de la doctrine chrétienne est une des causes de la rapide propagation du christianisme.

Les filles sont plus précoces que les garçons. En sortant de l'atelier le soir, quand les garçons et les filles se trouvent réunis dans les escaliers, dans les cours, dans les rues avoisinantes, ce sont quelquefois les filles qui provoquent leurs compagnons, qui les raillent de leur gaucherie, qui les poursuivent de propos obscènes. Ces leçons ne tardent pas malheureusement à devenir inutiles. Les chefs de quelques grandes maisons ont établi des issues différentes pour les deux sexes et des heures différentes de sortie. A Baccarat, la séparation est complète entre les tailleurs et les tailleuses. Il n'y a d'autre communication d'un atelier à l'autre qu'une porte dont les directeurs portent toujours la clef sur eux. Ces précautions sont négligées presque partout, soit comme inutiles, soit comme impuissantes. Dans un très-grand nombre de manufactures, les femmes et les hommes travaillent ensemble, par exemple dans les tissages mécaniques. Un métier à tisser n'a guère plus de largeur que ce qu'on appelle le lé de l'étoffe, de sorte qu'ouvriers et ouvrières passent littéralement douze heures par jour côte à côte. Il en est de même dans les indiennages et en général dans tous les ateliers d'impression sur étoffe.

On cite des filles qui ne se connaissent pas de do-

micile, et qui, lorsqu'un amant les quitte, sont
obligées de s'offrir sur-le-champ à un autre pour ne
pas dormir à la belle étoile. Un enfant venu, il arrive
très-souvent que le père le laisse à leur charge. Elles
ne s'en étonnent pas, elles n'en murmurent pas.
Quand elles ne le portent pas aux Enfants-Trouvés,
elles le donnent à des gardeuses pour le nourrir au
petit pot, c'est-à-dire avec du lait de chèvre ou de
vache, coutume très-meurtrière. A Amiens et dans
quelques autres villes, le bureau de bienfaisance
donne 7 francs par mois pendant le temps de l'al-
laitement aux filles-mères qui nourrissent elles-
mêmes. Les femmes mariées n'ont pas droit à ce
secours [1], et pourtant il y en a que leurs maris traitent comme si elles n'étaient que leurs maîtresses.
Ils les quittent quand elles ont des enfants et vont
vivre en célibataires dans une autre ville. S'ils reviennent un an, deux ans après, la femme les reçoit,
et il n'en est pas autre chose.

La société de Saint-François-Régis est une association entre catholiques pour faciliter le mariage de
personnes qui vivent en concubinage; elle se charge
de tous les frais et de toutes les démarches ; en un
mot, elle rend le mariage si facile que les époux
n'ont qu'à donner leur consentement. Quand on interroge les présidents des diverses succursales de la

---

1. Nous verrons dans la quatrième partie qu'il en est autrement
à Paris.

société, ils vous disent qu'il y a presque toujours un
ou plusieurs enfants naturels au moment où le mariage s'accomplit, qu'ils ne sont pas tous du même
père, et qu'il arrive souvent que le jour du mariage la
mère vient déclarer des enfants que le futur mari ne
connaissait pas. Chose étrange, il n'est pas rare que
ces femmes, qui ont eu plusieurs amants avant
le mariage, restent fidèles à leur mari. C'est du
moins le témoignage que rendent les personnes com-
pétentes presque partout, excepté à Rouen, où l'on
cite de nombreux exemples de femmes et de maris
qui se séparent pour aller faire un nouveau ménage
chacun de son côté.

Quel qu'ait été le libertinage des femmes pendant
leur jeunesse, elles se conduisent ensuite beaucoup
mieux que leurs maris. D'abord elles sont encore
sobres dans presque toutes les villes manufacturières. Si les mœurs continuent à se dégrader et
la misère à augmenter, il est malheureusement
certain que les femmes se livreront, comme les
hommes, à l'ivrognerie. En Angleterre, où la vie de
fabrique est plus ancienne et a déjà produit toutes
ses conséquences extrêmes, les débits de gin reçoivent
plus de femmes que d'hommes. A Rouen et à Lille,
l'ivrognerie commence à faire des ravages parmi les
femmes. Le président d'une société de bienfaisance
de Lille estime qu'il faut porter à vingt-cinq pour
cent parmi les hommes, et à douze pour cent parmi
les femmes, le nombre des personnes adonnées à l'i-

vrognerie. Les femmes ont dans le quartier Saint-
Sauveur des cabarets qui ne sont qu'à elles; elles y
forment des sociétés où l'on consomme beaucoup de
café et encore plus d'eau-de-vie de genièvre. La nécessité d'abandonner de petits enfants au berceau en
partant pour la fabrique a introduit parmi elles une
coutume que l'on trouve aussi à Leeds et à Manchester; elles font prendre à l'enfant de la thériaque,
qu'elles appellent un *dormant*, et qui a en effet une
vertu stupéfiante. C'est grâce à cette drogue que les
gardeuses parviennent à tenir dans la même chambre
un si grand nombre de marmots. Ces petites créatures n'échappent même pas le dimanche à ce traitement barbare. M. Villermé a constaté en 1840 que
la vente de la thériaque augmentait le samedi chez
les pharmaciens du quartier Saint-Sauveur. Les mères
voulaient être libres d'aller s'empoisonner dans les
cabarets, et elles achetaient cette liberté en empoison-
nant d'abord leurs enfants.

A Rouen, on suit une autre méthode. Les petits
détaillants de légumes et de menus comestibles prennent une licence, ont dans un coin un baril d'eau-
de-vie de grain ou de pommes de terre; les femmes,
en allant à la provision, achètent pour quelques sous
de cette eau-de-vie. Elles la boivent chez elles, d'a-
bord peut-être pour s'étourdir sur leur misère ou pour
tromper la faim; peu à peu elles en deviennent avides, plus avides que les hommes, car elles sont extrêmes en tout. On dit qu'à Londres l'habitude du

gin est tellement invétérée chez certaines femmes
que lorsqu'elles cessent d'en boire, leurs enfants ne
reconnaissent plus leur lait et ne veulent plus prendre le sein. Un inspecteur de police déposa, dans
l'enquête de 1834, que des mères menaient avec elles
de petits enfants au cabaret, et les battaient quand
ils refusaient de boire. On a vu des mères frotter
avec de l'eau-de-vie les lèvres de leurs nourrissons,
leur en verser quelques gouttes dans la bouche, les
préparer, les dresser à l'ivrognerie [1].

Grâce à Dieu, ces exemples sont rares, et il est permis de dire que les femmes des manufactures ont
conservé cette qualité précieuse de leur sexe, la sobriété. A Saint-Quentin notamment, où la dépravation
des femmes dans un autre genre est poussée à ses
extrêmes limites, elles ne boivent jamais que de l'eau.
Il en résulte que, si elles gagnent un salaire, il entre
tout entier dans le ménage, tandis que le mari apporte
à peine la moitié du sien. Quand elles ont beaucoup
d'enfants, il leur faut bien rester à la maison et se
contenter des faibles ressources du bobinage ou de
l'épincetage; celles qui peuvent sortir préfèrent encore

1. Interrogatoire de M. S. Herapoth, 6 juillet 1834 : « On peut
dire que les cas d'ivresse sont, relativement, plus nombreux chez
les femmes que chez les hommes.» Interrogatoire de M. R. J. Cham-
bers, officier de police à Londres, 25 juin 1834 : « Les mères donnent fréquemment du gin à leurs plus jeunes enfants, et j'en ai vu
même qui les battaient lorsqu'ils refusaient de boire. » Interrogatoire
de M. Marc Moore : « On a vu des enfants à la mamelle, dont les
mères étaient adonnées à la boisson, refuser de prendre le sein de
femmes qui ne buvaient pas de gin. »

se rendre à l'atelier pour ne pas manquer trop souvent de pain. Elles se lèvent avant leur mari pour préparer quelques aliments, elles travaillent à l'atelier aussi longtemps que lui : quand elles rentrent, épuisées comme lui de fatigue, elles ont encore à préparer le dîner, à coucher les enfants, à soigner le ménage, à rapiécer quelques haillons. Certes elles font peu de chose comme ménagères après une absence de treize heures et demie : ce peu, dans de telles circonstances, est un grand surcroît de fatigue. Pendant que le mari se donne, toutes les semaines, au moins toutes les quinzaines, un jour ou deux d'orgie et de plaisir, la femme reste à l'atelier ou dans la maison, toujours occupée, toujours en face de sa misère. Il lui laisse tous les soucis, les créanciers à implorer, le propriétaire à attendrir; quelquefois il la bat en rentrant. Un mari ivrogne, des enfants malades, rarement un jour de repos, jamais un moment de plaisir : quelle destinée! Ce ne sont pas là des exceptions.

CHAPITRE IV.

LOGEMENTS D'OUVRIERS.

Il nous reste à suivre les ouvrières dans les logements où elles élèvent leur famille, et où elles viennent chercher le repos après une longue journée de travail, pendant que leurs maris courent s'enivrer au cabaret. Plaçons-nous d'abord dans la plus importante de nos villes industrielles du département du Nord.

On se souvient encore de l'émotion produite par M. Blanqui, il y a plusieurs années, lorsqu'il décrivit les caves où croupissaient, c'est le mot, plus de trois mille ménages d'ouvriers à Lille. On cria de toutes parts à l'exagération. Il n'exagérait pas; seulement il avait le courage de dire ce que d'autres n'avaient pas même le courage de croire. Depuis, on s'est acharné avec un zèle admirable à la destruction de ces caves. Sur trois mille six cents, plus de trois mille ont été comblées. Celles qui restent ne servent pas toutes d'habitation; on en voit plusieurs sur la grande place, qui sont des magasins ou des cafés assez comfortables. Il y a pourtant encore à Lille et à Douai quelques centaines d'échantillons des caves décrites par M. Blanqui. Un soupirail sur la rue fermé le soir par une trappe (une *planque*), quinze ou vingt marches de pierre en mauvais état, et au fond une cave pareille à toutes les caves, c'est-à-dire une cage de pierre voûtée, n'ayant pour sol qu'un *terri*, éclairée séule ment par le soupirail, et mesurant ordinairement quatre mètres sur cinq, telle est une cave de Lille[1]. On entend dire souvent que ces caves sont à tort regardées comme inhabitables, que les ouvriers s'y plaisent, qu'elles sont fraîches en été, chaudes en hiver: cela peut être vrai de nos sous-sols parisiens, vastes, aérés, bien bâtis, bien planchéiés, où l'on ne couche que rarement; pour les caves de Lille, ceux qui les défendent, fussent–ils Lillois, ne les ont pas vues. Il en reste une au numéro 40 de la rue des Étaques, de cette rue que M. Blanqui a rendue si célèbre. L'échelle appliquée sur le mur est si roide et en si mauvais état, qu'on fera bien de la descendre très–lentement. Il y a tout juste assez de jour pour lire au bas de l'escalier; on n'y lirait pas longtemps sans compromettre ses yeux: le travail de couture est donc

---

1. « J'en ai mesuré, dit M. Villermé (t. I, p. 82), qui avaient à peine 9 pieds de côté sur 5 pieds 4 pouces de hauteur à l'endroit le plus élevé. »

dangereux à cette place ; un pas plus loin, il est impossible, et le fond de la cave est entièrement obscur. Le sol est humide et inégal, les murs sont noircis par le temps et la malpropreté. On respire un air épais, qui ne peut jamais être renouvelé, parce qu'il n'y a d'autre ouverture que le soupirail. L'espace, de trois mètres sur quatre, est singulièrement rétréci par une quantité d'ordures de toutes sortes, coques d'œufs, écailles de moules, terre remuée et humide, fumier plus sale que le plus sale fumier. Il est facile de voir qu'on ne marche jamais dans ce souterrain ; on se couche et on dort à la place où l'on est tombé. Le mobilier se compose d'un très-petit poêle en fonte dont le dessus est disposé de manière à servir de chaudron, de trois vases en terre, d'un escabeau et d'un bois de lit sans literie. Il n'y a ni paille ni couverture. La femme qui loge au fond de cette cave n'en sort jamais, elle a soixante-trois ans ; le mari n'est pas ouvrier ; ils ont deux filles, dont l'aînée a vingt-deux ans. Ces quatre personnes demeurent ensemble et n'ont pas d'autre domicile.

Cette cave est une des plus misérables, d'abord par l'extrême malpropreté et l'extrême dénûment de ceux qui l'habitent, ensuite par ses dimensions ; la plupart des caves ont un ou deux mètres de plus. Ces souterrains servent de logement à toute une famille ; par conséquent, le père, la mère, les enfants couchent dans le même local et trop souvent, quel que soit leur âge, dans le même lit. Le plus grand nom-

bre de ces malheureux ne trouvent plus aucun inconvénient à la confusion des sexes. S'il en résulte un
inceste, ils ne le cachent pas, ils n'en rougissent pas;
à peine savent-ils que le reste des hommes ont d'autres mœurs. Quelques caves sont partagées en deux
par une arcade, ce qui permettrait une séparation
qu'en général ils ne font pas. Il est vrai que la plupart du temps l'arrière-cave est entièrement obscure;
l'air y est plus rare, l'odeur plus infecte. Dans quelques-unes, l'eau ruisselle sur les murs; d'autres
sont voisines d'un égout et empestées de vapeurs méphitiques, surtout en été.

La commission des logements insalubres, qui fonc-
tionne à Lille avec une louable énergie, a marqué
plusieurs de ces caves pour être détruites; mais on
est bien obligé de les tolérer provisoirement, parce que
les familles qui les habitent ne sauraient où se loger.
L'avantage ne serait pas fort grand pour elles, si, en
quittant leurs maisons souterraines, elles étaient con-
traintes de se réfugier dans les anciennes *courettes* de
Lille. Ces courettes sont des labyrinthes formés de longues ruelles qui débouchent les unes dans les autres et
sont toutes bordées de vieilles et chétives maisons,
mal bâties, mal éclairées, mal fermées, où les familles
d'ouvriers s'entassent. On ne peut passer qu'un à un
dans ces ruelles, on y marche dans les immondices.
Toutes les maisons y répandent une odeur infecte à
cause des lieux d'aisance placés au bas des escaliers,
et qui pour la plupart ne ferment pas. Un ménage

occupe rarement plus d'une seule chambre, et on la lui fait payer de 1 fr. 25 cent. à 2 fr. par semaine. Les fenêtres sont en nombre insuffisant et ne donnent passage qu'à un air déjà vicié. Dans beaucoup de maisons, elles ne sont pas faites pour s'ouvrir. L'état des murs, des châssis, des planchers, atteste l'incurie des propriétaires. Les cheminées, quand il y en a, sont hors de service; c'est toujours sur un poêle de fonte qu'on prépare les aliments de la famille [1]. Ici, comme dans les caves, on est frappé du petit nombre des lits; il est rare que le même ménage en ait deux. La charité, qui est très-active à Lille, distribue beau-

---

1. Nous extrayons le passage suivant d'un rapport de l'intendance sanitaire à la municipalité de Lille sur les moyens à prendre immédiatement contre le choléra-morbus. Ce rapport est de 1832. Les améliorations opérées depuis sont immenses, en ce sens surtout qu'on a créé de nouveaux quartiers, et fermé la presque totalité des caves. Mais si la misère n'est plus aussi générale qu'en 1832, on trouve encore dans la ville de trop nombreux ménages qui ressemblent trait pour trait à ceux dont on va lire la description. Ce rapport est cité par M. Villermé, t. I, p. 86 sqq.

« Il est impossible de se figurer l'aspect des habitations de nos pauvres, si on ne les a pas visitées. L'incurie dans laquelle ils vivent attire sur eux des maux qui rendent leur misère affreuse, intolérable, meurtrière. Leur pauvreté devient fatale par l'état d'abandon et de démoralisation qu'elle produit.... Dans leurs caves obscures, dans leurs chambres qu'on prendrait pour des caves, l'air n'est jamais renouvelé, et il est infect; les murs sont plâtrés de mille ordures.... S'il existe un lit, ce sont quelques planches sales, grasses; c'est de la paille humide et putrescente; c'est un drap grossier, dont la couleur et le tissu se cachent sous une couche de crasse; c'est une couverture semblable à un tamis.... Les meubles sont disloqués, vermoulus, tout couverts de saletés. Les ustensiles sont jetés sans ordre à travers l'habitation. Les fenêtres, toujours closes, sont garnies de papier et de verres, mais si noirs, si enfumés, que la lumière n'y saurait pénétrer; et, le dirons-nous, il est cer-

coup d'objets de literie. L'aumône annuelle de l'administration du cercle lillois consiste en lits de fer ; le bureau de bienfaisance en a donné 3500 en quatre ans. Les familles qui les reçoivent ne les utilisent pas toujours ; quelquefois elles les vendent, très-souvent elles sont obligées d'y renoncer à cause de l'insuffisance du local.

Il n'y a pas de grandes différences entre les *courettes* de Lille, les *forts* de Roubaix, les *couvents* de Saint-Quentin : partout le même entassement de personnes, la même insalubrité. A Roubaix, où la ville est ouverte, l'espace ne manque pas. Tout est neuf, puisque

tains propriétaires qui font clouer les croisées pour qu'on ne casse pas les vitres en les fermant ou en les ouvrant. Le sol de l'habitation est encore plus sale que tout le reste ; partout ce sont des tas d'ordures, de cendres, de débris de légumes ramassés dans les rues, de paille pourrie ; des nids pour des animaux de toutes sortes ; aussi l'air n'est-il plus respirable. On est fatigué, dans ces réduits, d'une odeur fade, nauséabonde, quoiqu'un peu piquante, odeur de saleté, odeur d'ordure, odeur d'homme, etc., etc.—Et le pauvre lui-même, comment est-il au milieu d'un pareil taudis? Ses vêtements sont en lambeaux, sans consistance, consommés, recouverts, aussi bien que ses cheveux, qui ne connaissent pas le peigne, des matières de l'atelier. Et sa peau? Sa peau, bien que sale, on la reconnaît sur sa face ; mais sur le corps, elle est peinte, elle est cachée, si vous voulez, par les insensibles dépôts d'exsudations diverses. Rien n'est plus horriblement sale que ces pauvres démoralisés. Quant à leurs enfants, ils sont décolorés, ils sont maigres, chétifs, vieux, oui, vieux et ridés ; leur ventre est gros et leurs membres émaciés ; leur colonne vertébrale est courbée ou leurs jambes torses, leur cou est couturé ou garni de glandes ; leurs doigts sont ulcérés et leurs os gonflés et ramollis ; enfin, ces petits malheureux sont tourmentés, dévorés par les insectes. » Parmi les signataires de ce rapport, on trouve le nom de M. Lestiboudois, longtemps député de Lille, et celui de M. Kulmann, aujourd'hui président de la Chambre de commerce.

la ville vient de sortir de terre. On n'a pas, comme à
Lille, la double excuse d'une ville fortifiée où l'espace
est circonscrit, et où l'on ne peut abattre que pour re-
bâtir. De plus, les logements ne suffisent plus au nombre toujours croissant des ouvriers, ce qui est pour
les propriétaires une garantie contre les non-valeurs.
Tout récemment un manufacturier qui manquait de
bras embaucha à grand'peine quelques ouvrières à
Lille ; il les paya bien, leur donna un travail avantageux dans un atelier très-supérieur, pour les conditions hygiéniques, à celui qu'elles quittaient ; cependant, arrivées le samedi, elles réclamèrent leurs livrets
le jeudi : elles n'avaient pas trouvé à se loger, et
avaient passé ces quatre jours sous une porte co-
chère. Affluence de locataires, abondance de terrains,
dans de telles conditions, n'est-il pas inexplicable
que les logements d'ouvriers soient aussi mauvais et
aussi chers à Roubaix qu'à Lille? Les anciens *forts*,
c'est le nom des courettes de Roubaix, sont placés à
plusieurs kilomètres des filatures. Ils n'en sont pas
plus sains pour cela, parce que les maisons sont mal
construites, serrées les unes contre les autres. Les
terrains qui séparent les rangées de maisons ne sont
pas même nivelés. Dans plusieurs forts, il n'y a pas
de ruisseaux pour l'écoulement des eaux ménagères :
elles croupissent dans des puits sans fin jusqu'à ce
que le soleil les dessèche. Au fort Frasé, qui contient
cent maisons, il y a beaucoup de terrain perdu ; rien
ne serait plus facile que de transformer ces déserts

en places plantées d'arbres, en jardinets, ce qui em-
bellirait et assainirait en même temps les logements.
On ne paraît pas y songer. Voici, au hasard, la description de quelques logements. Dans le fort Wattel,
un logement au premier ; on monte par une échelle
et une trappe sans porte. Superficie, 2 mètres 50 centimètres sur 3 mètres ; une seule fenêtre étroite et
basse ; les murailles ne sont ni blanchies ni crépies.
Ce local est habité par quatre personnes, le père, la
mère et deux enfants de sexe différent, l'un de dix
ans, l'autre de dix-sept. Il coûte 1 franc par semaine.
Dans la cour d'Halluin, au fort Frasé, on remarque
une maison plus haute que les autres, dont le rez-de-
chaussée est fort bizarre. La maison est plus longue
que large ; elle n'a que deux fenêtres, l'une devant,
l'autre derrière ; cependant elle est divisée en trois
logements dans le sens de la profondeur. Le logement
du milieu serait donc complétement obscur, s'il était
séparé des deux autres par des cloisons opaques ;
mais il n'est fermé que par deux vitrages qui remplissent absolument tout l'espace, et lui donnent l'aspect d'une cage de verre. Il en résulte que le ménage
placé dans ce logement n'a pas d'air, et qu'aucun
des ménages n'a de chez soi, car il est impossible à
aucune des trois familles de dérober un seul de ses
mouvements aux deux autres. Le propriétaire est un
maître vitrier, ce qui explique ce mode de fermeture,
assez peu économique d'ailleurs. Un de ces logements
est loué 5 francs par mois ; la femme qui l'habite a

cinq enfants en bas âge. On a pratiqué dans un angle
de la chambre une espèce de cage ou de soupente à
laquelle on parvient par un petit escalier tournant
aussi roide qu'une échelle. Cette cage peut tenir un
lit; la locataire l'a sous-louée, pour 75 centimes par
semaine, à une *piqûrière* abandonnée par son amant
avec un enfant de quelques semaines sur les bras.
Outre le lit, la soupente contient une chaise sur laquelle on met en hiver une terrine remplie de charbon allumé : un trou pratiqué dans le plafond, immédiatement au-dessus, livre passage à la vapeur.
L'enfant est placé sur le lit, où il reste seul tout le
jour; la mère vient l'allaiter à midi. Il n'y a et il ne
peut y avoir aucun autre meuble dans ce petit réduit,
où l'on n'entre qu'en rampant. Une robe et un bonnet,
avec un petit paquet pouvant contenir au plus une
chemise, sont placés sur une tablette; au-dessous est
un vieux parapluie de soie, objet de grand luxe, débris
d'une opulence perdue. Presque tous les habitants de
cette cour sont sujets à la fièvre; s'il survenait une
épidémie, toute cette population serait emportée. Il
n'y a pas deux années cependant que la cour d'Halluin
a été bâtie. On construit en ce moment[1] plusieurs
rangées de maisons d'ouvriers dans la ville même de
Roubaix, près du canal. Ces maisons ne sont ni drainées, ni suffisamment espacées; le plan en est défec-
tueux sous tous les rapports ; elles n'ont point de cour

---

1. Ces observations se rapportent au mois de mai 1860.

séparée, aucune dépendance ; les pièces sont trop petites ; l'escalier n'ayant pas de cage, les habitants du
rez-de-chaussée sont forcés de livrer passage à ceux
de l'étage supérieur. On trouve à Roubaix, comme
partout, des hommes de cœur à la tête de l'industrie ;
il est fâcheux qu'ils n'aient pas compris l'importance
capitale des logements d'ouvriers, et qu'ils en aient
abandonné la construction à de simples spéculateurs.

A Amiens, à Saint-Quentin, c'est à peine si les logements sont moins tristes et moins insalubres qu'à
Roubaix et à Lille. A Saint-Quentin cependant on
trouve encore quelques traces de la propreté flamande.
Les plus pauvres s'efforcent de se procurer une de
ces pendules grossières qui ornent les chaumières de
paysans ; s'ils ont quelques sous, ils achètent une
image pour décorer leur chambre. A Amiens, le goût
de la propreté est déjà moins général ; on sent une
tristesse plus morne ; le fond du caractère paraît être
l'apathie. Il n'est pas rare de trouver des ouvriers qui
habitent la même chambre depuis un grand nombre
d'années ; ce n'est pas qu'ils y soient bien, c'est tout
simplement qu'ils y sont, et qu'ils n'ont pas l'idée
d'aller chercher ailleurs. La cité Damisse, récemment
créée sur une hauteur, en très-bon air, leur donnerait
des logements incomparablement plus spacieux et
mieux appropriés pour le même prix ; mais il faudrait
se mouvoir, ils restent dans leurs vieux quartiers, à
Saint-Germain, à Saint-Leu. L'exemple le plus frappant de cette résignation paresseuse est celui de deux

vieillards qui habitent une petite maisonnette rue du
Milieu, dans la paroisse Saint-Germain. Le mari a
quatre-vingt-trois ans, et la femme quatre-vingt-deux;
ils sont mariés depuis soixante-trois ans, et en voilà
cinquante-sept qu'ils habitent ce logement, où la
fumée les étouffe dès qu'ils font un peu de feu, où le
vent siffle à travers les ais mal joints de la porte, où
l'eau du ruisseau les poursuit et les inonde.

C'est un triste faubourg que ce quartier de la Veil-
lère. Il est comme endormi; il fait mal à voir, car il
est vieux sans être vénérable. Il y a là, entre autres
preuves de misère profonde, un rez-de-chaussée composé de deux pièces, mal pavées en petites pierres,
et dont la seconde, ne prenant jour d'aucun côté, est
constamment plongée dans des ténèbres absolues. Elle
touche à un dépôt d'os placé dans la maison voisine
et qui répand durant l'été une odeur tellement infecte,
qu'il est difficile de l'endurer pendant dix minutes.
L'ouvrier qui habite cette triste demeure est homme
de peine dans une fabrique; sa femme est dévideuse;
ils ont une fille de vingt ans, et cinq autres enfants
en bas âge.

Amiens est pourtant une belle ville, une ville riante,
qui a de beaux boulevards, de vastes rues bien bâties,
une promenade magnifique, une des plus belles ca-
thédrales du monde. Il ne tient qu'à ses habitants de
croire que la misère n'existe pas, que tous les ouvriers
ont du pain et du feu, et qu'aucun vieillard ne manque
d'une botte de paille pour reposer la nuit ses membres

fatigués. Le contraste est peut-être encore plus marqué à Reims, parce que l'industrie y est beaucoup
plus vivante. Cette cathédrale merveilleuse, ces ga-
leries en plein vent qui rappellent les ponts couverts
de Lucerne, cette montagne de Reims, si chère aux
épicuriens, qui étale à l'horizon ses riants coteaux
couronnés de pampres, ces ateliers bien aérés, bien
outillés, d'où sortent incessamment des montagnes
de laine filée, des monceaux de flanelle, des ava-
lanches de draps et de lainages, laissent à peine soup·
çonner toute la misère qui se cache à deux pas : ces
maisons bâties au pied des anciens remparts et dont
le sol disparaît l'hiver sous les eaux de pluie, ces logements de la cour Fructus, de la cour Saint-Joseph,
de la place Saint-Nicaise, du cimetière de la Made-
leine, de la rue du Barbâtre, plus dépouillés et plus
tristes que des cachots; ces longues files de chambres
où l'eau tombe goutte à goutte par les toits effondrés,
où manquent l'espace, l'air et le jour, enfouies dans
des caves, perchées dans des greniers, entassées,
serrées, pressées les unes contre les autres, étouffées
dans d'humides et obscurs couloirs, séjour affreux
de la faim, de la maladie et de la débauche. Dans la
cour n° 136 sur le boulevard Cérès, on peut voir encore sous un escalier une soupente de 2 mètres de
long sur 1 mètre et demi de large. Il est impossible
de s'y tenir debout, même sous la partie la plus élevée
de l'escalier; il n'y a point de fenêtre, et pour avoir
un peu d'air et de jour on est contraint de laisser la

porte ouverte : ce n'est plus aujourd'hui qu'un fournil; mais le docteur Maldan y a soigné une femme paralytique qui a vécu dans ce trou, si cela peut s'appeler vivre, pendant deux ans et demi.

Afin qu'on prenne, pour ainsi dire, les logements insalubres de la ville de Reims sur le fait, voici quelques extraits copiés sur les procès-verbaux de la commission municipale : « Maison rue Saint-Guillaume, n° 4, louée et habitée par le sieur R.... et son épouse, qui y tiennent une pension d'ouvriers. Au fond de la cour est une espèce de cellier, précédé d'un dessous d'escalier où sont établis des lieux d'aisance. Rien de plus malsain que ce réduit obscur où l'air pénètre à peine, où l'humidité est constante, et qui sert de chambre à coucher aux époux R.... et à deux ouvriers.

« Le mal est aggravé par les exhalaisons méphitiques des latrines mal fermées, et tenues on ne peut plus malproprement.

« Cette chambre privée d'air et de jour, dont le sol est très-humide, dont les murailles nues sont salpétrées, dont le plafond est un plancher vermoulu à deux mètres de hauteur au plus, doit être condamnée et redevenir comme par le passé un cellier, une remise. »

Ailleurs, les mêmes procès-verbaux décrivent un grenier « assez étendu, mais entièrement privé d'air et de jour, et n'ayant, dans la toiture, qu'une vitre dormante. Ce grenier sert de chambrée, contenant

quatre lits dans chacun desquels couchent deux ouvriers. » Et le commissaire de police ajoute en note :
« Le pavé de la cour a besoin d'être rétabli entièrement; les eaux pluviales et ménagères y croupissent.»

Toutes les villes industrielles offrent le même spectacle. A Thann, dans le faubourg Kattenbach, un
logement de deux pièces étroites qui abrite le père,
la mère, la fille et le gendre avec quatre enfants n'a
d'autre entrée qu'une étable à porcs, où le propriétaire
entretient de superbes échantillons de la famille por-
cine côte à côte avec les locataires. A côté, deux frères
ayant chacun leur femme et trois enfants, en tout dix
personnes, ont habité une chambre de 3 mètres sur 5,
éclairée par une seule fenêtre. Tout près de là, une
chambre assez vaste et assez bien éclairée servait de
logement à neuf personnes en 1855, lorsque le cho-
léra éclata; le fléau fit sept victimes en deux jours.
Toute cette population était moissonnée comme des
épis de blé par la serpe du faucheur; quand la mort
entrait dans une maison, on ne pouvait plus être
sauvé que par un miracle. Laissons de côté Mulhouse,
que M. Villermé a vue encore si misérable en 1840,
mais qu'il ne reconnaîtrait plus aujourd'hui, et à laquelle nous devrons peut-être un jour la régénération
de nos mœurs industrielles ; traversons toute la
France. Elbeuf, dont la prospérité industrielle est si
grande, devrait avoir des logements salubres; c'est
une ville toute neuve, et qui peut s'étendre aisément
sur les coteaux qui l'avoisinent. On trouve en effet

jusqu'à mi-côte, le long d'un petit chemin bordé de riants arbustes, quelques maisonnettes bâties sans soin et sans intelligence par de petits spéculateurs à peine moins misérables que les locataires qu'ils y recueillent. On monte deux ou trois marches formées de quelques pierres non taillées, et l'on se trouve dans une petite chambre éclairée par une étroite fenêtre et dont les quatre murs de terre n'ont jamais été ni blanchis ni crépis. Quelques madriers à demi pourris, posés de champ sur le sol, simulent un plancher. Sur le bord du chemin, une vieille femme loue 65 centimes par semaine une hutte de terre qui est littéralement nue : ni lit, ni chaise, ni table; on en demeure confondu. Elle couche sur un peu de paille trop rarement renouvelée, tandis que son fils, qui est manœuvre sur le port, dort le soir sur la terre humide sans paille ni couverture. A quelques pas de là, en arrière du chemin, un trameur âgé de soixante ans habite une sorte de hutte ou de guérite, car on ne sait quel nom lui donner, dont la malpropreté fait soulever le cœur. Elle n'a que la longueur d'un homme, et 1 mètre 25 centimètres environ de largeur. Il y demeure jour et nuit depuis vingt ans. Aujourd'hui il est presque idiot, et refuse d'aller occuper un logement meilleur qu'on lui propose[1].

1. Il s'est fondé récemment à Elbeuf une société industrielle où des manufacturiers jeunes, dévoués, intelligents, tels que MM. de Gérin-Roze, Simon, etc., peuvent faire beaucoup de bien par leur activité et leurs lumières. Mulhouse a été transformée de fond en comble par sa société industrielle.

La misère n'est pas moins horrible et surtout elle est beaucoup plus générale à Rouen. On ne peut se faire une idée de la malpropreté de certaines maisons à moins de l'avoir vue. Les pauvres gens alimentent leur feu avec des débris de pommes qui ont servi à faire de la boisson, et qu'on leur donne pour rien ; ils en ont des quantités dans un coin de leur chambre; une végétation hybride sort de ces amas de matière végétale en putréfaction. Quelquefois les propriétaires mal payés négligent les réparations les plus urgentes. Dans une mansarde de la rue des Matelas, le plancher, entièrement pourri, tremble sous les pas des visiteurs; à deux pieds de la porte est un trou plus large que le corps d'un homme. Les deux malheureuses qui habitent là sont obligées de vous crier de prendre garde, car elles n'ont pas un meuble à placer en travers de ce trou, pas un bout de planche. Il n'y a chez elles que leur rouet, deux chaises basses et les restes d'un bois de lit sans paillasse. Sur une petite place perdue à l'extrémité de la rue des Canettes, et dont les maisons en bois paraissent toutes sur le point de s'écrouler, un tisseur de bretelles est allé se loger avec sa famille dans un étroit espace destiné évidemment à servir de grenier. Le logement a 2 mètres 30 centimètres sur 4 mètres 95 centimètres, si on mesure le plancher; mais une saillie, nécessitée par les tuyaux de cheminée des étages inférieurs, en encombre la meilleure moitié, et le reste est tellement rapproché du toit, qu'on ne peut faire trois pas en se tenant debout. Quand le mari, la femme et les quatre enfants se trouvent réunis, il est clair qu'ils ne sauraient se mouvoir. On ne sera pas surpris d'apprendre que le manque d'air et la faim font de fréquentes victimes dans un tel réduit. Des quatre enfants qui restaient en avril 1860, deux étaient morts trois mois après. Quand ils furent visités au mois d'avril, le médecin (M. Leroy) parla d'un bon qu'il avait donné la semaine précédente pour du lait. A ce souvenir, toutes les figures s'épanouirent. « Elle en a bu, » dit la mère, en montrant sa fille aînée, à moitié mourante, et qui eut pourtant la force de sourire. La faim avait presque réduit cette enfant, qui eût été belle, à l'état de squelette.

Le père de cette pauvre famille est bon tisserand. Il pourrait gagner dans un tissage ordinaire des journées de 3 ou 4 francs, tandis qu'il ne gagne qu'un franc cinquante centimes dans une fabrique de bretelles. On se demandera pourquoi il y reste. A la naissance de son dernier enfant, il n'y avait point d'argent chez lui : ni feu, ni couverture, ni lumière, ni pain; il emprunta 20 francs à son patron, qui est honnête homme. Il ne peut maintenant, sans payer sa dette, reprendre son livret, et quitter cet atelier où son travail ne lui rapporte pas de quoi vivre. Il est clair qu'il y mourra si on ne lui vient en aide; mais sa famille sera morte avant lui.

M. Blanqui décrivait ainsi, il y a douze ans, les maisons d'ouvriers pauvres à Rouen. « On n'entre

dans ces maisons que par des allées basses, étroites
et obscures, où souvent un homme ne peut se tenir
debout. Les allées servent de lit à un ruisseau fétide,
chargé des eaux grasses et des immondices de toute
espèce qui pleuvent de tous les étages et qui séjour-
nent dans de petites cours mal pavées, en flaques
pestilentielles. On y monte par des escaliers en spi-
rale, sans garde-fou, sans lumière, hérissés d'aspérités
produites par des ordures pétrifiées, et l'on aborde
ainsi de sinistres réduits, bas, mal fermés, mal ouverts, presque toujours dépourvus de meubles et
d'ustensiles de ménage. Le foyer domestique des
malheureux habitants de ces réduits se compose
d'une litière effondrée, sans draps ni couvertures, et
leur vaisselle consiste en un pot de bois ou de grès
écorné qui sert à tous les usages. Les enfants les plus
jeunes couchent sur un sac de cendres ; le reste de la
famille se plonge pêle-mêle, père et enfants, frères
et sœurs dans cette litière indescriptible comme les
mystères qu'elle recouvre. Il faut que personne n'i-
gnore qu'il existe des milliers d'hommes parmi nous
dans une situation pire que l'état sauvage.... » Ce tableau est encore vrai. On a fait de grands efforts ;
mais le nombre des pauvres croît dans une proportion
effrayante. Il semble voir des enfants qui font une
digue de boue et de sable contre la mer furieuse. Le
Dieu qui mesure le souffle à la brebis tondue, cache
à ces souffreteux une partie de leur malheur. « *Je ne
suis pas riche, moi*, nous disait une vieille femme en

nous montrant sa voisine étendue sur l'aire humide de sa cave ; mais j'ai ma botte de paille, Dieu merci ! »

Les maisons d'ouvriers, pour quelques-uns des propriétaires, sont d'un revenu très-médiocre à cause des non-valeurs. Un loyer de 1 franc par semaine est une charge écrasante pour des gens qui ne sont pas toujours assurés d'avoir du pain, et il n'y a pas de saisie possible à cause de l'absence presque complète de mobilier. Le lit même, le lit que la loi ne permet pas de saisir, manque dans un grand nombre de ménages. Cependant à Reims, à Saint-Quentin, à Lille, à Roubaix, on trouve que c'est faire un bon placement que d'acheter ou de construire des maisons d'ouvriers. On arrive quelquefois à tirer 10 et 15 pour 100 de son argent ; mais c'est toute une administration, et, quand il s'agit de beaucoup de logements, une administration assez compliquée. Les grands propriétaires ont assez souvent recours à un gérant, c'est le système qui prévaut à Saint-Quentin, ou à un principal locataire, ce qui se pratique assez communément à Reims. Il y a de pauvres femmes qui ont eu la malheureuse idée de prendre à bail une cour entière, et qui, en faisant toute l'année l'ingrat et dur métier de collecteur d'impôt, arrivent péniblement à payer leur propre redevance. Quelques propriétaires se chargent eux-mêmes de leurs recouvrements, et n'exercent pas d'autre profession. A peine une tournée est-elle finie, qu'il faut en commencer une nouvelle, car on comprend bien que tous les loyers ne sont pas payés à première réquisition, et qu'il faut revenir quelquefois le lundi, le mardi et même le mercredi. Un propriétaire qui veut à toute force être payé ne souffre pas d'arrérage; on peut à la rigueur trouver 1 fr. ou 1 fr. 50 c., mais 5, 6 ou 7 francs à la fois, cela deviendrait impossible. La mère de famille qui le lundi ne peut pas donner un à-compte, est obligée de vider les lieux avec ses enfants et d'aller frapper à une autre porte. Quand il n'y a nulle part de logement vacant, les locataires expulsés refusent de déguerpir, et il est assez difficile de les y contraindre. Le moyen de rigueur consiste à enlever la porte, ou le châssis de la fenêtre. On citait à Lille, il y a quelques années, un propriétaire qui partait le matin de chez lui en traînant une petite charrette à bras. Quand un locataire ne le payait pas, il prenait lui-même sa porte ou sa fenêtre et la mettait sur la charrette. Ce galant homme voiturait parfois une très-lourde charge à la fin de sa journée, et pourtant il n'est pas mort millionnaire.

Pour se faire une idée de ces intérieurs, il faut les voir sous leur double aspect, c'est-à-dire avant et après la fermeture de l'atelier. Pendant le jour, il n'y a pas d'hommes dans les maisons d'ouvriers, on n'y rencontre que des femmes et des enfants, quelquefois un vieillard ou un malade, plus rarement un ouvrier chargé d'un travail de nuit et obligé de dormir tout le jour. Dans quelques villes, les femmes, qui ont été pour ainsi dire élevées dans la fabrique, ne connaissent pas d'autre situation : elles se marient, elles ont des enfants ; mais ni les soins du ménage, ni les soucis de la maternité ne les détournent de la carrière qu'elles ont embrassée. Elles quittent donc leur domicile, et sont étrangères à leurs enfants pendant toute la journée, quelquefois pendant une partie de la nuit. En 1836, la journée de travail était de quinze heures à Mulhouse, à Dornach, à Lille, de seize heures à Bischwiller ; un rapport fait en 1837 à la société industrielle de Mulhouse constate que la journée de travail allait jusqu'à dix-sept heures dans plusieurs manufactures françaises. Aujourd'hui la loi limite la journée de travail effectif pour les adultes à douze heures. En y comprenant une heure et demie de repos, cela fait pour la mère de famille treize heures et demie d'absence. Encore faut-il supposer que son domicile est situé près de l'atelier, ce qui est fort rare ; la plupart du temps il y a lieu de compter une heure de plus pour l'aller et le retour : c'est donc en tout quatorze ou quinze heures d'absence pour la mère et de solitude pour les enfants[1]. Il est clair que dans ces conditions la chambre est abandonnée ; elle n'est ni lavée, ni balayée, ni mise en ordre. On ne saurait le reprocher à cette malheureuse, qui, au moment de son retour, trouve à peine la force et le temps de faire le souper de la famille et de coucher les enfants.

---

1. A Sedan, les femmes ne font que des journées de dix heures. Elles sortent le matin une demi-heure, et, le soir, une heure avant leurs maris, pour vaquer aux soins les plus indispensables du ménage.

Ainsi la femme occupée dans la manufacture ne peut plus être la providence du logis; une nécessité inflexible la prive du bonheur de donner à sa famille ces tendres soins que rien ne supplée, et qui créent ailleurs des liens si puissants par la vertu du sacrifice et de la reconnaissance. Il faut qu'elle renonce à son rôle de confidente, de conseillère et de consolatrice; elle est à la fois épuisée par le travail matériel, et anéantie par l'impuissance de joindre à ses efforts tout ce qui en fait la grâce. Rien n'attend l'ouvrier dans sa demeure qu'une malpropreté repoussante, une nourriture insuffisante et malsaine, des enfants souffreteux qu'il ne connaît même pas, une femme dont le travail et la misère ont fait une esclave. Ce n'est rien pourtant que ces tristes soirées; c'est la journée qui est le grand, le vrai malheur. Que deviennent les enfants pendant ces longues heures ? Sans doute il y a la crèche, l'asile et l'école, institutions bienfaisantes qui ne remplacent pas la famille, car rien ne la remplace, mais qui au moins épargnent à l'enfant le malheur d'un abandon absolu. Rien n'est plus attrayant pour un observateur superficiel que la visite d'une crèche; cependant qu'est-ce que cette vie qui commence là pour se continuer dans un atelier et finir dans un hospice? C'est la vie en commun depuis le premier jusqu'au dernier jour. Supposez-la parfaite dans son espèce : une crèche admirablement tenue, un asile attrayant, une école ni trop indulgente ni trop sévère, un atelier vaste, bien aéré, où la tâche est fatigante

sans être écrasante, un hospice où rien ne manque
de ce qui est nécessaire et dans lequel la vieillesse
trouve même un peu de superflu : est-ce donc là vraiment la vie d'un homme? est-ce là surtout la vie
d'une femme? Quoi! pas une heure dans ces longues
années pour les affections intimes ! Pas une joie pour
cette jeunesse! pas un seul souvenir que cette femme
arrivée au seuil de la vie puisse adorer dans son cœur
et cacher au reste du monde! Peut-être le corps se
trouvera-t-il bien de cette vie commune; mais est-ce
pour cela que notre âme est faite? Qui donc parmi
ceux qui rêvent un pareil idéal pour les ouvriers voudrait se contenter de passer ainsi sa vie dans une
prison comfortable? Et d'ailleurs ce triste rêve peut-il
se réaliser toujours? Voilà bien la crèche et l'asile,
et l'atelier et l'hospice. Mais tenez-vous à la porte de
cette crèche, et vous verrez plus d'une mère con-
trainte d'emporter son nourrisson. Comptez les places
dans l'asile, et comparez-les au nombre des enfants
dont l'âge varie de deux à cinq ans. Ouvrez les registres de l'hospice; et vous frémirez en voyant combien il y a de candidats pour chaque lit, combien de
surnuméraires attendent que la mort leur fasse une
place! Et l'hospice pourtant n'est pas un lieu de
délices ! la crèche n'est pas toujours souriante! et c'est
un étrange bonheur pour une mère que d'obtenir la
permission de se priver huit heures par jour de son
enfant !

La vérité est que l'atelier ouvre à six heures, et la

crèche, l'asile ou l'école seulement à huit, que beaucoup de villes n'ont pas de crèches ou n'ont que des
crèches en nombre insuffisant, qu'il faut encore payer
presque partout une petite somme, et elle a beau se
faire petite, il y a des mères qui ne peuvent pas la
payer, même en se privant de pain. Dans cet asile
gratuit, il faut pourtant que l'enfant apporte le matin
son panier, car on ne le gardera pas mourant de faim
sur ce banc. Il ne faut pas s'étonner de trouver tant
d'enfants errants, à demi-nus, dans les *forts*, dans les
courettes, au milieu d'immondes ruisseaux : c'est que
leurs parents ne sont pas assez riches pour les empri-
sonner dans les asiles. Ils sont aussi orphelins que si
leur père et leur mère étaient morts, aussi abandonnés
dans les rues d'une ville que dans un désert. En ouvrant au hasard une chambre d'ouvrier (on ne ferme
jamais ces chambres à clef, il n'y a rien à voler), on
rencontre quelquefois trois ou quatre marmots, confiés à la garde d'une fille de sept ans. Ils se tiennent
debout tout le jour autour du poêle éteint, immobiles,
mornes. Leur faiblesse plutôt que l'ordre de la mère,
les retient à la maison. La première pensée qui vient
en les voyant, c'est qu'ils n'ont jamais souri; la seconde, c'est qu'ils souffrent de la faim.... Pour l'école,
c'est une autre difficulté. Il faut être riche pour aller
à l'école gratuite. Un enfant de six ans peut bobiner ;
à huit ans, il peut entrer dans une fabrique. Suppo-
sez deux, trois, quatre enfants entre six et douze ans :
comment les nourrir avec le salaire d'un seul homme?

Il faut qu'ils rapportent, qu'ils aient leur semaine comme le père et la mère. Avec quelle impatience on attend l'âge fixé pour entrer dans la manufacture! Est-ce du mauvais cœur? est-ce dédain pour l'instruction? Non; c'est la faim. La pauvre mère sait bien, par expérience, ce que c'est qu'un atelier; mais elle sait aussi, elle mesure chaque jour de l'œil le ravage des privations sur ce jeune corps qui se développe. Quand son salaire, ajouté à celui de son mari, suffit pour entretenir les enfants jusqu'à douze ans, elle ne manque guère de les conduire aux écoles; mais alors, autre malheur. L'école est ouverte cinq ou six heures, l'atelier garde les ouvriers douze heures. Vaut-il mieux six heures d'école avec six heures de vagabondage, ou le travail précoce dans la fabrique, avec les deux heures d'école réglementaires? Triste problème pour une mère qui voit la ruine de son enfant de tous les côtés. A Sedan, les frères des écoles chrétiennes gardent leurs écoles ouvertes jusqu'à la sortie des ateliers; voilà une bonne œuvre, une œuvre bénie. Avouons que tout notre système d'écoles universitaires a été fait par des hommes très-versés dans l'instruction, très-peu au courant des besoins du pauvre.

Il arrive assez souvent qu'une ouvrière mariée quitte la manufacture, surtout lorsque sa famille commence à devenir nombreuse. Elle rentre alors dans sa condition normale, car il est incontestable que les femmes sont faites pour vivre dans leur ménage, et qu'un état social qui les arrache à leur mari, à leurs enfants, à leur intérieur pour les faire vivre toute la journée mêlées avec d'autres femmes, ou, ce qui est bien pire, mêlées avec des hommes, est un état social mal organisé, qui, pour ainsi dire, ne permet pas aux femmes d'être des femmes, et ne peut subsister longtemps sans entraîner à sa suite les plus grands désordres. On voudrait pouvoir dire que le retour de la mère de famille dans son ménage change la condition de tout ce qui l'entoure, qu'elle conserve chez elle les habitudes laborieuses acquises dans la manufacture, qu'elle soigne ses enfants avec vigilance, les tient propres, répare leurs habits, qu'elle met de l'ordre dans la chambre commune, qu'elle parvient à force d'activité et d'économie à tirer bon parti de ses pauvres ressources, et que le mari, trouvant plus de soins et de comfort dans son intérieur, y prend aussi plus de plaisir, et abandonne le cabaret pour sa propre maison. Une femme énergique et dévouée peut faire en ce genre de véritables miracles, et ceux qui douteraient de l'influence exercée sur la destinée de chacun de nous par notre caractère n'ont qu'à se donner le spectacle de deux familles ayant des ressources égales, des besoins égaux, et dont l'une vit dans une sorte d'aisance, grâce à l'habileté infatigable de la ménagère, tandis que l'autre reste plongée dans l'indigence. Il est douloureux de constater que la plupart des femmes qui prennent la résolution de se consacrer uniquement à leur famille manquent de toutes les qualités nécessaires à ce nouveau rôle. Ouvrières laborieuses à l'atelier, où le règlement les soutenait, elles se perdent dans le détail de leurs occupations domestiques. Elles savent à peine allumer du feu, et n'ont pas la moindre idée de la cuisine. Elles n'ont jamais tenu une aiguille même dans leur plus tendre enfance ; on leur a appris à dévider dès qu'elles ont pu tenir un peloton dans leurs doigts, ensuite à surveiller une machine de carderie ; hors de là, elles ne savent rien. Elles laissent leurs enfants errer dans les courettes, parce qu'elles se souviennent d'avoir été elles-mêmes abandonnées à la grâce de Dieu. Ils travailleront assez quand ils seront en fabrique, il faut leur laisser du bon temps maintenant. Les pauvres femmes ne savent pas combien un peu d'éducation changerait l'avenir de leurs fils et de leurs filles, ou, si elles le savent, l'entreprise leur paraît si lourde qu'elles n'ont pas le courage de la tenter. Elles ne songent qu'au pain de la journée et à la crainte d'être battues. Le jour de paye, elles errent aux abords de la manufacture, suivent de loin leurs maris qui se rendent au cabaret, restent à la porte, et calculent tristement que, si l'orgie se prolonge, il ne restera rien pour les besoins de la famille. Leur demeure est à peine plus propre que par le passé ; l'insigne malpropreté est un ennemi avec lequel elles ont vécu depuis leur enfance, et qu'elles désespèrent de vaincre. Elles ont toutes appris quelque métier, mais des métiers qui rapportent un sou pour une heure de travail. Les plus courageuses s'y obstinent ; elles font

des journées de douze heures tout en suffisant, tant
bien que mal, à leur tâche de ménagères; le grand
nombre se désespère, travaille rarement et languissamment. Arrivées à ce point, elles tournent leurs
espérances du côté de la mendicité, et c'est un pen-
chant que développent chez elles une foule d'institutions charitables qui méritent des éloges pour le bien
qu'elles veulent faire, mais qui, avec des intentions
excellentes, ne font trop souvent que du mal.

Il y a sans doute des compensations au triste tableau
que nous venons de dérouler. A côté des parties gan-
grenées, il y en a de saines et de vigoureuses. Nous
n'avons montré que le mal. Quand nous chercherons
le remède, nous constaterons avec une joie profonde
qu'il y a en grand nombre, dans nos principaux centres manufacturiers, des ouvriers à la fois habiles et
économes, intelligents et réservés, sûrs d'eux-mêmes,
inaccessibles au découragement et à l'envie. Nous
montrerons avec quelle généreuse et loyale ardeur
beaucoup de nos chefs d'industrie aident leurs ouvriers
à conquérir le premier, le plus doux, le plus nécessaire de tous les biens, l'indépendance. Mais ne
nous faisons pas de lâches illusions. Le très-grand
nombre des travailleurs souffre de privations qu'on ne
peut connaître, qu'on ne peut même imaginer quand
on n'a pas vu les choses de ses propres yeux. Nos
descriptions ne sont jamais ni assez fidèles ni assez
complètes. On est retenu par mille considérations : on
craint de blesser ceux qui souffrent, on ne veut pas

les irriter. Notre société a beau être généreuse et libérale, elle n'aime pas qu'on lui montre ses plaies. Il
faut pourtant qu'elle apprenne à connaître la pire de
toutes les misères, celle qui subsiste malgré le travail.
Elle a le devoir de la connaître, puisqu'elle est strictement tenue d'employer toutes ses forces et tout son
cœur à la guérir.

Oui, alors même que les ateliers marchent et que
les patrons payent de bons salaires, plus de la moitié
des femmes d'ouvriers sont dans la gêne; elles n'ont
ni pain ni vêtements pour leurs enfants; elles sont
logées dans des chambres plus étroites et plus nues
que les cachots; si un de leurs enfants tombe malade,
elles ne peuvent ni lui acheter des médicaments, ni
lui donner un lit, ni lui faire un peu de feu. Les médecins des pauvres avouent que dans la moitié des
maladies le meilleur remède serait une bonne alimentation, mais ils ne peuvent pas le dire à la famille des
malades; ils ne l'osent pas. Voilà quel est l'état de la
moitié de nos villes manufacturières en pleine paix,
en pleine prospérité de l'industrie. Retournez dans
ces ruelles infectes quand la crise a sévi, et vous ne
les reconnaîtrez plus; vous n'y rencontrerez plus que
des spectres. Vous verrez une transformation qui vous
fera horreur, car, s'il y a quelque chose de plus
affreux que le travail sans pain, c'est le besoin,
la capacité et la volonté de travailler sans le travail.

Eh bien! toute cette misère n'est rien, ce manque

de pain, ces haillons, ces chambres nues, ces cachots humides, ces maladies repoussantes ne sont rien quand on les compare à la lèpre qui dévore les âmes. Ces pères dont les enfants meurent de faim passent leurs nuits en orgie dans les cabarets; ces mères deviennent indifférentes aux vices de leurs filles; elles sont les confidentes et les conseillères de la prostitution; ni le père ni la mère ne tentent un effort pour arracher leurs enfants innocents au gouffre qui les a eux-mêmes engloutis! Et nous resterions impassibles devant cette corruption et cette misère! Et nous n'emploierions pas à lutter contre elles tout ce que Dieu a mis en nous de passion et d'intelligence! Nous attendrions froidement que le mal soit à son comble sans nous sentir la conscience troublée et les entrailles émues! Nous nous croirions quittes envers Dieu, envers l'humanité, pour quelque aumône ou quelque article de règlement, comme s'il ne s'agissait pas du plus pressant de tous les intérêts, du plus grand de tous les devoirs! Le mal qui nous travaille est de ceux qu'on ne peut guérir qu'en y mettant tout son cœur. Jetons les yeux sur les populations laborieuses qui, au milieu des progrès de la débauche et de la misère, ont su se conserver pures et vaillantes : d'où vient qu'elles ne connaissent ni la vieillesse abandonnée, ni l'âge mûr abruti par les excès, ni l'enfance souillée et corrompue par le vice des pères ? C'est qu'elles ont conservé intacte la plus nécessaire et la plus sainte des institutions, le mariage. Partout où il y a des

mœurs, il y a du bonheur. Ce n'est ni la vie à bon
marché, ni la sportule, ni la loi agraire, ni le droit
au travail, qui peuvent éteindre le paupérisme ; c'est
le retour à la vie de famille et aux vertus de la
famille.

TROISIÈME PARTIE

LA PETITE INDUSTRIE

CHAPITRE PREMIER.

On range sous le nom de grande industrie toutes
les branches du travail humain qui emploient de
nombreux ouvriers agglomérés, et ont pour agent
principal une machine à vapeur ou une machine hydraulique. La grande industrie, depuis cinquante
ans, a presque renouvelé la face du monde ; il semble
qu'un génie bienfaisant ne cesse de jeter à profusion
au milieu de la foule des ballots de soie, de coton et
de laine. On voit et on bénit cette transformation du
monde économique ; on ne songe pas à l'action que la
grande industrie exerce sur les mœurs en appelant
sans cesse les femmes dans les manufactures. Ce qui
aggrave le mal, ce qui le répand, ce qui appelle l'attention de tous les hommes sérieux qui prennent à

cœur les intérêts moraux de la société, c'est qu'à mesure que les manufactures se multiplient, le travail à
domicile devient de plus en plus improductif. Plus
les femmes ont de facilité à se placer dans les manufactures, plus elles ont de peine à trouver de l'occupation chez elles. C'est la même cause qui les enrichit d'un côté et qui les ruine de l'autre. Elles ne
peuvent plus filer, puisque la mull-jenny fait en un
jour la besogne de cinq cents fileuses; avant peu, le
nombre des couseuses sera réduit des deux tiers par
la machine à coudre. C'est une révolution. Les femmes, dit M. Michelet, sont des fileuses et des couseuses. Il a raison. Cela était vrai hier, et cela devrait
toujours être vrai pour le bonheur des femmes et
celui de l'humanité; mais avec les innovations économiques de ces derniers temps, il n'y a plus moyen
de filer ni de coudre. La double industrie, qu'on
pourrait appeler l'industrie naturelle des femmes,
est entièrement ruinée. Les femmes mariées, qui emploient utilement la meilleure partie de leur temps
aux soins domestiques, et qui, d'ailleurs, dans un
ordre social bien organisé, doivent vivre surtout du
salaire de leurs maris, pourront encore tirer quelque
mince bénéfice d'un travail industriel; ce produit,
quel qu'il soit, ajouté à la masse, accroîtra le bien-
être commun. Mais déjà, comme pour montrer de
plus en plus la nécessité de reconstruire et de raviver
la vie de famille, une femme isolée ne peut plus vivre.
Ce n'est un secret pour personne en industrie; tout

le monde en convient et tout le monde le déplore, depuis les chefs des plus grandes maisons de commerce jusqu'aux petites entrepreneuses qui travaillent elles-mêmes avec leurs ouvrières. Quand une femme n'a ni père, ni frère, ni mari pour la soutenir, à moins d'un talent exceptionnel et de circonstances bien rares, il faut qu'elle se résigne à entrer dans une manufacture. Si elle compte uniquement sur son aiguille, ou elle mourra de faim, ou elle descendra dans la rue, suivant une expression consacrée et qui fait frémir. Ainsi la grande industrie paye bien les femmes et les arrache à leur famille et à leurs devoirs, et la petite industrie, qui leur rend leur liberté, ne leur donne pas de pain.

Les travaux que nous allons énumérer ne se font pas tous à domicile, et la petite industrie a ses ateliers comme la grande; mais ces ateliers diffèrent par des caractères essentiels des immenses ruches laborieuses qui se groupent autour des usines.

Ce qui donne une physionomie toute spéciale aux ateliers de femmes dans les filatures et les tissages mécaniques, c'est d'abord le grand nombre des ouvrières qu'ils emploient, et ensuite le prix élevé des machines et du combustible. Dans une grande agglomération de femmes, il n'est guère possible d'établir des rapports familiers entre le patron et les ouvrières ; le service doit être régulier, la discipline inflexible. En santé ou en maladie, dans la peine ou dans la joie, il faut obéir au même règlement et faire le même

travail aux mêmes heures. Le patron ne pourrait pas,
quand il le voudrait, se montrer indulgent; car il a
son fourneau qui lui dévore de la houille, et ses machines qui représentent l'intérêt d'un gros capital.
Tout chômage, général ou partiel, n'est pas seulement pour lui un manque à gagner, c'est une perte
effective ; il est donc obligé par une loi impérieuse
d'utiliser tout le temps et toutes les forces de ses ouvrières. Cette absence de tout relâchement pour le
corps, pour les sentiments, pour l'imagination, est
particulièrement pénible aux ouvrières ; et peut-
être pourrait-on dire, en interprétant les sensations
des femmes, que la présence du moteur mécanique
et des engins qui en dépendent, est pour elles un
sujet d'effroi et une source constante de malaise.
Elles s'accoutument à la fatigue, aux privations, et
même, quoique plus difficilement, au danger ; mais
non à cette implacable uniformité qui contraste
si profondément avec leur nature affectueuse et
mobile. Les ateliers où la vapeur n'a pas pénétré
sont dans des conditions beaucoup plus douces. La
plupart d'entre eux ne sont que des réunions de sept
à huit femmes, causant ensemble pendant que leurs
doigts agiles poussent l'aiguille sans relâche. Elles
n'ont pas, ou elles ont rarement des contre-maîtres,
des hommes occupés avec elles dans le même atelier,
ou travaillant dans un atelier voisin pour la même
fabrique; elles ne se sentent pas emportées violem-
ment en dehors de leurs relations, de leurs habitu-

des et de leurs occupations naturelles. En un mot, les ateliers de la petite industrie sont comme un intermédiaire entre le régime des manufactures et la vie de famille.

Il semblerait naturel, dans les recherches qui vont suivre, de distinguer les professions qui s'exercent en ateliers et celles qui occupent les femmes à domicile; mais cela est impossible, parce qu'on travaille des deux façons dans presque tous les corps d'état. L'entrepreneuse a un petit atelier auprès d'elle pour les ouvrages difficiles qui doivent être faits sous sa surveillance immédiate; elle donne le reste à emporter. Quelquefois même cette organisation n'a rien de fixe; l'atelier se forme pour un travail pressé et important, il se dissout quand on rentre dans les conditions ordinaires; chaque ouvrière retourne à ses habitudes, sauf à revenir encore dans un autre moment de presse.

Nos études nous transporteront d'abord sur divers points de la France, jusqu'à ce que nous venions les concentrer dans Paris, qui est le foyer principal du travail des femmes. Il y a des métiers qu'on retrouve partout, parce qu'ils sont partout d'une nécessité immédiate, telles sont les blanchisseuses et les repasseuses, les lingères, les couturières, les modistes, etc.; d'autres se sont transformés, sans qu'on puisse toujours en connaître la cause, en industries locales. Ainsi la dentelle se fait en Normandie et en Auvergne, les gants dans l'Isère, la broderie et les chapeaux de paille en Lorraine, la taille des pierres fines et fausses dans le Jura. Paris dirige de loin toute cette production, tandis qu'il fait faire directement les beaux travaux d'aiguille dans ses propres ateliers par plus de cent mille ouvrières. Pour nous reconnaître au milieu d'industries si diverses et si dispersées, il est nécessaire d'établir entre elles un certain ordre; nous les partagerons en deux catégories, suivant qu'elles ont ou qu'elles n'ont pas l'aiguille pour principal instrument. L'aiguille est jusqu'ici l'outil féminin par excellence; plus de la moitié des femmes qui vivent de leur travail sont armées du dé et de l'aiguille. C'est donc là le gros bataillon. Nous le réserverons pour la fin, et nous ferons d'abord la revue de nos troupes légères, en commençant par les industries qui se rapportent à l'habillement et à la toilette; car c'est toujours là qu'en reviennent les femmes, et elles sont comme égarées dans les travaux d'une autre nature.

Une course rapide à travers les professions exercées par les femmes va nous donner la preuve irréfragable que leur salaire n'est presque jamais égal à leurs besoins. Il ne suffit pas de savoir que cette plaie existe; il faut la voir de ses yeux, il faut la sonder jusqu'au fond. C'est un douloureux devoir, mais c'est un devoir. Comme nous avons montré que la famille ne saurait subsister sans la présence continuelle de la femme, nous allons montrer à présent que la femme ne saurait vivre en dehors de la famille.

CHAPITRE II.

PETITS MÉTIERS QUI N'ONT PAS L'AIGUILLE
POUR INSTRUMENT.

On se ferait une idée très-fausse de l'industrie des fils et tissus, si l'on croyait qu'elle a complétement abandonné le travail à la main. L'ancien métier, que le métier à vapeur finira peut-être par détruire, est encore debout tout autour des usines. On le trouve partout, dans les caves, dans les cabanes. La manufacture élève ses hautes cheminées au milieu de cette population industrieuse, comme autrefois le château féodal dominait les humbles maisons de paysans. Nous commencerons naturellement notre étude par cette petite industrie, qui subsiste en quelque sorte dans la grande.

Quand on vient de visiter une de ces vastes usines où cinq cents métiers roulant à la fois au milieu d'un

tapage assourdissant donnent le spectacle émouvant
de la fécondité et de la puissance de la grande industrie, il est curieux de traverser une rue, de descendre une vingtaine de marches et de se trouver tout à
coup dans l'atelier d'un tisserand à bras. La cave est
éclairée, comme toutes les caves, par un soupirail ;
elle est assez fraîche pour que le fil ne casse pas, et
ne l'est pas assez pour le charger d'humidité ; le
métier la remplit souvent tout entière, le tisserand
est obligé de passer sous le bâti et de se glisser entre
les leviers pour rattacher les fils rompus. Ces grands
et lourds montants à peine dégrossis, ces lisses qui
se meuvent avec un bruit criard, ces cordes qui
grincent dans les poulies, tous ces engins d'une
simplicité primitive contrastent avec l'élégant petit
métier de fer que la vapeur fait mouvoir avec une si
prestigieuse rapidité. La plupart des tisserands à
bras sont seuls dans leur cave et travaillent pour
ainsi dire en cellule ; quelquefois il y a deux métiers
dans la même chambre, rarement plus. Quand ils
sont là tout le jour sur leur sellette, la main sur le
battant et les pieds sur les leviers, il ne tient qu'à
eux de s'imaginer qu'il n'y a eu de révolution ni
dans la société ni dans l'industrie, et que la machine
de Watt ne mugit pas à quelques mètres de leur
métier.

Le coton est tissé mécaniquement à toutes les
finesses en Alsace, en Normandie, dans le Nord ; les
métiers à la main font exception dans cette spécialité,

et leur nombre va toujours en diminuant [1]. Il n'y en aura bientôt plus dans les Vosges où de nombreux cours d'eau ont permis l'établissement de 15 000 métiers mécaniques. Les métiers à bras que l'on trouve encore à Gérardmer, à Saint-Dié, à Remiremont, et près de Blamont, dans la Meurthe, ne tissent que des fils de lin ou de chanvre, et dans les cotons, des articles d'une force et d'une largeur exceptionnelles, dont la consommation est restreinte et que pour ce motif les usines ont jusqu'à présent dédaignés. On compte 4000 métiers à la main contre 20000 métiers mécaniques dans le Haut-Rhin. A Saint-Quentin, la proportion est inverse. La ville possède environ 800 métiers mécaniques, en y comprenant la Bussière, établissement de MM. Joly aux environs de Guise ; mais le rayon industriel de la place, qui s'étend jusqu'à Cambrai et Péronne, et même jusqu'à Vervins d'un autre côté, n'occupe pas moins de 70000 ouvriers, hommes, femmes et enfants, et de

---

1. Un métier mécanique fait 25 mètres en moyenne par jour, ou 7500 mètres par an. Un métier à bras fait 8 ou 9 mètres par jour, mais comme il ne travaille pas constamment, on ne compte pour chaque métier à bras que 1300 mètres par an. Pour un tissu coûtant 9 c. par mètre de façon à la mécanique, la façon à bras est de 11 cent. environ. Le bénéfice de l'industriel étant de 1 c. par mètre bon an mal an, pour les sortes courantes, elles ne peuvent plus être fabriquées à bras. Les anciennes maisons ont conservé des métiers à bras, parce qu'il n'y a pas de frais généraux, et qu'on peut varier les articles plus facilement que sur les métiers mécaniques ; mais elles ne leur donnent à tisser que des sortes peu demandées dans le commerce.

40000 métiers à bras, dont 20000 pour les articles de Saint-Quentin (coton), et 20000 pour les mélanges de soie, laine et coton. Le lin n'est jusqu'ici tissé automatiquement que dans les finesses moyennes ; les gros articles et la batiste extra-fine sont encore obtenus par le travail à la main. Malgré les belles usines de Reims et de Roubaix, le travail à la main entre aussi pour une grande part dans la fabrication des étoffes de laine rases, non foulées. Quant à la laine cardée, dont les fils ont peu de régularité et de solidité, c'est à peine si l'industrie française commence à la confier aux machines. A Sedan, sur 4000 métiers, on ne compte pas plus de 20 métiers mécaniques, et dans ce nombre 10 appartiennent à M. David Bacot [1]. On sait que Lyon et tout le Midi se sont jusqu'ici assez bien défendus contre l'invasion des machines et que les étoffes de soie sont presque exclusivement fabriquées à la main.

Partout où la vapeur et les forces hydrauliques ont laissé subsister le tissage à bras, il est une source du bien-être pour les populations. Il a le double avan-

---

1. Le prix d'un mètre de drap tissé à la main est de 60 cent.; à la mécanique, de 50 cent., et il faut compter en outre le loyer de l'atelier et l'amortissement des machines. Il n'y a donc pas d'avantage, ou du moins il n'y en a pas d'autre que de produire plus régulièrement et plus vite. Pour les façonnés ou nouveautés Jacquard, l'écart est plus considérable. Le prix du mètre à la main varie de 1 fr. à 1 fr. 10 c.; il est de 50 c. à la mécanique. Cette différence couvre l'amortissement, le loyer et le charbon, et permet un bénéfice. Le manufacturier est d'ailleurs mieux garanti contre le vol de la laine et le vol du dessin.

tage d'être un métier à la maison et un métier à la
campagne. En général, les paysans sont à leur aise
dans le voisinage des grands centres industriels. Si
l'industrie subit un chômage, ils retournent aux
champs; si le labourage donne un temps de repos,
ils l'utilisent avec le métier. Tout le monde dans la
famille trouve à s'occuper fructueusement; le père
est tisserand, les enfants dévident, la mère prépare
l'ouvrage, le dispose sur le métier. Quelquefois,
quand le battant n'est pas trop lourd, elle s'assied
elle-même sur le banc, fait mouvoir les leviers, lance
la navette, pendant que le mari prend ses repas ou
donne un coup d'œil à son champ. Certes le tissage à
la main est par lui-même plus pénible et moins lucratif que le tissage à la mécanique; beaucoup de
tisserands à bras regardent comme un avancement
dans leur profession d'être appelés à la manufacture,
et les femmes, qui conduisent si facilement un métier mécanique, et tissent la soie à la main sans trop
de fatigue, ne peuvent qu'à grande peine manœuvrer
un métier à tisser la laine ou le coton. Mais aussi, il
y a pour elles une grande différence entre un mince
pécule gagné dans leur propre maison et un gros
salaire conquis, pour ainsi dire, aux dépens de leur
cœur, et qui leur impose l'obligation de déserter leur
ménage et d'abandonner leurs enfants au hasard. On
aura beau embellir et adoucir les manufactures;
elles ne seront jamais pour les femmes qu'un lieu
d'exil.

Dans l'Ouest, on cultive le lin et le chanvre, on les prépare, on les file, on les tisse, et tout cela se fait à la main, sans le secours de la vapeur et des métiers mécaniques. La toile de Bretagne a été longtemps en faveur sur le marché, et aujourd'hui encore on lui attribue plus de solidité qu'aux toiles de Flandre. La Bretagne est une obstinée; elle file son lin au rouet et à la quenouille, elle le tisse à la main, elle le blanchit à la rosée. Le coton et les manufactures lui font, chacun à leur manière, une concurrence désastreuse; mais elle aime mieux se ruiner que se modifier. Une belle quenouille, avec son assortiment de fins fuseaux et d'élégants pesons est encore le cadeau qu'un paysan breton fait à sa fiancée. Ce ne sera bientôt plus, pour les ménages aisés, qu'un emblème, un souvenir; mais les *pâtouresses* dans les landes, et les mendiantes sur les bords des chemins ont toujours la quenouille au côté. Le métier de fileuse, quand on n'a que lui pour ressource, ne donne pas même un morceau de pain.

La quenouille nous conduit à l'aiguille à tricoter, qui fait encore partie du menu bagage d'une femme, et qui ne tardera pas à disparaître devant l'invasion du tricot à la mécanique. Les métiers, dans la fabrique de la bonneterie, sont de deux sortes; il y a l'ancien métier, le métier à diminution, qui fait directement et sans couture, un bas, un bonnet, une camisole, et le métier circulaire, récemment introduit, qui produit avec une rapidité prodigieuse des pièces

de tricot continu, dans lesquelles on taille un vêtement comme dans de l'étoffe. La fabrication des
gants de coton est une des plus actives, à cause de
l'armée et de la garde nationale. Le métier spécial
pour les gants permet aux ouvrières de s'asseoir;
mais la plupart des métiers circulaires les obligent à
se tenir debout. C'est le seul inconvénient de cette
industrie. A Troyes, le tricot se fait en ateliers ou à
domicile, par portions à peu près égales. Les fabricants louent des métiers à ceux de leurs ouvriers qui
travaillent en chambre; chaque métier représente
une valeur de 300 à 500 francs. Quelques ouvriers
aisés et habiles achètent ou louent trois ou quatre
métiers, et forment ainsi de petits ateliers assez
semblables à ceux de Lyon. Il y a des hommes et des
femmes dans l'industrie du tricot; mais les femmes
sont en majorité, et cela se conçoit, parce que l'ouvrage n'est pas fatigant, et peut sans inconvénient se
quitter et se reprendre. L'apprentissage est peu de
chose; on donne deux mois de son temps, ou la moitié
de bénéfice sur 50 kilos de tissu fabriqué. Une
femme travaillant au métier circulaire gagne rarement plus de 1 fr. 50 c. dans sa journée, et la couture du tricot rapporte tout au plus 5 centimes par
heure. Les femmes sont aussi chargées de préparer
des mèches et de dévider le fil pour de très-minimes
salaires.

Chaque centre industriel a sa spécialité; la bonneterie de soie et de fil d'Écosse se fait dans le

Gard, la bonneterie de coton à Troyes et au Vigan, la bonneterie de laine dans cette partie de la Somme appelée le Santerre, la bonneterie drapée à Orléans et dans les environs d'Oleron. Paris embrasse languissamment tous les genres. Il a eu longtemps le monopole de la bonneterie, et il est même entré le premier dans la voie de la bonneterie mécanique; mais la province n'a pas tardé à lui faire une concurrence redoutable par l'abaissement du prix de main-d'œuvre. Depuis l'invention du métier circulaire, la bonneterie parisienne subsiste encore, en souvenir de sa prospérité passée; mais elle ne vit plus. On trouve çà et là quelque métier à faire des bas relégué dans une loge de concierge; c'est un héritage de famille; les enfants continuent l'industrie de leur père avec les outils de leur père. Cette fidélité serait respectable, si elle ne tenait pas le plus souvent à une sorte de paresse d'esprit. Le métier à tricoter, si bienfaisant pour les femmes de la campagne, ne peut faire vivre une ouvrière parisienne.

Il en est de même d'une industrie plus complétement, plus essentiellement féminine, celle des dentelles, dont les produits sont hors de prix, et dont la main-d'œuvre est très-faiblement rétribuée. A Paris, où la vie est si chère, on n'a jamais fait de dentelle que par exception, car les dentelles d'or et d'argent de fabrication parisienne doivent être rangées plutôt dans la passementerie. Pour le même motif, Valenciennes a presque complétement cessé de produire la dentelle qui porte son nom. C'est un travail difficile, qui demande un très-long apprentissage, et qui absorbe complétement l'ouvrière; il est si mal rétribué, que la population industrieuse du Nord trouve partout à s'occuper plus avantageusement. Comme il faut plusieurs mois, quelquefois même une année, pour faire un coupon de trois mètres, et que les dentellières ne peuvent attendre leur salaire pendant si longtemps, il est d'usage de les payer par *bandes* (il y a quatre bandes dans un mètre, douze bandes dans un coupon); il en résulte une charge et un danger pour le patron, qui a fourni le fil et payé presque complétement les salaires longtemps avant de recevoir la marchandise. Aussi n'y a-t-il plus en ce moment à Valenciennes que trois ouvrières. L'une, qui fait la vraie valencienne, gagne des journées de 1 fr. 30 c.; les deux autres, qui font la valencienne telle qu'on l'imite en Belgique, gagnent un peu plus, 1 fr. 50 c. par journée de douze heures [1].

Le point d'Alençon se fait dans des conditions tout autres. Tandis qu'à Valenciennes la même ouvrière fait le réseau et la fleur, les ouvrières qui font le point d'Alençon se divisent en plusieurs catégories; on distingue les traceuses, les réseleuses qui font le

_____

1. Le prix d'un carreau de dentellière varie de 8 à 10 fr.; les dessins ou patrons de 75 cent. à 1 fr. Il faut encore des fuseaux et des épingles. Toutes ces dépenses sont à la charge de l'ouvrière. On n'emploie guère moins de 400 fuseaux et de 1500 épingles pour faire un coupon de valencienne.

réseau ou filet, les remplisseuses qui font les mats, les foncières qui font les mats plus grossiers, les modeuses qui font les jours, les brodeuses, qui font le petit cordonnet destiné à entourer et soutenir les dessins. Un apprentissage de trois mois leur suffit, et pourvu qu'elles ne s'alourdissent pas la main par des travaux trop fatigants, elles peuvent vaquer à tous les soins du ménage; la dentelle se prend, se quitte et se reprend comme un tricot ou une broderie. Elles gagnent toutes, en moyenne, 1 franc par jour, environ 10 centimes par heure. Les plus habiles peuvent gagner 12 et même 14 centimes; mais le nombre de ces ouvrières exceptionnelles est très-restreint. Une douzaine au plus sont employées dans les magasins pour recevoir, vérifier et réparer le travail des autres; leur salaire varie de 7 fr 50 c. à 10 fr. par semaine. Une dentellière n'a pour tout attirail que son carreau, ses fuseaux et ses épingles. Tantôt les jeunes filles travaillent isolément sur le pas de leur porte, tantôt elles se réunissent pour causer tout en agitant leurs fuseaux; le soir, elles forment de petits ateliers pour économiser la lumière, et les hommes revenus des champs font cercle autour d'elles dans une demi-obscurité. C'est un joli travail, qui donne des instincts d'élégance à celles qui s'en occupent, et qui contribue à la fois à l'aisance de la famille, à la propreté et à l'agrément de la maison.

Le point d'Alençon et la valencienne sont des dentelles de luxe. A Arras, dans l'Auvergne, dans quelques localités de la Lorraine, et particulièrement dans l'arrondissement de Mirecourt, on fabrique des dentelles plus grossières. Cette industrie, à Arras et dans les environs, n'occupe pas moins de deux à trois mille ouvrières. Il est assez remarquable que les ouvrières de la ville soient inférieures sous tous les rapports à celles de la campagne. Elevées pour être dentellières, elles ne savent pas faire autre chose ; aussi ne quittent-elles momentanément leur métier que pour se livrer à des habitudes de dissipation. Leurs fréquents besoins d'argent les obligent à couper un bout de dentelle pour essayer de le vendre, ce qui en diminue la valeur, parce que les marchands préfèrent les grands aunages. Elles n'ont d'ailleurs ni santé, ni propreté. La propreté et la blancheur de la dentelle entrent pour beaucoup dans son prix ; c'est un ouvrage si délicat que l'haleine de l'ouvrière peut en diminuer la valeur, de sorte qu'il faut avoir de la santé pour faire de la belle dentelle. Le nombre des ouvrières diminue de jour en jour dans la ville. Les dentellières sont en général des paysannes qui se mettent à leur carreau quand il n'y a rien à faire dans les champs et tout en vaquant aux soins du ménage. Elles travaillent presque toutes à leur compte, c'est-à-dire qu'elles achètent le coton de leurs deniers, et offrent leur ouvrage aux marchands quand il est terminé. Leur rémunération n'a donc rien de fixe : une très-bonne ouvrière, travaillant dix heures par jour peut gagner environ 1 fr. 25 cent. Les ouvrières de la

ville ne dépassent guère 75 cent. On comprend du
reste qu'une multitude de circonstances font varier
le salaire : la plus ou moins grande habileté de l'ouvrière, son assiduité, sa propreté, la mode, etc.
L'apprentissage ne coûte presque rien et se fait en
très-peu de temps.

La dentelle est une des rares victoires du travail à
la main sur le travail à la mécanique; on a eu beau
s'évertuer, la mécanique n'a pu produire que du tulle,
et la dentelle faite à la main conserve son importance
et sa valeur. On sait quels furent les efforts de Colbert
pour l'emporter sur Venise dans la fabrication des
dentelles. Il eut recours, selon le système du temps,
à l'établissement d'un privilége. On lui résista; il fut
sur le point de faire marcher un régiment contre les
dentellières d'Alençon. Aujourd'hui nos ouvrières
ont peine à se soutenir contre la concurrence belge.
Les dessins viennent de Paris, qui a le monopole du
goût; mais la main-d'œuvre se fait aussi bien et à
plus bas prix hors de nos frontières. Les raccrocheuses
de dentelles et les repriseuses forment une branche
intéressante de la grande famille des ouvrières à l'aiguille.

Pendant que nous parlons de ces gracieuses merveilles qui parent les femmes mieux que les joyaux,
mentionnons aussi en passant les ouvrières qui préparent les plumes, plumes d'autruche, plumes de
marabout, plumes de héron, oiseaux de paradis, et
celles qui font des fleurs avec du papier, du taffetas

ou de la percale. Il y a quelque chose de gai et de
jeune dans ce seul nom de fleuristes ; et rien n'est plus
charmant que les produits qui sortent de leurs doigts.
Ces fleurs en papier ou en batiste luttent de fraîcheur
et d'éclat avec celles de nos parterres. C'est l'industrie
parisienne par excellence, et les jolies femmes des
deux mondes achètent à Paris les fleurs qu'elles
mêlent à leurs cheveux. L'Italie a eu d'abord le premier rang pour les fleurs artificielles comme pour les
étoffes de soie, les dentelles et les miroirs ; ensuite
Lyon a été célèbre pour ses fleurs ; à présent la flore
parisienne est sans rivale. Près de six mille ouvrières
vivent à Paris de cette fabrication. Les plus habiles
sont de véritables artistes, qui étudient avec amour
les fleurs naturelles et les reproduisent avec plus de
fidélité que les meilleurs peintres. Les salaires s'élèvent à 3 francs, et ne tombent pas au-dessous de
2 francs pour une journée de onze heures. Une fleu-
riste peut vivre dans de telles conditions, quand il ne
lui prend pas fantaisie d'essayer elle - même les
guirlandes de fleurs qu'elle a faites, et d'aller les
montrer au bal Mabille.

On comprend que Paris soit le pays des fleuristes ;
mais par quelle bizarre et inexplicable anomalie la
taille des pierres précieuses a-t-elle été s'établir à
Septmoncel, sur le sommet d'une montagne du Jura?
Le diamant se taille à Amsterdam à l'aide de puissantes machines et dans de vastes ateliers, comme il
convient au plus riche joyau de la terre ; le reste de

nos pierreries, rubis, saphirs, vertes émeraudes,
aigues-marines à la douce et pâle lueur, aimables
améthistes, opales aux brillants reflets, tous ces
hochets du luxe et de la folie sont taillés et polis au
fond d'un désert par une population de montagnards
intègre et indigente. Ces rudes enfants du Jura restent fidèles à l'industrie et aux mœurs de leurs pères;
et toutes ces richesses qui passent par leurs mains
ne leur font pas paraître leur chaumière plus froide
et leur pain plus dur. Ils ont fait depuis peu quelques
conquêtes dans les industries analogues; les femmes
fabriquent les pierres fausses avec une habileté sans
pareille, elles percent des rubis pour pivots de montres, elles commencent même à faire des mosaïques
avec des carrés envoyés de Florence. L'établi est placé
dans la cabane auprès de la fenêtre; le père, la mère,
les enfants travaillent à l'envi, quand le ménage à
faire, le dîner à préparer, du bois à fendre dans la
montagne ou quelque maigre coin de terre à ensemen-
cer ne les détournent pas de leur travail industriel.
Les femmes qui taillent des rubis gagnent souvent
d'assez bonnes journées; néanmoins les salaires supérieurs à 1 fr. 50 cent. sont tout à fait exceptionnels. La
moyenne est de 75 centimes.

Une industrie assez importante et qui sert aussi à la
toilette des femmes, c'est la fabrication des chapeaux
de paille. Nancy est un des grands centres de ce commerce; et s'il faut en croire les fabricants, ils expor-
tent des chapeaux de paille jusqu'en Amérique.

La plupart des chapeaux d'hommes connus sous le nom de chapeaux de paille sont en écorce de làtanier. Le fabricant de Nancy reçoit l'écorce, l'apprête, la déchire en longues lanières avec un peigne métallique, et l'envoie dans la Moselle et le Bas-Rhin où on la tresse en chapeaux. Les campagnes de la Meurthe fournissent aussi quelques ouvrières. Le chapeau est payé à l'ouvrière 50 centimes; il faut travailler tout le jour, et être très-exceptionnellement habile pour parvenir à en tisser deux. Les chapeaux de Panama et les chapeaux en tresses cousues de belle qualité se font en France, les premiers avec des feuilles d'ipiapha, qu'on fait venir de Panama, et les seconds avec des tresses achetées à Florence et frappées à l'entrée d'un droit exorbitant. Ce sont ces droits, et dans quelques cas très-rares la belle qualité de la matière première, qui expliquent en partie les prix excessifs de certains chapeaux. On a vu longtemps exposé en vente chez un chapelier de Paris un Panama coté deux mille francs; il faut croire pour l'honneur du commerce qu'on aurait refusé de le vendre à ce prix si par impossible un chaland s'était présenté. Ce même chapeau avait été vendu 60 francs au marchand par le fabricant de Nancy : il avait probablement rapporté 3 francs à l'ouvrière qui l'avait tressé.

On doit encore rattacher la passementerie aux industries diverses qui ont le vêtement pour objet. Les femmes en chamarent leurs robes, les tapissiers en couvrent nos meubles, et l'armée, qui a sa coquetterie comme les femmes, occupe tout un monde à lui faire des épaulettes, des ceinturons et des dragonnes. La passementerie donne aux ouvrières d'élite des salaires de 3 fr. diminués de près d'un tiers par une morte saison de quatre mois. Les ouvrières ordinaires ne gagnent pas plus de 1 fr. 50 cent. à 1 fr. 75 cent., à Paris; celles qui travaillent pour l'exportation doivent se contenter de journées de 1 fr. 25 cent. ou même de 1 fr. La fabrication au petit métier de passementeries entremêlées de jais et la fabrication des boutons sont tombées si bas, que les Parisiennes ne peuvent plus s'en charger, et les abandonnent depuis longtemps aux ouvrières d'Auvergne.

Les demoiselles de boutique ne sont pas toujours des ouvrières. Cette dénomination, très-générale, quoique précise, s'applique à des fonctions très-diverses et à des personnes que leur éducation et leurs ressources placent dans des conditions fort disparates. Il y a des demoiselles de boutique qui sont de véritables bourgeoises; il y en a qui sont des ouvrières, et il y en a qui ne sont guère que des courtisanes. C'est tout un monde, que nous signalons en passant, sans pouvoir y pénétrer. Nous ne parlerons ici que des demoiselles de boutique qui se partagent entre la surveillance du comptoir et de menus travaux faits sous la direction de leur maîtresse. Celles-là sont des ouvrières, mais des ouvrières obligées par état à l'élégance, choisies ordinairement parmi les plus jolies, et continuellement en rapport avec la clientèle de la maison. Quand cette clientèle se compose principalement de jeunes gens riches, il y a là un danger évident pour les mœurs des ouvrières; et peut-être, en un autre sens, n'est-il pas moins fâcheux pour elles de vivre sans cesse à côté de femmes du monde, au milieu de riches toilettes, et d'avoir sous les yeux toute la journée le spectacle du luxe. Ces observations ont été faites très-souvent à propos des modistes; mais il y a bien d'autres magasins où le comptoir ne peut être bien tenu que par une jolie femme. On peut même dire que les femmes forment la clientèle exclusive des magasins de modes, tandis qu'ailleurs les hommes sont en majorité et par conséquent le danger plus grand. Nous nous bornerons à citer les boutiques de confiseurs. Ce sont de véritables ateliers où les demoiselles, en attendant les chalands, préparent les fruits et les sirops, pèsent le sucre, habillent les bonbons. Ce n'est pas tout que de faire des bonbons exquis, il faut savoir les parer pour la vente, les cacher sous de séduisantes enveloppes, les couvrir de paillettes et de faveurs, et c'est ce que font avec un art infini les doigts de fées de nos Parisiennes. N'est-ce pas un joli métier? Par malheur, le soir venu il faut quitter ces beaux salons étincelants, ces grandes glaces, ces tapis moelleux, ces fleurs, ces parfums, se glisser en robe de soie dans de pauvres rues hantées par la misère, monter à un sixième étage, et trouver sa famille sur le grabat.

La bimbeloterie a mille métiers analogues à celui-là;

analogues par le genre de travail, bien entendu ; car
une ouvrière en poupées n'a pas besoin de jouer un
rôle de grande dame depuis dix heures du matin jusqu'à dix heures du soir. La besogne est quelquefois
agréable; elle ressemble à un amusement ; quelquefois
aussi elle est d'une monotonie désespérante, à cause
de l'extrême division du travail. Il y a des femmes
dont toute la besogne consiste à coller du papier de
couleur sur des myriades de commodes en miniature.
Un petit nombre d'ouvrières d'élite se font de fortes
journées ; le grand nombre végète pendant la bonne
saison, et subit des chômages considérables. En no-
vembre et en décembre, on ne trouve pas assez d'ouvrières pour habiller les poupées et les dragées ; il
faut passer les nuits, se mettre sur les dents. A cette
activité succèdent sans transition de longs mois d'oisiveté forcée. Le luxe, dont il ne faut pas dire de mal
en France et surtout à Paris, ne sait qu'écraser les
ouvriers ou les affamer.

Le cartonnage et le pastillage ont de nombreuses
spécialités, depuis le cornet de dragées jusqu'au carton de chapeau et au sérieux carton de cabinet. La
papeterie et la librairie occupent un personnel féminin très-considérable, plieuses, assembleuses, bro-
cheuses, couseuses. Les salaires varient, comme partout, de 1 fr. à 2 fr. 50 cent., et ne tombent guère, en
moyenne, au-dessous de 2 fr. Le métier de trieuse
dans une papeterie consiste à regarder le papier à
l'épair pour voir s'il y a des défauts, à enlever les

boutons avec des grattoirs, et à compter le papier par mains en assortissant les nuances. On commence à employer les femmes au travail de la case dans les imprimeries. Elles composent très-bien, il ne faut pour cela que de l'exactitude et de l'adresse. C'est toutefois un métier assez dur, parce qu'il oblige à se tenir debout, et qu'il fatigue la vue.

Ces dernières professions s'exercent dans de grands ateliers. Il en est de même des tailleuses de cristaux. Tout le monde sait la différence qu'il y a entre le verre moulé et le verre taillé. Pour donner au verre ces vives arêtes qui en font le prix, il faut le tailler, ou pour parler plus exactement, l'user successivement sur plusieurs meules, car le verre est une matière sèche et cassante qu'on ne peut attaquer avec le fer, comme la pierre, le bois et les métaux. La taille du verre comprend quatre opérations : *l'ébauchage*, qui se fait à la meule de fer, au moyen de sable fin, pur et mouillé; *le premier adouci*, qui se fait à la meule fine; *le second adouci*, à la meule de bois, avec la poudre de pierre-ponce mouillée; enfin, *le poli*, à la meule de liége, avec la poudre d'étain sec. Ainsi la moindre carafe de cristal taillé passe par plusieurs mains avant d'arriver à la perfection, et l'on peut imaginer tout le soin et toutes les préparations que demande la verrerie de luxe. Quand on veut graver le verre, on a recours à une pointe de diamant; ou bien l'on emploie un procédé assez compliqué, qui consiste à couvrir d'abord toute la surface d'un léger vernis de cire et de térébenthine; à tracer ensuite le dessin sur la cire, et à verser de l'acide fluorhydrique sur les parties mises à nu par le burin. C'est surtout pour tailler le verre qu'on utilise les femmes dans la plupart des cristalleries; elles s'acquittent à merveille de cette besogne, qui ne demande que de l'adresse et de la patience. Malheureusement c'est un métier très-insalubre, et l'obligation de se tenir penchées sur la roue, et d'avoir les mains dans l'eau toute la journée, les expose à de graves affections de poitrine.

Une manufacture de tabacs se divise en général en six sections; dans la première, où l'on s'occupe de la préparation des tabacs en feuilles, ce sont des hommes qui mouillent les feuilles avec de l'eau salée, et des femmes qui enlèvent les côtes. Le tabac ainsi préparé est porté aux trois sections suivantes, dont la première fabrique la poudre, ou tabac à priser, la seconde fabrique les rôles, ou tabac à mâcher, et la troisième fabrique les scaferlatis, ou tabac à fumer. La fabrication des scaferlatis est la seule de ces trois sections qui emploie des femmes, comme éplucheuses. Le plus grand nombre des ouvrières dans les manufactures de tabac appartiennent à la cinquième section, chargée de la confection des cigares; cet atelier ne compte que quelques hommes qui fabriquent les robes; les cigares sont roulés par des femmes. Ce travail est très-doux, et peut être lucratif pour les personnes qui ont de l'agilité et de l'adresse. Il en est de même de la préparation des ci-

garettes, qui forme la sixième et dernière section,
et qui emploie concurremment des hommes, des enfants et des femmes. Certaines jeunes filles arrivent
à rouler leurs cigarettes avec une facilité et une rapidité que les hommes atteignent difficilement, et elles
gagnent ainsi, sans aucune peine, d'assez bonnes
journées, tandis qu'à côté d'elles des ouvrières tout
aussi zélées, mais moins adroites, n'obtiennent que
de faibles salaires.

On trouve des femmes jusque dans les ateliers des
marbriers. Il y en a chez les doreurs sur bois, les
monteurs en bronze, les vernisseurs sur bronze, les
corroyeurs, les potiers d'étain, les estampeurs, les
fabricants de tôles vernies, les joailliers et bijoutiers,
les batteurs d'or, etc. La plupart des femmes employées dans ces diverses professions sont brunisseuses, polisseuses, reperceuses. Ce sont des métiers
peu fatigants, et d'un bon produit ; une ouvrière habile peut faire des journées de 4 francs et plus. Cela
dépend de la rapidité avec laquelle elle travaille ;
beaucoup de femmes n'arrivent pas à gagner plus
d'un franc ; alors elles se découragent et cherchent
une autre profession. Les reperceuses achèvent le
découpage des ornements en cuivre, en bronze, ou en
métaux plus précieux ; elles remplacent les plats par
des jours. La mode, qui est à la fois l'idole des femmes
et leur ennemi implacable, les poursuit jusque dans
ce métier ; on fait aujourd'hui beaucoup moins d'ornements en bronze et en cuivre qu'au commencement

du siècle. Pendant près de trois mois chaque année,
les reperceuses ne trouvent pas à s'occuper plus de
deux jours par semaine.

Les hommes réussissent moins bien que les femmes
à faire du reperçage. Les menus ouvrages qui demandent de l'assiduité, de l'agilité de main, de la précision, semblent faits exprès pour elles. En Suisse et
dans plusieurs parties de l'Allemagne, elles excellent
à préparer des organes pour l'horlogerie, des verres
de montres, des verres de lunettes. Ne vaudrait-il pas
mieux pour nos Françaises porter leur habileté de ce
côté que de s'obstiner à faire des chapeaux de paille
ou de la dentelle dans des conditions désastreuses?
La population française est très-routinière, en dépit
de ses prétentions et de sa réputation. Il est clair que,
puisque le métier de reperceuse est bon, l'horlogerie
serait une précieuse ressource. En 1847, sur deux
mille ouvriers recensés à Paris dans l'industrie des
horlogers et des fabricants de fournitures pour l'horlogerie, il n'y avait que 155 femmes. Elles ne peuvent guère par elles-mêmes s'ouvrir une voie nouvelle ; leur condition et leurs aptitudes ne leur
permettent pas l'initiative. Ce serait aux chambres
de commerce à se charger de leurs intérêts ; les patrons aussi devraient les avertir, les appeler ; ils y
trouveraient leur profit. Il est certain qu'il y a des
hommes qui perdent l'emploi de leur force à faire des
métiers qui n'exigent que de l'adresse ; et combien y
a-t-il de femmes qui voudraient travailler, et qui ne

trouvent pas d'ouvrage ou ne font qu'un ouvrage dé-
risoirement rétribué ?

N'est-il pas évident, par exemple, qu'elles sont
éminemment propres à réussir dans tous les arts du
dessin? On avait voulu à Lyon, il y a quelques années, leur ouvrir la carrière de dessinateurs pour
étoffes. Ce sont les femmes qui portent les belles
étoffes, les broderies; elles en sont, certes, les meilleurs juges : il paraissait naturel de les charger d'en
diriger l'ornementation. C'était une idée commercia-
lement juste, et qui n'était fausse qu'au point de vue
psychologique. Les femmes n'ont pas d'imagination,
ou du moins elles n'ont que cette sorte d'imagination
qui rappelle et représente vivement les objets que l'on
a perçus. Elles ne créent pas, mais elles reproduisent
à merveille ; ce sont des copistes du premier ordre.
Pas une ne fera jamais une vraie comédie, et il n'y a
pas de comédien qui les égale. L'industrie tire-t-elle
un parti suffisant de ce talent particulier des femmes
pour tout ce qui est imitation ? Elles trouvent de l'emploi, comme ouvrières, dans l'imagerie, où elles ne
sont guère que coloristes; elles en trouvent, comme
ouvrières et comme artistes à la fois, dans l'ornementation des porcelaines et dans celle des éventails. On
pourrait certainement, avec bien peu d'efforts, donner
un plus grand développement à leur travail dans ces
deux industries. Pourquoi n'abordent-elles pas la
gravure sur bois, aujourd'hui si répandue ? Le petit
nombre d'entre elles qui se sont vouées à cette indus-

trie atteignent aisément des salaires de 5 fr. par jour.
On a ouvert l'année dernière un cours de gravure
sur bois à l'École spéciale de dessin ; les résultats
de cet enseignement si nouveau sont déjà excellents. L'introduction d'un cours semblable dans
l'École de dessin pour les filles serait un véritable
bienfait.

Le défaut absolu d'éducation et d'apprentissage
réduit un grand nombre de filles et de femmes à des
professions qui ne leur rapportent que des salaires
tout à fait insignifiants. Nous citerons la vannerie, la
sparterie, les fabricantes de paillassons, de plumeaux,
de balais, les rempailleuses de chaises. Les pauvres
femmes qui font des couronnes d'immortelles et des
couronnes de raclures de corne de bœuf pour les cimetières gagnent à peine assez pour se procurer un
morceau de pain. En général, il n'y a que le talent
qui soit payé. La force, pour les hommes, est aussi
une valeur, quoique de plus en plus dépréciée par la
concurrence des machines. Le travail, sans talent et
sans force, ne trouve à s'employer avec quelque profit
que dans les manufactures.

Les professions dont nous avons parlé jusqu'ici
s'exercent pour la plupart dans des localités déterminées. Le voisinage d'une fabrique, la position particulière d'une place de commerce, quelquefois le
caprice de la mode ou l'influence d'une ancienne
renommée donnent lieu au développement de ces industries. Mais voici deux professions qu'on retrouve

partout, et qui sont partout également nécessaires :
le blanchissage et la couture.

Ces deux professions sont, si on peut parler ainsi,
très-féminines, parce qu'elles se rapportent l'une et l'autre au soin du ménage, et que la vocation évidente des
femmes est de diriger un ménage. Il est donc impossible de commencer l'examen des travaux de cet ordre
sans dire au moins un mot des servantes, qui forment
l'immense majorité des femmes mercenaires, et dont
le métier consiste à faire, pour de l'argent, chez des
étrangers, ce qu'elles feraient gratis chez elles, si elles
pouvaient vivre du salaire d'un père ou d'un mari.
On ne classe pas les servantes parmi les ouvrières ; ce
sont des ouvrières cependant, suivant la stricte si-
gnification du mot, et même, quand elles se font cuisinières, elles ont une spécialité très-précise et très-
importante. Le caractère principal qui les distingue
des autres ouvrières, c'est la servitude. Une ouvrière,
dans son atelier, a beau être obligée d'obéir au maître
ou au contre-maître, elle sait qu'aussitôt la porte
franchie, elle s'appartient, et ce retour régulier de la
liberté suffit pour en faire une personne libre. Elle a
d'ailleurs son jour de repos dont elle ne doit compte
à personne. Cette possession de soi-même est une si
grande chose, malgré ses limites et ses intervalles, que
dans la plupart des villes de fabrique, les femmes
préfèrent le rude travail de l'atelier et leur misérable
intérieur au comfort dont jouissent la plupart des
servantes et à leur travail moins monotone et moins

14

fatiguut. Ce n'est pas que l'obéissance soit aussi pénible aux femmes qu'aux hommes; elle est dans leurs instincts; mais dans sa maison la mère de famille obéit d'un côté et commande de l'autre; la servante ne s'appartient plus. En revanche, elle a la vie plus douce, une meilleure nourriture, des soins dans ses maladies, de la variété dans ses occupations, souvent de la compagnie pendant son travail et un salaire presque toujours très-supérieur. On donne encore « quinze écus, — vingt écus » de gages annuels à une bonne servante dans quelque bonne vieille province comme la Bretagne, où on vit de rien et où tous les salaires sont infimes; mais à Paris, dans les grands quartiers, les gages de 50 francs par mois, pour une domestique nourrie, chauffée, blanchie, ne sont pas rares; et à ces six cents francs, qui peuvent être convertis presque intégralement en économies, se joignent encore les cadeaux et les étrennes. Un nombre très-considérable de cuisinières ajoutent à ces profits des profits illicites, et les fournisseurs eux-mêmes, sans autre raison que la crainte de perdre leurs pratiques, se font trop souvent les complaisants ou, pour mieux dire, les complices de ces escroqueries.

On pourrait croire que les domestiques, vivant auprès des familles aisées et dans un commerce nécessaire avec elles, ont des mœurs plus régulières; il n'en est rien : de secrètes et continuelles comparaisons développent chez elles l'amour du luxe et de la parure.

Beaucoup d'entre elles trouvent un séducteur dans la
maison même où elles servent. Un laquais, un co-
cher n'ont que trop d'occasions de mettre à mal les
servantes qui passent avec eux, loin de toute surveillance, la plus grande partie de leur temps ; et
quelquefois c'est le maître lui-même qui corrompt
les mœurs d'une pauvre fille, doublement séduite
par son autorité et par sa fortune[1].

Les maisons de Paris sont de véritables tours. Elles
ont pour la plupart cinq étages au-dessus d'un entre-
sol. La cherté du terrain et la modicité des fortunes
ont amené ce résultat. Les propriétaires convertissent
tout ce qu'ils peuvent en appartement. Les *loges* des
portiers étaient devenues si exiguës, et par conséquent
si malsaines, que l'autorité a été obligée d'intervenir.
Elle a prescrit aussi des règles générales pour la quantité d'air que doit contenir toute chambre à coucher.
Ces règles sont assez imparfaitement observées. Mais
ce que l'autorité ne pouvait pas faire, ou du moins ce
qu'elle n'a pas fait, c'est de forcer les propriétaires à
placer les chambres des domestiques dans l'appartement des maîtres. Tous les domestiques d'une maison,

1. MM. Trébuchet et Poirat-Duval, employés supérieurs de la
préfecture de police, ont publié en 1857 dans la troisième édition
du livre de Parent-Duchatelet des recherches sur le nombre des
sujets fournis à la prostitution de Paris par les diverses professions.
Dans ce tableau, qui comprend 41 catégories, les femmes sans profession occupent le premier rang, et les domestiques le second. La
moyenne est pour elles de 81,69 sur mille; elle n'est que de 52,42
pour les ouvrières qui fournissent après elles la moyenne la plus
élevée (les giletières); elle tombe rapidement au-dessous de 10.

femmes de chambre, bonnes d'enfants, cuisinières, valets de chambre et cochers, habitent, sous les toits, des cellules à peine fermées, où l'on n'entre qu'en rampant, éclairées par une vitre dormante ou par une fenêtre en tabatière, glacées et quelquefois inondées en hiver, brûlantes et étouffantes pendant l'été. Ces cellules sont évidemment et nécessairement inhabitables; car si on pouvait s'y tenir debout, y respirer, y vivre, on les mettrait en location, et on trouverait un peu plus haut ou, s'il n'y avait pas de grenier, dans les caves, dans quelque recoin de la cage des escaliers, la place d'un matelas pour les domestiques. En vérité, ce septième étage est inhumain, on pourrait dire meurtrier; il fait penser aux fameux plombs de Venise, qui probablement valent mieux que nos mansardes. Mais est-il seulement inhumain? Qui surveille ces limbes inaccessibles par leur élévation, leur température, leur malpropreté? C'est de là que la peste descend dans les maisons; et pour que la morale ne soit pas moins blessée que l'hygiène, c'est là qu'est établie en permanence l'école du vol et de la luxure. Dieu préserve toute jeune fille de servir dans une maison honnête qui ne peut la loger que là.

Le blanchissage a gardé quelque chose des anciennes corporations. Chaque année, le jeudi de la mi-carême, les blanchisseuses élisent une reine, royauté aussi onéreuse qu'éphémère. Ce jour-là des centaines de fiacres amènent à Paris toutes les repasseuses de la banlieue, costumées en marquises et en pierrettes.

Une légion de porteurs d'eau, légèrement avinés et chamarrés de rubans multicolores leur fait cortége et, le soir, les bateaux-lavoirs de la Seine se transforment en salles de bal. On reprend modestement le battoir et le fer à repasser dès le vendredi matin. Les blanchisseuses se divisent en deux corps d'état : les savonneuses et les repasseuses. Les savonneuses ont plus de mal, mais les repasseuses sont plus habiles et ont à subir un long apprentissage. Il faut au moins deux ans pour faire une bonne repasseuse. Les savonneuses gagnent 2 francs 50 centimes et rarement 2 francs 75 centimes pour une journée de quatorze heures, sur lesquelles on leur accorde une heure et demie de repos ; la maîtresse leur doit en outre un verre d'eau-de-vie tous les matins. Les repasseuses de linge fin ou linge tuyauté gagnent en moyenne 2 francs 75 centimes, et les repasseuses de linge plat, 2 francs 50 centimes. Leur journée dure de huit heures du matin à huit heures du soir, avec une demi-heure de repos en hiver, et de sept heures et demie à huit heures, avec une heure de repos en été. Quand il y a nécessité de prolonger la journée, on les paye à raison de 25 centimes par heure supplémentaire. Elles fournissent leur molleton, c'est-à-dire le morceau d'étoffe qui leur sert de garde-main, dépense à peu près insignifiante (1 franc 50 centimes par mois). Une particularité de cette profession, c'est que les ouvrières ne s'attachent pas à une maîtresse. Quelques maisons ont une fille de semaine, chargée d'humecter et d'empeser le linge.

Elle est nourrie et reste assez longtemps dans le même atelier ; mais c'est une exception assez rare. En général, les maîtresses, qui sont toutes d'anciennes ouvrières, se chargent elles-mêmes de cette besogne, et n'ont chez elles que des nomades. Tous les matins, à cinq heures et demie, les blanchisseuses partent pour l'embauchage ; elles ont pour cela dans Paris un certain nombre de places où les maîtresses repasseuses viennent les embaucher pour un jour ou deux.

On voit qu'il n'y a pas de grandes inégalités entre les ouvrières dans l'état de blanchisseuses, puisque nous n'avons à signaler que deux corps d'état seulement et une différence de 25 centimes dans les salaires entre les ouvrières ordinaires et les ouvrières hors ligne. Il en est tout autrement pour les couturières, qui forment notre corps de réserve, et dont nous allons maintenant nous occuper. Là, le nombre des spécialités distinctes est considérable, et chaque spécialité occupe un nombreux personnel. C'est à Paris, chef-lieu de la couture, que nous placerons notre centre d'opération, sans nous interdire absolument quelques excursions dans les provinces.

CHAPITRE III.

L'enquête de 1851 comptait à Paris, pour toutes les professions réunies 204 925 ouvriers et 112 891 ouvrières. Elle donnait les chiffres de 1847, et se bornait à indiquer les changements survenus depuis le recensement, changements considérables à cause de la révolution de 1848. La nouvelle enquête, dont les résultats ne paraîtront pas avant trois ans, signalera sans doute des différences importantes, dues aux nouvelles lois douanières et à l'extension des limites de Paris; mais les rapports généraux entre les industries ne seront pas sensiblement modifiés, et le rapport publié en 1851 peut être consulté sur ce point, même aujourd'hui. Sur 112 000 ouvrières recensées par les commissaires enquêteurs, il y en avait au moins 60 000 qui s'adonnaient aux diverses sortes de couture, c'est-à-dire plus de la moitié, et l'on comprendra à quel point ce nombre reste au-dessous du chiffre réel des ouvrières à l'aiguille, si l'on songe qu'on n'avait recensé que les ouvrières proprement dites, les salariées, et qu'il y a, principalement dans la couture, un grand nombre de petites entrepreneuses travaillant seules ou n'employant une ouvrière que par exception dans les moments de presse. Ainsi, par exemple, dans la profession de repriseuse, on n'avait compté que 98 ouvrières et 16 apprenties, en tout 114 personnes, et on avait laissé de côté 217 entrepreneuses travaillant seules, qui étaient bien, en réalité, de véritables ouvrières[1].

L'enquête indique le maximum et le minimum des salaires pour toutes les professions. Le maximum était de 5 francs pour les modistes et les brodeuses, de 4 francs 50 centimes pour les couturières au service des tailleurs, de 4 francs pour les couturières proprement dites, les ouvrières en corsets (article

1. Les plus forts contingents avaient été fournis par les couturières pour tailleurs d'habits (10 769 et 11 050 en comptant les apprenties), par les lingères (10 110), les couturières proprement dites (6813), les couturières pour la cordonnerie (6789) et les brodeuses. Le chiffre de ces dernières ne s'élevait qu'à 3927 pour Paris ; mais il faut se souvenir que le siége principal du commerce de la broderie est à Nancy et que le travail se fait surtout dans la Meurthe et dans les Vosges. Même observation pour la ganterie. L'enquête ne compte que 873 ouvrières pour les gants de peau et 206 pour les gants de tissus, parce que les gants sont cousus hors de Paris dans les départements de l'Isère, de l'Aveyron, de la Haute-Marne, de la Meurthe, de la Haute-Vienne, de Loir-et-Cher, de l'Orne et de Seine-et-Oise.

important, on vend chaque année 1 200 000 corsets
à Paris), et les lingères. Les repriseuses, les couturières pour cordonniers et les couturières pour tapissiers atteignaient le prix de 3 francs 50 centimes. Le
minimum tombait à 75 centimes par jour pour la fri-
perie, la tapisserie, les gants de peau, à 50 centimes
pour les couturières, les giletières, les fabricantes
de corsets, de casquettes, de broderies, à 40 centimes
dans la cordonnerie et les gants de tissu, à 15 centimes dans la lingerie. Ces indications ont peu d'importance. Les gros salaires sont quelquefois touchés
par un nombre d'ouvrières excessivement restreint;
ainsi, dans la peinture sur porcelaine, l'enquête indique pour maximum un salaire de 20 francs par
jour, qui n'était touché que par une seule artiste.
Quant au salaire minimum, il est ordinairement
reçu par des infirmes, ou par des ouvrières à la
pièce qui n'ont que très-peu de temps à donner par
jour au travail industriel. C'est ainsi que l'on trouve
mentionné, pour les ouvrières en lingerie, un minimum de 15 centimes.

Les commissaires de l'enquête donnaient une
moyenne des salaires pour chaque industrie, et voici
comment ils opéraient pour la déterminer : ils faisaient une masse de tous les salaires payés en un an
par les chefs de l'industrie; puis ils divisaient la
masse par le nombre des journées de travail. Le
chiffre ainsi obtenu représente le salaire quotidien
du plus grand nombre des ouvrières; c'est donc une

indication très-précieuse. La moyenne la plus élevée
est celle des repriseuses, 2 francs 5 centimes.
Viennent ensuite les modistes, 1 franc 98 centimes ;
les brodeuses, 1 franc 71 centimes ; les couturières
qui confectionnent les vêtements de femmes, 1 franc
70 centimes ; les ouvrières des costumiers, 1 franc
68 centimes ; celles des fabricants de parapluies,
1 franc 60. La moyenne n'est que de 1 franc 22 centimes pour les ouvrières qui travaillent aux équipe-
ments militaires ; elle est très-faible dans la ganterie :
1 franc 34 centimes pour la ganterie de peau, 1 franc
6 centimes pour la ganterie de tissus.

La moyenne générale du salaire des ouvrières parisiennes en 1847 était 1 franc 63 centimes. 950 femmes touchaient un salaire inférieur à 60 centimes,
100 050 recevaient de 60 centimes à 3 francs, et 626
avaient plus de 3 francs. Pour les ouvrières à l'aiguille travaillant chez elles, la moyenne était de
1 franc 42 centimes ; elle était de 2 francs pour les
ouvrières travaillant en magasin.

On a beaucoup contesté les résultats de l'enquête
de 1851 ; elle n'en reste pas moins une statistique
très-complète et très-judicieuse. Nous croyons volontiers que les commissaires s'en étaient rapportés
trop exclusivement aux chefs d'industrie, intéressés
à exagérer le chiffre de leurs affaires et le taux des
salaires, et que par conséquent les moyennes indi-
quées par eux sont plutôt au-dessus qu'au-dessous de
la vérité. Nous les rappelons néanmoins, comme un

document intéressant pour l'histoire d'un passé qui
est encore si près de nous. Ceux qui prendront la
peine de comparer les chiffres de l'enquête à ceux
que nous avons recueillis, et dont nous allons indiquer les plus importants, reconnaîtront que les salaires ont subi une double modification en sens in-
verses. Le salaire des ouvrières de talent s'est relevé.
Au contraire, les femmes qui ne donnent guère que
leur temps, voient leurs profits diminuer tous les
jours.

Voici comment cette différence s'explique. Le plus
grand nombre des ouvrières à domicile travaillent
pour la confection, et le plus grand nombre des ouvrières en magasin travaillent sur mesure. Les premières ont en général moins de talent que les
secondes. Une bonne ouvrière parisienne est jusqu'à un certain point une artiste; il est naturel
qu'elle soit recherchée et bien payée. Elle refuse de
l'ouvrage, et les autres en demandent. Cette ligne
de démarcation subsiste encore aujourd'hui comme
en 1847 ; les salaires se sont relevés dans presque
toutes les industries, et, dans la couture, les ouvrières
d'une habileté exceptionnelle ont seules profité de
cette amélioration, tandis que la concurrence croissante, la nouvelle organisation du commerce en gros
et la vulgarisation de la machine à coudre ont maintenu et probablement augmenté l'avilissement de la
main-d'œuvre dans les ouvrages courants. Ce résultat,
dont l'importance saute aux yeux à cause du petit

nombre des ouvrières d'élite, ressortira pleinement des détails que nous allons donner.

Les femmes qui cousent pour les tailleurs sont payées à la pièce, et ne font guère que des gilets ou des pantalons. Les tailleurs sur mesure payent la façon d'un gilet de 4 à 6 francs ; les fournitures en soie et charbon à la charge de l'ouvrière s'élèvent à 50 centimes ; une bonne ouvrière fait un gilet en un jour. Les confectionneurs pour Paris payent la façon d'un gilet de 1 franc 50 centimes à 2 francs 50 centimes ; on fait également un gilet en un jour ; les fournitures en fil et charbon montent à 25 centimes. Ainsi voilà deux ouvrières du même corps d'état dont l'une aura gagné 5 francs 50 centimes dans sa journée, et l'autre 1 franc 25 centimes. Les confectionneurs qui destinent leurs marchandises à l'exportation ne payent pour la façon d'un gilet que 1 franc 25 centimes au maximum et 75 centimes au minimum ; les fournitures en coton et charbon montent à 20 centimes, une ouvrière fait trois gilets droits en deux jours, bénéfice 85 centimes par jour.

On a publié dans l'enquête le tarif d'une maison de confection en 1849. Il résulte de ce tarif que la façon d'un habit était payée 14 francs ; les fournitures à la charge de l'ouvrier étant de 1 franc 50 centimes, le produit net ne dépassait pas 12 francs 50 centimes. Il fallait y employer 60 heures, ce qui faisait ressortir le salaire par heure à 20 centimes 8 millimes. Ces ouvriers étaient les plus favorisés. Le salaire pour les pantalons ne rendait que 6 centimes 6 millimes par heure de travail. Les femmes ne font guère que des gilets, au moins quand elles travaillent seules, parce qu'elles n'ont pas la main assez forte pour presser la couture du pantalon avec le carreau : le prix de la façon d'un gilet droit avec poches, dans la même maison, était de 60 centimes ; celui d'un gilet droit sans poches, de 40 centimes. Les fournitures dans les deux cas étaient de 15 centimes, ce qui réduisait le bénéfice de l'ouvrière à 4 centimes 5 millimes par heure pour le gilet à poches, et à 3 centimes 1 millime pour l'autre : deux sous en trois heures. Ces prix ne peuvent être considérés que comme une exception; les salaires, même dans les villes de province, ne descendent pas au-dessous de 5 centimes par heure, ce qui est loin de faire 50 centimes par jour, parce qu'il faut compter la lumière, les aiguilles, le chômage du dimanche et des jours de fête, le manque d'ouvrage, le temps perdu à demander du travail et à rapporter le travail confectionné, les maladies, etc.

La confection des manteaux pour dames est toujours confiée par les grandes maisons à des entrepreneuses, qui dirigent le travail des ouvrières et font elles-mêmes tout ce qui exige du discernement et du goût. Les ouvrières ne font que coudre; elles gagnent 2 francs ou 2 francs 50 centimes pour une journée de 12 heures, sur lesquelles elles ont une heure de repos. La confection en gros se fait dans des conditions toutes différentes. La maison commande par exemple trois douzaines de paletots à une entrepreneuse. Ces paletots sont payés, à la pièce, 2 francs; l'entrepreneuse prélève 50 centimes; l'ouvrière couseuse dépense pour 15 centimes de fil; il ne lui reste donc que 1 franc 35 centimes de bénéfice. En travaillant de sept heures du matin à huit heures du soir, et en ne prenant que strictement le temps de manger, une ouvrière habile peut faire trois paletots en deux jours, et arriver ainsi à gagner des journées de 2 francs. Il faut ici faire un effort d'imagination pour bien comprendre ce que c'est que coudre pendant treize heures, sans se lever de sa chaise, sans quitter des yeux sa couture, sans reposer une seule fois sa main. Il faut ajouter le froid aux pieds en hiver, et cinq heures au moins de travail à la lumière. C'est dans ces conditions qu'une ouvrière peut parvenir à gagner 2 francs, quand elle est exceptionnellement habile.

Il y a beaucoup d'articles variés dans la lingerie, depuis les tabliers de valet de chambre et les draps de lit, jusqu'aux bonnets montés de haute nouveauté. Une ouvrière de talent qui coupe et finit un bonnet de luxe, peut gagner 5 ou 6 francs par jour; ce sont en général de petites entrepreneuses qui se chargent elles-mêmes de ce travail. Parmi les ouvrières proprement dites, les meilleures, en très-petit nombre, gagnent 3 francs; presque toutes gagnent 2 francs à 2 francs 50 centimes, pour des journées de treize heures. L'ouvrage le plus facile descend au-dessous de ce chiffre ; par exemple, on ne paye que 80 centimes pour une douzaine de corps de fichus, et il faut être très-bonne ouvrière pour en coudre deux douzaines en treize heures. La couture du linge de maison, draps de lit, nappes, serviettes, etc., rapporte difficilement 1 franc par jour, ou 75 centimes quand on travaille pour les administrations. C'est la ressource de la plupart des ouvrières pendant les chômages.

Les tapissiers emploient un grand nombre de couturières. L'enquête en comptait deux mille ; avec l'accroissement de la population et les progrès insensés du luxe, il est hors de doute que cette industrie doit employer aujourd'hui un personnel plus nombreux. On donne à une ouvrière tapissière 1 franc 75 centimes par jour, prix invariable, et 2 francs si elle est doubleuse, parce que le travail de doublage se fait debout. La journée dure en hiver de huit heures du matin à six heures et demie, avec une heure de repos ; elle commence une heure plus tôt en été sans augmentation de salaire. Les heures supplémentaires sont payées à raison de 25 centimes jusqu'à minuit, et de 50 centimes depuis minuit jusqu'à six heures du matin.

Tout ce qui, dans le monde civilisé, a des prétentions à l'élégance, suit les modes de Paris. Les dames de New-York commandent leurs robes à nos couturières, leurs parures de bal à nos fleuristes, leurs diamants à nos lapidaires. Quand le sultan Mahmoud voulut se rendre populaire dans la plus charmante

partie de son empire, il permit aux dames turques de
s'habiller à la française; son fils fait meubler ses appartements par nos tapissiers. On peut avoir de l'habileté ailleurs; c'est ici seulement que l'on a du goût.
Puisque l'aiguille n'est pas notre unique supériorité,
nous pouvons bien avouer que notre aiguille n'a pas
de rivale. Paris est le principal centre de la fabrication pour les modes, les robes et les habits; il faut y
ajouter les corsets, article très-délicat et très-important. Il n'est que l'entrepôt de la ganterie et de la
broderie, qu'il fait confectionner au dehors d'après
ses caprices et ses modèles. Il n'y a guère que la cordonnerie qui lui échappe. Il permet au reste du
monde de se chausser à sa guise.

La cordonnerie emploie les femmes comme piqueuses de bottines et piqueuses de tiges de bottes.
Un dixième à peu près des piqueuses de bottines travaillent en magasin, où elles servent de demoiselles
de boutique et gagnent de 1 franc 75 centimes à
2 francs par jour; les autres font environ une paire
de bottines dans leur journée, et gagnent 1 franc
dont il faut déduire 15 centimes de fournitures. Les
piqueuses de tiges de bottes sont mieux rétribuées;
elles gagnent de 2 francs à 2 francs 25 centimes en
magasin, et 2 francs chez elles.

La ganterie n'occupe pas moins de 12 000 ouvrières
dans le seul département de l'Isère. La fabrique de
Grenoble compte environ 1200 ouvriers coupeurs,
faisant en moyenne 450 douzaines par an, soit

540 000 douzaines. Cette production, à raison de
30 francs la douzaine, représente chaque année une
valeur de 16 200 000 francs. Par ce seul exemple, on
peut juger de l'importance de la fabrication et des
affaires pour toute la France.

Il y a trois parties dans le travail de la ganterie.
Couper le gant, le coudre, et le finir (c'est-à-dire l'our-
ler, le broder, faire la boutonnière et mettre le bouton). Ce sont des hommes qui coupent le gant. Depuis
fort peu de temps, on emploie en fabrique à Grenoble
400 ou 500 femmes, qui placent le gant sur le ca-
libre ou main de fer, le fendent à l'aide d'un balan-
cier, et le préparent pour le donner à la couture. Ce
n'est pas un travail pénible. Les ouvrières sont à leurs
pièces, et reçoivent 20 centimes par douzaine. Elles
peuvent ainsi gagner de 45 à 70 francs par mois, selon leur habileté et le temps qu'elles donnent au travail. Les couseuses sont moins favorisées.

Le prix payé à l'entrepreneuse de couture pour
une douzaine de gants de femme à un bouton est de
4 fr. 50 c. (4 fr. 75 c. s'il y a deux boutons). L'entrepreneuse prélève 50 centimes; la soie, pour une
valeur de 40 centimes, est à la charge de l'ouvrière;
restent donc 3 fr. 60 c. pour une douzaine de paires
de gants, ou 30 centimes pour une paire.

Si on demande maintenant combien une bonne
ouvrière peut faire de paires de gants en un jour, à
la rigueur elle en peut faire quatre, en travaillant
douze heures sans interruption; si on demande com-

15

bien en font la presque totalité des ouvrières, elles n'en font que deux et demie. Cette différence s'explique par la nécessité de vaquer aux soins du ménage. Le travail de la ganterie demande une propreté extrême ; non-seulement les gants tachés sont laissés pour compte à l'ouvrière, mais elle est obligée de payer le prix de la peau. Quatre paires par jour représenteraient un salaire de 1 franc 20 centimes, sur lequel il faudrait toutefois faire une légère déduction pour le luminaire. Deux paires et demie ne représentent que 75 centimes par jour. A Saint-Junien, dans la Haute-Vienne, où l'on ne fait que des gants d'agneau, dans l'Aveyron, dans la Haute-Marne, et même dans l'Isère, le prix de la douzaine descend quelquefois à 3 francs et à 2 francs 75 centimes. Alors le salaire est réduit à rien.

Les ouvrières piqueuses gagnent un peu plus. Le fabricant paye 9 francs pour une douzaine, soit 8 fr. 50 c. à cause de la fourniture de la soie. Il faut six ou sept heures pour faire une paire de gants piquée ; si l'ouvrière en fait une paire et demie, elle gagne pour la journée 82 centimes et demi, soit 6 fr. 30 c. par semaine, 303 francs par an. Ce salaire diminue un peu quand l'ouvrière n'obtient de l'ouvrage que par l'intermédiaire d'une entrepreneuse. Il n'est pas inutile de remarquer ici que pour gagner 216 fr. par an comme couseuse, ou 303 fr. comme piqueuse, il faut qu'une femme travaille régulièrement, qu'elle n'ait pas d'enfants, pas de longs travaux de ménage, pas de maladie, et que l'ouvrage ne lui manque jamais.

A Paris, les ouvrières sont mieux traitées parce qu'elles prennent l'ouvrage directement chez le fabricant, et le font beaucoup mieux. On paye la douzaine à une bonne couseuse 6 fr. 50 c., soit 6 fr., déduction faite de la soie. Les meilleures piqueuses obtiennent des prix de 14 et de 15 fr. par douzaine. Il est vrai que les longues courses pour aller chercher l'ouvrage et pour le rapporter absorbent quelquefois presque tout le bénéfice. Dans toutes les branches de l'industrie, les ouvrières qui travaillent directement pour la clientèle, perdent une partie de leur temps, une partie du pain nécessaire à leur famille, dans les antichambres de leurs clientes.

Le commerce de la broderie, qui occupe un personnel très-nombreux, gagnerait beaucoup à être mieux dirigé. Nous avons les meilleurs dessins, mais il est fort rare qu'on songe à les déposer, la propriété n'en est pas garantie, et la contrefaçon s'empare immédiatement de nos plus beaux modèles. La maison de Nancy tire ses dessins de Paris, et donne la mousseline toute tracée aux entrepreneurs de broderie proprement dite, et aux entrepreneurs de trous. Ceux-ci font travailler à la campagne, et vivent ordinairement dans les villages. La broderie est ensuite rapportée à Nancy pour les *finissions*, qui se font quelquefois en atelier chez le fabricant, et quelquefois aussi par des entrepreneuses spéciales. Les ou-

vrières de finission forment trois spécialités différentes, suivant qu'elles font le feston, le sable ou les
jours. La perfection de la broderie tient à l'élégance
du dessin, à la perfection de la main-d'œuvre, et à la
finesse du coton employé. A la dernière exposition
universelle, une maison de Nancy avait exposé plusieurs cols faits sur le même dessin, et dont le moins
cher coûtait 3 fr. 50 c. et le plus cher 50 francs.
Malheureusement, les étrangers font aussi bien que
nous et à meilleur marché. Nous ne tirons aucun
avantage de la supériorité de nos dessinateurs, à
cause de la facilité des contrefaçons. La plupart de
nos broderies sont faites avec du coton trop gros. En
Suisse, le patron fournit le coton ; c'est le contraire
chez nous ; il en résulte que l'ouvrière achète du coton
plus gros que l'échantillon, parce qu'il couvre plus
et finit l'ouvrage plus vite. Les ouvrières de Nancy
sont peut-être les plus habiles de toutes; on cite encore les plumetis de Neuchâteau, de Fontenoy, de
Plombières, les ouvrages à la main de Lorquin et de
Réchicourt; mais nos brodeuses, qui ne connaissent
pas même le fabricant, et n'ont de rapport qu'avec
un entrepreneur qu'elles regardent avec quelque raison comme un ennemi, travaillent sans amour-
propre. Au contraire, le jour où l'on rapporte l'ouvrage est une fête à Saint-Gall. Dès le matin, on voit
arriver de tous côtés les jeunes ouvrières endiman-
chées. Après l'office, elles se réunissent toutes dans
une grande salle autour d'une longue table, où on

leur sert à chacune une topette de vin blanc. Elles
se mettent à chanter un chœur à l'unisson, pendant
que le fabricant parcourt la table, examinant l'ouvrage rapporté et le payant sur-le-champ. S'il le refuse, et qu'il y ait doute, les contestations sont jugées
par un syndicat qui siége dans la chambre voisine.
L'acceptation du travail terminée, le fabricant jette
sur la table une masse de broderies; chaque ouvrière
choisit ce qui lui convient, et le maître inscrit le
choix sur son livret, avec le prix convenu, et l'indication du jour où la pièce doit être rapportée. Toutes
ces femmes sont très-laborieuses, opiniâtres même
dans le travail. Elles font en un jour un quart de
plus que les ouvrières françaises. Elles se contentent, à cause de cela, et à cause de leur extrême
frugalité, d'un salaire très-minime. Les fabricants ont
d'ailleurs moins de frais à supporter, parce qu'ils
demandent les modèles à la contrefaçon. Ils faufilent
les pièces pour payer le blanchissage au mètre, tandis
que chez nous on blanchit chaque objet séparément,
et cela leur fait, sur ce seul article, une économie de
50 pour 100; aussi livrent-ils leurs produits à un
bon marché que nous ne pouvons atteindre. En
Saxe, la main-d'œuvre est à si bas prix qu'on se demande comment les ouvrières peuvent vivre. Cette
redoutable concurrence explique l'état de malaise de
nos brodeuses. Un très-petit nombre d'ouvrières, qui
brodent des armoiries, peuvent gagner des journées
de 3 francs et même de 4 francs. Il y en a deux en ce

moment à Nancy. Les ouvrières les plus habiles de la
campagne gagnent 1 fr. 75 c., 2 francs. Le plus
grand nombre ne dépasse pas des journées de 75 centimes, et la broderie tout à fait commune atteint
à grand'peine cinq centimes par heure de travail.
Toutes les brodeuses supportent de longs chômages,
pendant lesquels les plus habiles ouvrières sont quelquefois trop heureuses d'accepter l'ouvrage le moins
avantageux, et de faire des entre-deux et des cols-
Marie. L'ouvrage fin a d'ailleurs un inconvénient
terrible : il menace la vue. Comme la mode règne
en souveraine très-fantasque sur la broderie, il arrive
souvent qu'un caprice est abandonné avant l'achèvement des commandes; le fabricant devient alors
d'une grande exigence, afin de diminuer sa perte; il
profite du moindre prétexte pour laisser l'ouvrage au
compte de l'entrepreneur, et ces malfaçons finissent
par retomber sur une pauvre ouvrière qui manque
peut-être de linge et de pain.

Tous ces détails sont affligeants; il fallait pourtant
se résigner à les connaître. Ce sont des faits très-
strictement exacts, et plutôt atténués qu'exagérés. Un
travail d'aiguille est un amusement pendant une
heure, c'est ce qui trompe beaucoup de femmes du
monde; s'il ne dure que deux ou trois heures, il est
à peine une fatigue; prolongé pendant treize ou quatorze heures avec une activité fiévreuse, repris chaque
matin avant le jour, continué sans repos ni trêve
dans le chagrin, dans la maladie, dans l'épuisement,

il menace la vue et la poitrine; et quel sort fait-il à
cette malheureuse femme éternellement clouée sur
cette chaise, et poussant cette éternelle aiguille pendant des années et des années? Lui donne-t-il au
moins du pain? Non; toutes les femmes travaillent
au rabais, parce que les prix sont établis par les ouvrières mariées qui ne cherchent dans leur travail
industriel qu'un appoint au salaire de leur mari.
Les journées les plus élevées vont à 2 francs pour
12 heures de travail, et pour toucher ce maigre salaire,
il faut être sous tous les rapports une ouvrière d'élite.
Bien peu de femmes y parviennent. Il n'y en a pas
une sur cent, en dehors des manufactures. La plupart
s'exténuent pour gagner cinq centimes par heure de
travail non interrompu. Ce n'est pas assez pour se
couvrir et se nourrir. Cependant mille ennemis menacent ces salaires dérisoires : les crises industrielles,
les caprices de la mode, les maladies de l'ouvrière,
celles de ses parents et de ses enfants, la mauvaise
humeur d'un entrepreneur ou d'une cliente, les
longues et mortelles stations dans une antichambre.
Il est triste de penser que la broderie, la dentelle, les
gants, les bijoux, les fins tissus, tous ces charmants
objets de la toilette des femmes, si nécessaires à notre
luxe et à nos plaisirs, représentent souvent bien des
douleurs. Il n'y a peut-être pas un seul de ces joyaux
de la mode et de la fantaisie, dont l'histoire ne soit
sanglante.

CHAPITRE IV.

CONCURRENCE FAITE AUX COUTURIÈRES PAR LES PRISONS,
LES COUVENTS ET LES FEMMES DU MONDE. INFLUENCE PRO-
BABLE DE LA MACHINE A COUDRE.

La situation du travail à l'aiguille, toute triste
qu'elle est aujourd'hui, ne peut aller qu'en empirant.
Les ouvrières ont à redouter trois concurrences : celle
des prisons, celle des couvents, et celle enfin d'un
nombre plus grand qu'on ne croit de femmes jouis-
sant d'une certaine aisance, et qui pourtant sont charmées de pouvoir tirer profit de leur travail. Ajoutons
que la substitution du système de la confection aux
anciennes habitudes du commerce, et l'introduction
de la machine à coudre, menacent le travail de la
couture d'une révolution complète.

Il y a quelques années, pour protéger le travail libre, on pensa un moment à supprimer le travail des
prisons. Il fallait donc supprimer les prisons elles-

mêmes ; car il serait à la fois trop dangereux et trop cruel de renfermer des hommes ou des femmes pour les livrer à l'oisiveté ou pour leur imposer un travail absolument improductif. Quand il fut question de rapporter le décret par lequel le gouvernement provisoire avait aboli le travail dans les prisons, on n'eut aucune peine à démontrer que les prisons ne pouvaient pas se passer du travail des prisonniers, et que les prisonniers ne pouvaient pas se passer de travail. On voulut aller plus loin, et on prétendit que les prisonniers ne faisaient au travail libre qu'une concurrence insignifiante.

C'était là une erreur, ou tout au moins une exagération. Si on n'exagérait pas dans le sens opposé, et si la plupart des ouvriers n'étaient pas persuadés que les prisonniers leur font une concurrence ruineuse, il suffirait peut-être de dire ici en un seul mot, que d'une part le travail des prisonniers est payé moins cher que celui des ouvriers libres, ce dont il est facile de s'assurer auprès des Chambres de commerce, ou plus simplement, en consultant le chef d'une maison de confection ; et que, d'autre part, l'ouvrage exécuté dans les prisons pour le compte de l'industrie privée représente une somme tellement faible, qu'elle ne saurait exercer, en temps ordinaire, une influence considérable sur le marché de la main-d'œuvre. Mais on jugera sans doute que, dans une matière très-controversée et très-obscure, quelques éclaircissements peuvent avoir leur utilité.

En effet, la concurrence de prix, qui existe incontestablement à l'heure qu'il est, pourrait bien n'être qu'un fait accidentel; et la concurrence de quantité, qui aujourd'hui existe à peine, pourrait devenir formidable demain : il suffirait pour cela que le nombre des prisonniers augmentât, ou que le travail fût mieux organisé dans les prisons.

Or, de ces deux suppositions, la première, qui est à souhaiter, ne se réalisera pas; et la seconde, qui est à craindre, se réalisera peut-être, quoique dans des proportions restreintes. Il résulte de l'examen attentif des faits, que le travail des prisons fera toujours une concurrence de prix au travail libre; et que la concurrence de quantité, sans avoir jamais l'importance que des esprits passionnés lui attribuent, tend néanmoins à s'accroître, et peut avoir, dans certains lieux et dans certaines circonstances données, des conséquences assez graves.

Pour le bien comprendre, il faut avant tout savoir quel est le régime économique des prisons.

Il y a trois sortes de prisons : les maisons centrales, les prisons départementales et les prisons d'éducation correctionnelle.

Les maisons centrales renferment toutes les femmes condamnées aux travaux forcés, quelques hommes condamnés à la même peine, tous les réclusionnaires, et tous les individus condamnés correctionnellement à plus d'un an d'emprisonnement. Le séjour des détenus y est, en moyenne, de trois ans. Ce sont les

seules prisons où le travail ait de la régularité et de
l'importance. Un très-petit nombre de maisons centrales sur vingt-cinq sont administrées en régie; dans
toutes les autres, le régime alimentaire, l'habillement,
le travail des prisonniers et toutes les parties du service sont données à l'entreprise.

L'adjudicataire ou entrepreneur général figure à la
fois dans le marché comme vendeur et comme acheteur.

Comme vendeur, il fournit à l'administration la
nourriture et l'habillement des prisonniers en santé
et en maladie, le chauffage et l'éclairage, l'entretien
de la maison, comprenant les réparations locatives et
certaines grosses réparations[1]. Pour ces divers services,
le gouvernement lui paye, par détenu et par jour de
détention, un prix dont la détermination est l'objet
principal de l'adjudication.

Comme acheteur, il reçoit de l'administration le
droit exclusif d'utiliser à son profit les bras des prisonniers, soit en les faisant travailler pour lui-même,
s'il est fabricant, soit en les faisant travailler pour un
ou plusieurs fabricants, avec lesquels il traite sans
intervention ni garantie de l'État[2]. L'État tient compte
à l'adjudicataire de chaque jour de détention suivant
le prix porté au cahier des charges; et l'adjudicataire
tient compte à l'État de chaque journée de travail,
suivant un tarif arrêté par le Ministre de l'Intérieur.

1. Art 3 à 53 du cahier des charges que nous avons sous les yeux.
2. Art. 54 et suiv. du cahier descharges.

Il en résulte, entre l'État et l'adjudicataire, des comptes de *doit* et *avoir* qui, du côté de l'État, se soldent toujours en débet.

La fixation des tarifs est entourée de beaucoup de formalités. L'administration se réserve expressément dans tous les cahiers des charges, le droit de les régler définitivement, comme elle le trouve juste, et sans qu'aucun des avis exprimés en exécution des règlements puisse entraver sa liberté sur ce point. Ils ne sont mis en vigueur qu'après avoir été approuvés par le Ministre, qui se fait remettre préalablement les propositions de l'entrepreneur, l'avis de la Chambre du commerce, ou celui de deux experts contradictoirement nommés s'il a été jugé utile de recourir à une expertise, les observations et propositions du directeur et celles de l'inspecteur, et enfin l'avis motivé du préfet sur les prix proposés pour chaque nature d'ouvrage; on joint à ces renseignements l'indication du nombre d'ouvriers qu'occupe ou que doit occuper ordinairement l'industrie à laquelle se rapporte le tarif[1]. Le but principal qu'on se propose, au moyen de tout ce luxe de précautions, est de connaître la moyenne des prix payés pour les mêmes genres d'industrie ou pour des travaux analogues, aux ouvriers libres du pays, ou à ceux des manufactures ou fabriques les moins éloignées de la maison centrale, s'il s'agit d'industries étran-

1. Arrêté du 20 avril 1844.

gères au département. Cette moyenne une fois connue, devient la base du tarif; seulement, il est fait à
l'entrepreneur, sur les prix courants de l'industrie
libre, un rabais de 20 pour 100. Ce rabais, dans la pensée de l'administration, n'est pas une libéralité, une
concession purement gratuite comme on le suppose
généralement. L'entrepreneur est tenu de fournir aux
prisonniers tous les instruments, métiers et outils
nécessaires, de pourvoir à toutes les dépenses de
chauffage et d'éclairage des ateliers, de fournir
constamment du travail aux détenus, et de payer des
indemnités de chômage lorsqu'il les laisse sans ouvrage. Ce sont là des conditions onéreuses qui, pour
la plupart, ne pèsent pas sur les fabricants du dehors
et qui paraissent justifier le rabais d'un cinquième[1].

On peut conclure de ce qui précède que le tarif
réglé par le Ministre et accepté par l'entrepreneur
évalue le travail des prisonniers sur le même pied que
celui des ouvriers libres; mais il faut savoir maintenant quel est le rôle que joue ce tarif dans les comptes
respectifs de l'entrepreneur et de l'État; s'il représente réellement le prix payé pour la main-d'œuvre
par le fabricant qui livre au commerce l'objet ma-
nufacturé, ou s'il est tout simplement destiné à déterminer d'une façon précise les avantages accordés
à l'entrepreneur général. Voyons donc par qui sont
payés les prix du tarif et par qui ils sont reçus.

---

1. Instruction ministérielle du 20 avril 1844.

Le produit du travail des détenus se partage entre les détenus eux-mêmes, l'entrepreneur et l'État[1]. La part du prisonnier varie suivant la peine qu'il a encourue ; elle est de 3/10 pour les condamnés aux travaux forcés, de 4/10 pour les condamnés à la réclusion, et de 5/10 pour les condamnés à un emprisonnement de plus d'un an (les seuls correctionnels qui puissent être admis dans les prisons centrales). Une bonne conduite à l'intérieur peut être récompensée par une augmentation de 1/10 ; comme aussi la privation de 1/10 peut être la conséquence de mauvaises notes ou de la qualité de récidiviste. En somme, la part du condamné ne peut être supérieure à 6/10, ni inférieure à 1/10. Elle est payée, en espèces, par l'entrepreneur, entre les mains du directeur, qui autorise le détenu à en dépenser immédiatement une faible partie à la cantine, et qui garde le reste pour lui fournir une masse de réserve, au moment de sa sortie de prison. La part de l'entrepreneur est fixée invariablement à trois dixièmes. Les dixièmes restants appartiennent à l'État et devraient être régulièrement versés au trésor ; mais il paraît qu'en réalité ce versement n'a pas lieu ; la somme due par l'État à l'entrepreneur pour ses fournitures étant toujours supérieure à la somme due par l'entrepreneur à l'État sur le travail des détenus, on abandonne à l'entrepreneur, comme partie du paye-

1. Instruction ministérielle du 28 mars 1844.

ment à lui faire, les dixièmes appartenant au trésor, et on évite ainsi des virements de fonds inutiles. Ainsi il n'y a de payé réellement que la part des prisonniers, et le reste se passe en écritures.

Il suit des diverses dispositions réglementaires que nous venons d'indiquer, que l'entrepreneur paye pour la journée d'un prisonnier un prix égal au salaire d'un ouvrier libre, avec rabais d'un cinquième et prélèvement de trois dixièmes sur les quatre cinquièmes restants. Si, par exemple, le prix de la journée d'un ouvrier libre est fixé à 1 franc 25 centimes, ce prix est d'abord réduit à 1 franc pour l'entrepreneur qui prélève, en outre, trois dixièmes de 1 franc ou 30 centimes. Il ne paye donc que 70 centimes au lieu de 1 franc 25 centimes. Peu importe d'ailleurs que le travail se fasse à la tâche et non à la journée, puisque les dégrèvements et prélèvements sont toujours les mêmes.

Supposons un instant que l'entrepreneur des travaux ne soit pas en même temps fournisseur de la prison, et que par conséquent les clauses du marché soient exécutées littéralement et effectivement, la concurrence serait désastreuse pour l'industrie libre, puisque le travail des prisonniers se ferait à quarante-quatre pour cent de rabais. Mais il est évident qu'en soumissionnant ses fournitures, l'adjudicataire abaisse ses exigences proportionnellement à ce qu'il espère gagner sur la main-d'œuvre. Si par exemple il a évalué à 10 centimes par jour et par détenu, les bénéfices qu'il compte réaliser sur le travail, on doit supposer qu'il a demandé 10 centimes de moins pour se charger du service général de la maison.

Il est donc bien clair que les trois dixièmes prélevés par l'entrepreneur sont par le fait une valeur indéterminée, et c'est tout au plus si les deux autres parts, la part payée en espèces aux prisonniers, et la part affectée à l'État et acceptée par l'entrepreneur en déduction des sommes qui lui sont dues, sont elles-mêmes autre chose que de la monnaie de compte. En effet, l'entrepreneur ne fait pas travailler lui-même, et par une raison bien simple : c'est qu'il n'y a pas moins de cinquante-quatre industries différentes dans les maisons centrales[1]. Il achète donc les bras des prisonniers pour les louer à des fabricants. Il tire de ses sous-traitants ce qu'il peut; le tarif n'existe pas pour ses transactions privées. Or, les dixièmes qu'il paye aux détenus et ceux qu'il accepte lui-même en payement, ne sont pas les dixièmes du prix qu'il touche réellement, ce sont les dixièmes du prix fixé par le

---

1. En voici la liste : Accordéons, balanciers, bonneterie, boutonnerie, broderie, brosserie, cadres, vêtements en caoutchouc, caparaçons, carnassières, cordage, dévidage de soie, cartons, chapelets, chaussonnerie, cheveux, clouterie, corderie, cordonnerie, cornes à lanternes, corsets, couture fine, couture grosse, crayons, dentelles, ébénisterie et placage, épluchage, écharpiage, filature, ganterie, gravure, havresacs, mégisserie, menuiserie, paille (lataniers, palmiers, sparterie), papeterie, parapluies, passementerie, peignes, pipes en bois, porte-monnaie, quincaillerie, serrurerie, sellerie, tailleurs d'habits, tailleurs de pierres, tissage de velours, de peluche, de damas, de laine, toile et calicot, tourneurs et chaisiers, tricotage, vanniers.

tarif aux quatre cinquièmes des salaires de l'industrie libre. La fixation des tarifs, faite avec un si grand luxe de précautions, est donc très-importante pour les détenus, qui touchent réellement leur part; pour l'État, à qui profite l'élévation des prix du tarif; pour l'entrepreneur, qui se trouve ruiné, s'il a consenti à un tarif trop supérieur aux prix réels qu'il obtient de ses sous-traitants; mais elle est assez indifférente pour l'industrie privée, puisqu'en définitive elle ne détermine pas le taux réel des salaires.

Qu'est-ce qui importe à l'industrie privée? Ce n'est pas de connaître les arrangements survenus entre l'État et l'adjudicataire général, mais de savoir ce que l'entrepreneur général tire de ses sous-traitants; car c'est le sous-traitant qui livre à la vente les objets fabriqués pour son compte dans les prisons; s'il les paye à l'adjudicataire moins cher qu'à l'ouvrier libre, la concurrence de prix est manifeste.

Or, comment ne les payerait-il pas moins cher? Quel motif aurait-il de s'adresser à l'entreprise des prisons, s'il n'y trouvait pas un rabais? Si l'entrepreneur général obtenait de ses sous-traitants des prix égaux à ceux de l'industrie libre, pourquoi l'État lui abandonnerait-il 44 pour 100 de bénéfice, quand il lui serait si facile de faire ce bénéfice lui-même, et de traiter directement avec les fabricants? Grâce à cette double qualité d'acquéreur et de vendeur attribuée à l'adjudicataire général, tout est matière à spéculation dans le marché, le prix du travail comme celui des

16

fournitures, et par conséquent tout est sujet à incertitude. Il n'y a qu'une chose qui soit certaine, c'est que le sous-traitant, c'est-à-dire le véritable et sérieux acquéreur de la main-d'œuvre, l'obtient au rabais. Et cela est si vrai que quand un fabricant a un atelier dans une prison centrale, il ne manque pas de le mentionner en tête des prospectus de sa maison, comme garantie du bon marché de ses produits.

Nous sommes donc autorisé à conclure que, malgré les évaluations du tarif, il est impossible de connaître exactement le prix de revient du travail dans les prisons, et que ce prix est incontestablement inférieur à celui du travail libre. Donc la concurrence de prix existe.

On peut encore le démontrer d'une autre manière. Certes, il y a beaucoup de misère parmi les ouvriers libres; mais supprimez le manque d'ouvrage, la maladie, la vieillesse et la débauche, il est clair qu'il n'y en aura plus. L'ouvrier vivra dans l'aisance avec sa famille, et il aura une réserve à la caisse d'épargne.

Maintenant, quelle est la position du prisonnier? Il est logé, nourri, chauffé, vêtu, blanchi gratuitement; il n'a pas de famille ou du moins il doit être considéré comme n'en ayant pas, puisqu'il ne peut pas l'entretenir; il ne manque jamais d'ouvrage; il est soigné gratuitement dans ses maladies; enfin, il ne peut dépenser ni temps ni argent pour son plaisir. Si donc il est payé comme l'ouvrier libre, il doit faire des économies considérables.

Il en fait en réalité, puisque nous avons vu qu'il touche un certain nombre de dixièmes sur le prix fictif des journées de travail, diminué préalablement d'un cinquième. Quoique le nombre de ces dixièmes varie selon la peine encourue[1], on ne s'écarte pas sensiblement de la vérité en disant que les prisonniers des maisons centrales pris ensemble reçoivent 4 dixièmes[2], et que par conséquent leurs économies peuvent être évaluées aux 4 dixièmes des 4 cinquièmes du prix de journée d'un ouvrier libre.

Maintenant, en supposant que la journée d'un prisonnier soit payée à l'adjudicataire par les sous-traitants aussi cher que la journée d'un ouvrier libre, et en consentant à ne compter que 1 franc 25 centimes pour la moyenne des salaires industriels dans toute la France, ce qui est probablement au-dessous de la vérité, même si on tient compte de la présence d'un certain nombre de femmes[3], il reste à l'entrepreneur

---

1. En 1858, sur 24 319 prisonniers de maisons centrales,

162 recevaient.....................	6/10
10 589............................	5/10
7 236.............................	4/10
3 444.............................	3/10
1 116.............................	2/10
852.............................	1/10

2. Les prisonniers pris en masse recevaient 95 937 dixièmes. Si tous les prisonniers avaient reçu 4 dixièmes, le total aurait été 93 276 dixièmes. Différence 2661. Si tous les prisonniers avaient reçu 5 dixièmes, cela aurait fait 116 595 dixièmes. Différence 20 658.

3. A la fin de décembre 1858, il y avait dans les maisons centrales 18 541 hommes et 4778 femmes seulement.

85 centimes pour habiller et nourrir les prisonniers,
ce qui est assez étrange, et, ce qui l'est encore plus,
ces 85 centimes ne lui suffisent pas, puisque l'État
est son débiteur. Cependant, les condamnés ne sont
pas vêtus avec luxe[1], et leur nourriture, déterminée
par le cahier des charges, est très-grossière quoique
très-suffisante[2]. Disons sur-le-champ que la dépense,
non, il est vrai, par jour de travail ni même par jour
d'ouvrier, mais par détenu, ouvrier ou non, et par jour
de détention, est de 63 centimes 7 centièmes[3]. La conséquence se présente d'elle-même. Quand on songe
que l'État fournit le logement, non-seulement pour les
prisonniers, mais pour les ateliers, ce qui est très-
important, et que cinq ou six mille personnes nourries
en commun sont bien loin de coûter autant que si elles
étaient obligées d'acheter et de préparer individuel-
lement leurs repas, on ne peut s'empêcher de con-

1. Un habillement de droguet fil et coton pour l'hiver, de toile
pour l'été, sabots et chaussons. Le coucher consiste en un matelas
de 4 kilog. de laine et 2 kilog. de crin, une couverture de laine
de 2 kilog. 500 et une seconde de coton pour l'hiver.

Tout ce qui concerne le travail des prisonniers et la part qui leur
est attribuée sur le produit du travail, a été réglé en 1844 par des
instructions ministérielles d'une grande portée administrative et phi-
losophique. Il est impossible de ne pas en être frappé, lors même
qu'on regrette le système actuel des adjudications, et la nature du
travail imposé aux prisonniers.

2. 750 grammes de pain composé d'un tiers de seigle et des deux
tiers de froment, et un litre de soupe aux légumes, contenant 90 gr.
de pain. Une fois par semaine, un régime gras (150 gr. de viande).
Les quantités de pain sont un peu moindres pour les femmes.

3. *Statistique des prisons pour* 1858, par M. Louis Perrot. Paris.
1860; introduction, p. XXXVI.

clure que l'entrepreneur est très-loin de gagner
85 centimes par journée de travail, et que le salaire
des prisonniers (c'est-à-dire non pas le salaire fictif
dont ils touchent une partie, mais le salaire réel,
payé par le sous-traitant à l'entrepreneur général à
raison de leur travail) est bien loin de s'élever à
1 franc 25 centimes.

Maintenant, si du raisonnement nous passons aux
faits, nous allons voir que le prix de la journée de
travail dans les prisons n'atteint pas ce chiffre de
1 franc 25 centimes que nous avons supposé. En
1858, 19 736 détenus dans les maisons centrales ont
travaillé pendant 5 946 400 journées. Ces journées
ont été vendues par l'État aux entrepreneurs moyennant 2 883 546 francs 40 centimes, prix du tarif[1].
Sur cette somme, les détenus ont touché en espèces
1 306 180 francs 2 centimes, pour leurs dixièmes.
1 057 435 francs 49 centimes ont été attribués aux
entrepreneurs pour leur prélèvement de 3 dixièmes.
La part de l'État a été de 387 508 francs 42 centimes
que les entrepreneurs ont reçus pour compte[2]. Toutes
ces évaluations, faites d'après les tarifs, ont porté la
moyenne des journées à 47 centimes 83 centièmes
pour les hommes, et à 39 centimes 12 centièmes pour
les femmes, soit ensemble 45 centimes 67 centièmes;

1. Le produit du travail des prisons dépasse aujourd'hui trois
millions. Voyez la *Statistique des prisons*, par M. Louis Perrot, directeur de l'administration des prisons, introduct., p. VIII.

2. *Statistique des prisons*. Tableaux XIII, XIV et XV.

sur quoi il faut toujours remarquer que cette moyenne, si étrangement réduite, représente ce que chaque entrepreneur a payé à l'État et aux prisonniers, comme locataire principal des bras des prisonniers, et non pas la somme que les journées ont rapportée réellement, c'est-à-dire ce que les soustraitants ont payée à l'entrepreneur.

Il est très-vrai que le prisonnier travaille sans zèle, ce qui fait une énorme différence entre lui et l'ouvrier libre. Cependant, la part qui lui revient sur le produit de son travail est un stimulant d'autant plus important qu'on lui permet d'en employer une partie à améliorer son régime, et que, dans sa situation, privé de tout plaisir, il ne saurait être indifférent aux ressources très-restreintes de la cantine[1]. Notons encore qu'il est rigoureusement surveillé; et il deviendra de plus en plus évident que les prisons travaillent au rabais, et qu'elles font à l'industrie libre une concurrence de prix.

Elles lui font aussi une concurrence de quantité, puisque le travail des maisons centrales, déduction faite du rabais d'un cinquième, représente pour 1858, au prix du tarif, une valeur de 2 883 546 francs. Ce chiffre est peu élevé, à cause du nombre des ap-

---

1. On ne vend à la cantine ni vin, ni bière, ni cidre, ni viande, ni tabac; mais seulement du pain de ration, des pommes de terre cuites à l'eau, du beurre et du fromage. Instruction ministérielle du 10 mai 1839. L'achat de ces trois derniers aliments ne peut excéder 15 centimes par jour.

prentis, et parce que beaucoup de prisonniers sont
appliqués à des services intérieurs. En limitant nos
observations à ce qui concerne la couture, nous
arrivons au résultat suivant : les maisons centrales
ont fait concurrence au travail des couturières par
3604 ouvrières travaillant à prix réduits pendant
1 122 544 journées[1]. En Belgique, on n'a pas considéré cette concurrence de quantité comme insigni-
ante, et tous les produits manufacturés dans les
prisons belges sont réservés à l'usage des prisonniers
eux-mêmes ou à celui de l'armée.

Ceux qui prétendent établir que la concurrence
des prisons est insignifiante pour le travail libre,
font deux objections : La première, c'est qu'un grand
nombre de détenus ne savent pas l'état auquel on les
applique; qu'ils sont néanmoins payés par l'entrepreneur, au moins dans une certaine mesure, et que par
conséquent les prisons ne font pas de concurrence

---

1. En voici le détail : broderie, 41 ouvrières, 10 231 journées de travail; cordonnerie, 351 ouvrières, 109 197 journées; corsets, 214 ouvrières, 59 447 journées; couture fine, 1540 ouvrières, 482 150 journées; couture grosse, 717 ouvrières, 188 509 journées; ganterie, 217 ouvrières, 66 076 journées; confection d'habits civils et militaires,
24 ouvrières (par approximation, le rapport ne donne pas de chiffre),
6934 journées. Cela fait en tout 922 544 journées et 3104 ouvrières.
Mais, pendant la même période, les hommes ont donné à la couture
des habits 141 694 journées, dont il est juste de déduire la moitié
pour l'habillement des détenus, et à la cordonnerie 435 083 journées, dont le quart au moins a dû être consacré à un travail qui
pourrait être exécuté par des femmes. Il y a donc lieu d'ajouter
de ces deux chefs un minimum de 200 000 journées et de 500 ouvrières, soit en tout 3604 ouvrières et 1 122 544 journées.

de prix. L'autre objection, c'est que les détenus qui travaillent en prison, auraient travaillé en liberté, et que par conséquent les prisons ne font pas de concurrence de quantité.

Mais outre que ces deux objections se détruisent l'une l'autre, on peut répondre, pour la première, que l'apprentissage de la couture est presque nul pour les femmes, qu'il est très-court pour les hommes, que l'entrepreneur a le travail des apprentis pour peu de chose, et que ce travail n'est pas à dédaigner pour lui, grâce à une surveillance de tous les instants, qu'il ne paye pas et dont il profite. Et l'on peut répondre, pour la seconde, qu'il y a nécessairement concurrence de quantité du moment qu'il y a des apprentis. Si l'on prend tous les ans 3000 laboureurs pour en faire des tailleurs et des cordonniers, c'est un triste service rendu à l'agriculture qui manque de bras, à la population des villes où foisonnent les éléments de désordre, et au travail de la couture, si encombré et si mal rétribué. Ajoutons ici, seulement pour mémoire, que nous n'avons tenu compte que des maisons centrales et que nous avons entièrement laissé de côté le travail exécuté dans les prisons de la Seine, et dans les maisons d'arrêt, de justice et de correction de tous les autres départements. En 1858, il est entré dans les prisons de la Seine 27 309 individus; dans les prisons départementales 182 687; dans les maisons d'éducation correctionnelle 9336; en tout 219 332 prisonniers. Sur ce nombre les pri-

sons de la Seine n'ont fourni que 724 067 journées
de travail, dont le produit a été de 387 711 francs
90 centimes[1]; les prisons départementales ont donné
1 731 817 journées de travail et produit 535 450 francs
19 centimes[2]. Nous ne parlons pas des jeunes détenus,
parce qu'on les emploie de plus en plus aux travaux
agricoles; mais il est clair que, pour les autres prisonniers, on est encore aux tâtonnements et aux
essais, et qu'on obtiendra prochainement des résultats très-supérieurs, quoique la population des prisons soit flottante, et en général inhabile. Le travail
n'est pas encore partout organisé, et les journées
n'ont produit en moyenne que 46 centimes 64 centièmes dans le département de la Seine, et 31 centimes dans les autres départements.

C'est surtout dans les moments de crise industrielle
que l'influence du travail des prisons se fait sentir.
L'entrepreneur subit dans de plus fortes proportions
l'inconvénient attaché aux grandes usines, qui sont
obligées de travailler à perte pour ne pas laisser absolument improductif le capital représenté par leurs
machines. Non-seulement il est tenu par son cahier
des charges d'avoir toujours du travail prêt et de la
matière première en magasin pour un mois; mais il
paye une indemnité de chômage pour tout prisonnier
à qui il ne fournit pas de travail. Il est donc tout

---

1. *Statistique des prisons.* Tableau III.
2. *Statistique des prisons.* Tableau V.

simple que, quand les affaires se ralentissent au
point de lui faire craindre une interruption complète,
il offre ses ateliers à des prix excessivement réduits,
et accapare tout ce qui reste de travail disponible.

Un jour viendra infailliblement où on accomplira
dans les maisons centrales une réforme analogue à
celle qui a été si heureusement faite dans les bagnes.
Alors, au lieu d'enfermer les prisonniers, au grand
détriment de l'hygiène et de la morale, on les fera
vivre au grand air ; au lieu de transformer les laboureurs en ouvriers industriels, ce qui est un véritable
contre-sens, on transformera les ouvriers industriels
en laboureurs ; enfin, au lieu de nuire à l'industrie
en faisant faire par les prisonniers, à prix réduits, le
travail des ouvriers libres, on augmentera la richesse
nationale en faisant défricher par les prisonniers nos
terres incultes, ce que l'industrie libre ne peut pas
faire. En attendant ces mesures réparatrices, le travail des prisons est une des causes de la misère qui
pèse sur les industries de la couture.

Il en est de même du travail des couvents, de celui
des établissements de bienfaisance connus sous le
nom d'ouvroirs, et du contingent apporté au commerce
par un grand nombre de femmes qui ne sont pas ouvrières de profession.

Assurément les religieuses et les femmes du monde
sont parfaitement libres de travailler et de vendre
leurs ouvrages ; personne ne peut songer à leur en
contester le droit ; loin de là, c'est un malheur public

qu'il y ait chez nous un si grand nombre de femmes inoccupées. Cette oisiveté est un douloureux spectacle, et une source de dépravation morale et intellectuelle. Le travail doit être respecté partout au nom de la liberté, et il doit être partout favorisé au nom de l'humanité.

Il y a plus ; les religieuses qui fondent des ouvroirs, rendent aux filles qu'elles instruisent, aux femmes qu'elles occupent, et à la société tout entière un important service. Il existe, en grand nombre, des filles sans parents, ou ce qui est encore pire, des filles abandonnées par leurs parents : il est bon, il est salutaire que des associations pieuses se donnent la mission de les recueillir, de les instruire, de leur apprendre un état, de les surveiller. Il y a des femmes trop pauvres pour acheter un rouet ou une quenouille, trop misérables pour inspirer de la confiance aux patrons : c'est une bonne œuvre de se faire médiatrices entre les patrons et elles, de solliciter pour elles de l'ouvrage, de les aider à l'exécuter, de leur faire l'avance des menus frais nécessaires. Enfin, si quelque femme de mauvaise vie revient à de meil-leurs sentiments, si une condamnée qui a subi sa peine s'efforce de vivre désormais de son travail, et que le monde, qui a des indulgences aveugles et des sévérités impitoyables, refuse de l'ouvrage à ces mains inoccupées, n'est-il pas beau et consolant de voir d'honnêtes et courageuses femmes couvrir ces coupables, ces repentantes, de leur pitié, de leurs

vertus, se placer entre elles et le monde qui les re-
pousse, et leur procurer les moyens de se réhabiliter?
Il serait déplorable que les haines religieuses, encore
subsistantes au sein de notre scepticisme (car nous
avons gardé les passions de la foi en perdant la foi),
nous fissent méconnaître des institutions qui sont la
forme la plus utile et la plus noble de la charité. Il
ne s'agit donc pas ici de condamner les ouvroirs,
mais seulement de les compter. La concurrence est
très-loyale; elle est fondée sur le principe de l'association, sur le principe même de la liberté. Mais tout
en étant loyale, elle est écrasante.

Si nous prenons pour exemple la fabrication des
chemises en gros, à l'heure qu'il est, sur cent douzaines de chemises qui entrent dans le commerce
parisien, les couvents en ont cousu quatre-vingt-cinq
douzaines. Les jeunes filles et les femmes des ouvroirs
ne sont pas seules à travailler; les religieuses elles-
mêmes qui, pour une assez forte part, ne seraient
pas ouvrières si elles étaient dans le monde, et qui
d'ailleurs ont leur vie assurée par les revenus du
couvent, travaillent pour le commerce. La règle leur
impose une vie dure, à laquelle une augmentation de
revenu ne changerait rien; ainsi elles donnent ce
qu'elles gagnent. Travaillant sans nécessité, soit pour
obéir à une prescription formelle de leur règle, soit
pour mieux accomplir le devoir de l'aumône, soit
simplement pour échapper à l'oisiveté, elles peuvent
abaisser autant qu'elles le veulent le taux de leur sa-

laire; cela dépend uniquement de leur volonté, tandis que l'ouvrière libre n'est pas maîtresse de ses exigences : elle doit vivre, son salaire doit la nourrir; quand on dispute avec quelques-unes d'entre elles sur le prix de leur main-d'œuvre, c'est en réalité leur vie qu'on marchande; à chaque centime qu'elles abandonnent, c'est une nouvelle privation qu'elles s'imposent, et par conséquent il y a toujours un dernier rabais auquel elles ne peuvent consentir. On estime que les ouvrages de broderie et de couture exécutés dans les couvents sont plus parfaits que ce qui sort des mains des ouvrières libres. Une religieuse que rien ne presse, travaille lentement et travaille bien, tandis que le mère de famille se hâte d'achever son travail pour acheter du pain à ses enfants. Ainsi la main-d'œuvre des couvents a le double avantage d'être plus parfaite et d'être moins couteuse. Le rabais est, dans presque toutes les communautés, de 25 pour 100. En ce moment, les chemises de gros sont payées aux couvents de 25 à 60 centimes la pièce; une bonne ouvrière ne peut faire dans sa journée plus de deux chemises à 60 centimes; elle n'en peut faire plus de trois à 25 centimes. C'est donc un ouvrage rapportant 75 centimes par journée de douze heures, que les ouvrières sont menacées de perdre. Encore est-ce trop de dire 75 centimes, puisqu'il faut déduire quelque chose pour le fil et les aiguilles, et en hiver, pour la lumière.

Ce qui est vrai des couvents, est vrai aussi de la

concurrence des femmes mariées qui utilisent leurs moments de loisir pour se procurer un petit revenu. Une marchande, en attendant les chalands dans son comptoir, une mère en conduisant ses enfants à la promenade, ont à la main un ouvrage de couture ou de tapisserie; si peu que cela rapporte, c'est un soulagement, une douceur dans la maison. A mesure que la femme s'élève un peu dans l'échelle sociale, il lui est moins facile de trouver un débouché pour ses menus ouvrages; elle a une certaine fierté qui la gêne; elle se contente des premières offres, et ne quitte pas le marchand qui accepte ses produits, pour aller demander ailleurs un prix plus élevé. Quelquefois il ne s'agit même pas de contribuer aux dépenses du ménage par cette industrie; le travail du père ou du mari est suffisant, on ne compte sur le revenu de la broderie que pour se donner un plaisir ou faciliter une dépense de toilette. Plus les besoins sont insignifiants, plus le salaire est modique. On ne sent pas le prix de son temps; on le donne pour rien, et on est bien loin de se douter qu'on donne en même temps celui des autres. Il est difficile de dire jusqu'où s'étend cette fabrication interlope, depuis la ménagère qui travaille deux ou trois heures par jour, et qu'on pourrait à la rigueur compter parmi les ouvrières véritables, jusqu'à la jeune fille qui brode par plaisir et qui vend sa broderie par caprice. Beaucoup de pères de famille ignoreront toujours que leur salon est un atelier, et que les jolies bagatelles qui se brodent sous leurs yeux sont achetées d'avance ou même commandées par une maison de la rue Saint-Denis. Presque toute la broderie qui se fait à Paris sur mousseline ou sur étoffes vient de cette source; il en est de même des ouvrages en filets, bourses, sacs et réseaux; de la tapisserie pour meubles, des pantoufles, de la passementerie. Plus d'une, parmi ces ouvrières élégantes, se cache pour travailler, et se cache encore plus pour vendre le produit de son travail. Toutes les misères ne vont pas en haillons; et quand une femme qui a vécu dans l'aisance, est réduite par le besoin à un travail manuel, il est bien rare qu'elle ne paye pas la rançon de la toilette qu'elle porte et des habitudes qu'elle a conservées.

Ce qui procure encore quelques commandes aux ouvrières, malgré la concurrence des prisons, des couvents et du monde, c'est qu'il y a dans l'industrie des moments de presse, où il faut produire beaucoup en un clin d'œil, sauf à languir ensuite pendant plusieurs mois. Le retour d'une saison ou d'une fête, une mode qui prend faveur, des chaleurs ou des froids prématurés, obligent les maisons de commerce à faire des commandes à bref délai; alors il ne faut pas songer aux couvents, qui travaillent à leurs heures, lentement, méthodiquement, et qui ne savent pas même ce que c'est que les veillées et le travail de nuit. Autrefois, c'est-à-dire hier, l'usage était de choisir soi-même l'étoffe et la coupe de son habit, le dessin de sa broderie; l'entrepreneuse, qui

recevait les ordres du public, avait besoin d'avoir
ses ouvrières sous la main ; elle les guidait dans leur
travail ; elle les pressait, pour ne pas manquer elle-
même de parole à ses clientes. Ces ouvrages com-
mandés et attendus ne pouvaient se faire au loin,
dans un couvent ou dans une prison ; c'était le lot de
l'ouvrière parisienne, son dernier gagne-pain. Les
maisons de confection menacent de changer tout cela.
A force d'acheter en grand et de faire exécuter par
centaines, les confectionneurs réalisent de telles économies, qu'ils livrent leurs marchandises à un bon
marché inouï. Le public se déshabitue de l'ancien
système, qui faisait payer très-cher et attendre longtemps. Le caprice le plus exigeant trouve à se satisfaire dans l'immense variété d'objets que les magasins
exposent en vente. L'entrepreneur spécule en grand ;
il écoule sur la province ce dont Paris ne veut plus,
et sur l'étranger ce que rebute la province. Comme il
n'est plus asservi à ses clients, il est du même coup
affranchi de ses ouvrières. Il peut faire ses commandes
au loin, les répandre par toute la France ; en un mot,
il est maître du marché de la main-d'œuvre. La couture elle-même, qui fut si longtemps le travail sédentaire par excellence, risque bien de se transformer
comme le rouet et la quenouille. On affiche dans
Paris des *manufactures de vêtements*. On commence à
coudre à la vapeur.

Il y a fort peu de temps que les machines à coudre sont connues en France. Elles sont pourtant d'o-

rigine française, ou du moins c'est un Français
nommé Thimonnier qui conçut le premier l'idée de
construire un appareil pour coudre au point de chaî-
nette. En 1834, Walter Hunt ajouta à l'aiguille mobile
de Thimonnier une navette mue par le même mécanisme, et qui, faisant passer un fil dans chaque boucle
formée par l'aiguille, rendit la couture indécousable.
Enfin l'Américain Singer, en partant de l'idée de
Thimonnier et de celle de Walter Hunt, construisit
les premières machines à coudre réellement pratiques. Les Américains les adoptèrent très-rapidement.
Elles eurent en France, à l'Exposition universelle de
1855, un très-vif succès de curiosité. Depuis ce temps-
là plusieurs perfectionnements ont eu lieu, plusieurs
brevets ont été pris, et cinq ou six inventeurs se dis-
putent à l'heure qu'il est la faveur publique. La machine à coudre n'est nullement encombrante; on peut
la mettre devant soi sur une petite table. L'œil n'a-
perçoit guère à l'extérieur qu'une plate-forme sur
laquelle se met l'étoffe, deux bobines et une petite
roue. L'étoffe est placée entre une aiguille verticale
et une navette horizontale. Quand on tourne la roue,
l'aiguille descend et perce l'étoffe; comme elle est
enfilée près de la pointe, le fil forme au-dessous de
l'étoffe une petite boucle; la navette s'avance alors
horizontalement dans cette boucle, l'allonge sous
l'étoffe et la tient couchée. L'aiguille verticale continuant son mouvement rentre dans l'étoffe qui a reculé
de la longueur d'un point, et introduit une seconde

17

boucle à l'extrémité de la première. La première boucle étant ainsi maintenue par la seconde, la navette sort de la première, entre dans la seconde, l'allonge, la couche et la maintient, jusqu'à ce que l'aiguille introduise la troisième, et ainsi de suite. Si l'on considère l'endroit de l'étoffe quand la couture est faite, on ne voit qu'un fil continu, qui entre dans l'étoffe à l'extrémité de chaque point et en ressort par le même trou ; si l'on considère l'envers, on voit une série de petites boucles, de la longueur du point, couchées sous l'étoffe et enchevêtrées l'une dans l'autre, de manière que chacune d'elles serve en quelque sorte d'écrou à celle qui la précède. Quelquefois la navette tient elle-même près de sa pointe un fil qu'elle introduit successivement dans toutes les boucles, les serrant ainsi et les attachant l'une à l'autre ; alors la couture est à deux fils, et devient vraiment indécousable. Quand on regarde l'étoffe ainsi cousue à deux fils l'endroit est semblable à celui que nous avons décrit ; l'envers est très-différent ; les boucles du fil tenu par l'aiguille ne sont pas enchevêtrées l'une dans l'autre ; l'écrou est formé par le second fil, qui court comme un feston à travers toutes les boucles, maintenu par elles et les maintenant à son tour. On règle à volonté la longueur des points, en tournant la vis des bobines. L'étoffe est entraînée par le mouvement automatique ; il suffit de la diriger dans le sens qu'on veut donner à la couture, si l'on ne coud pas en ligne droite. Les deux

doigts de la main gauche suffisent pour cela, et l'ouvrière a la main droite libre pour tourner la roue. On
peut aussi, au moyen d'une courroie et d'un levier,
remplacer l'action de la main par celle du pied, et il
va sans dire qu'au besoin, il serait facile de recourir
à la vapeur. Les machines à coudre sont employées en
France à coudre les étoffes et le cuir, à border les
chapeaux et à exécuter diverses sortes de broderies.
La couture est aussi fine que l'on veut. Elle est très-
solide et très-régulière. La fatigue n'est pas plus
grande que pour mouvoir un rouet.

On ne peut guère évaluer dès à présent l'économie
de temps qui résultera de l'emploi de la machine à
coudre, car il s'en faut qu'elle ait donné son dernier
mot. Les fabricants, intéressés à l'exagération, prétendent que leur machine fait l'ouvrage de neuf à dix
femmes; la vérité est qu'elle fait l'ouvrage de six;
mais quand l'objet à coudre est un peu compliqué,
comme par exemple une chemise, il doit être préalablement bâti pour que les parties dont il se compose
ne godent pas. Alors on est obligé d'employer trois
ouvrières, l'une qui fait aller la mécanique, et les
deux autres qui appiècent la chemise, c'est-à-dire
qui en assemblent et en faufilent les diverses parties.
L'économie de temps ou d'argent, car c'est tout un,
se trouve ainsi réduite à la moitié : trois femmes avec
une machine font dans une journée la besogne de six
femmes. Il est clair que c'est l'enfance de l'art et
qu'on atteindra une vitesse beaucoup plus grande.

L'achat de la machine est pour le moment assez dispendieux. On en voit annoncer de tous côtés au prix
de 200 francs, c'est le chiffre le moins élevé; beaucoup de bonnes maisons tiennent les machines les
plus simples au taux de 500 fr., et vendent jusqu'à
900 francs les machines à coudre le cuir. Tous ces
prix seront réduits de moitié à l'expiration des brevets. On arrivera aussi à établir assez solidement les .
appareils pour supprimer en grande partie les frais
d'entretien. Avec de bons instruments et des ouvrières
exercées, il est possible d'obtenir d'une seule machine dix-huit chemises par jour, ce qui abaisse la
façon d'une chemise à 20 centimes. Il faut quatre
heures à une ouvrière pour faire à la main une chemise pareille.

Après une assez longue hésitation, l'habitude de
coudre à la mécanique tend à se généraliser. Tant
que les machines coûteront cher, à cause des brevets,
il sera impossible aux ouvrières isolées d'en faire
l'acquisition; au contraire, les prisons, les couvents,
les régiments, et quelques grands ateliers particuliers,
en seront promptement pourvus. Il y en a trente-six
à la prison de Saint-Lazare à Paris; presque toutes
les maisons centrales, presque tous les régiments en
ont acheté. Sans doute, les régiments ne travaillent
pas pour le public, et en ce sens ils ne font pas concurrence aux ouvrières; mais il n'y a dans les compagnies hors rang chargées de l'habillement de la
troupe, que des tailleurs et des cordonniers; on con-

fectionne au dehors tous les autres effets, c'est-à-dire les chemises, les guêtres, les caleçons, les havresacs, la passementerie. Même pour l'habillement proprement dit, le maître tailleur ne fait guère coudre par ses hommes que les tuniques, il donne les pantalons à coudre à des entrepreneurs civils. Si l'introduction des machines ne coïncide pas avec une diminution de l'effectif des compagnies hors rang, il y aura donc là encore une perte notable pour l'industrie privée.

En somme, les ouvrières à l'aiguille forment plus de la moitié du nombre total des ouvrières.

Parmi elles, il y a lieu de distinguer les ouvrières d'un talent exceptionnel qui travaillent pour la commande, et les ouvrières sans talent, ou d'un talent ordinaire qui travaillent pour la confection.

Les premières sont l'exception; leur nombre va en décroissant. La moyenne de leurs salaires a plutôt augmenté que diminué depuis 1847; en la fixant à 2 francs par jour, comme à cette époque, on reste vraisemblablement au-dessous de la vérité.

Les secondes, qui sont incomparablement plus nombreuses, n'ont pas participé à l'élévation croissante des salaires. La concurrence, le commerce en gros, les machines, ont maintenu le bas prix des objets confectionnés et de la main-d'œuvre. Le chiffre de 1 franc 42 centimes, indiqué par l'enquête de 1851, et qui a été taxé d'exagération, ne s'est assurément pas amélioré; il est très-probable qu'il est, en ce moment, au-dessous de 1 franc 25 centimes pour une journée de douze heures. Les causes qui ont amené cette dépréciation continuant à agir, on ne saurait prévoir à quel taux le mouvement de baisse s'arrêtera.

Ces chiffres de 2 francs pour la première catégorie d'ouvrières, et de 1 franc 25 centimes pour la seconde, sont les chiffres de Paris. Il n'est pas possible d'indiquer une moyenne pour toute la France; dans plusieurs de nos départements les salaires sont inférieurs à ceux de Paris de plus de moitié.

Dans cette évaluation approximative des salaires, nous n'avons pas fait entrer en ligne de compte les chômages périodiques connus sous le nom de mortes saisons.

CHAPITRE V.

CONDITION DES OUVRIÈRES.

Essayons maintenant, avec les données que nous venons de recueillir sur la condition du travail et le taux des salaires, de nous rendre compte de la position d'une femme obligée de vivre à Paris du travail de ses mains. Nous ne parlons pas de celles qui vivent au sein de leur famille. Dans l'état actuel des salaires et malgré la cherté de toutes les denrées, un ouvrier laborieux et rangé peut vivre convenablement, lui et les siens. S'il apporte fidèlement chaque samedi le salaire de la semaine, si la mère de famille de son côté et les enfants, à mesure qu'ils sont en âge, ajoutent à la masse un petit pécule, la nourriture sera abondante quoique grossière, le logement proprement tenu ; les enfants ne souffriront ni du froid ni de l'abandon ; ils fréquenteront l'école gratuite, et on aura

encore, toutes dépenses faites, quelques deniers pour
l'épargne. C'est là assurément une existence rude :
douze heures d'un travail pénible tous les jours, sans
autre repos que celui du dimanche, et avec cela rien
que le nécessaire. Il faut une certaine force d'âme
pour se contenter de si peu. On est heureux dans cette
condition, avec un cœur bien placé et de tendres affections autour de soi. Au fond, la vie n'est clémente
pour personne et, quelque lourde que soit la tâche,
le meilleur lot est encore pour ceux qui travaillent.
La pensée qu'on remplit vaillamment son devoir, qu'on
est le guide et le protecteur de quelques êtres chéris,
la certitude de pouvoir compter sur le respect de tous
au dehors, et dans l'intérieur sur des amitiés dévouées et fidèles, consolent un honnête homme de
ses privations. Une femme se passe encore plus aisément de ce que la fortune peut donner, pourvu qu'elle
se sache abritée, protégée, aimée; car c'est là le bonheur pour elle, quand elle est ce qu'elle doit être : la
paix et l'amour. Il y a plus d'une humble femme,
dont l'empire n'a que quelques mètres carrés, levée
avec le jour, servante de son mari et de ses enfants,
ouvrière par-dessus le marché, et fatigant sans relâche
ses doigts et ses yeux pour ajouter une modique
somme au revenu commun, qui se sent bénie de Dieu
et qui remercie au fond de son cœur la Providence
quand elle regarde autour d'elle les visages radieux
de ses marmots et quand elle presse le soir, dans une
loyale étreinte, la noble et laborieuse main qui donne

du pain et de la sécurité à toute la nichée. La famille est à la fois ce qu'il y a de plus sacré au monde et de plus doux; le vice et la misère ne prévaudront pas contre elle. C'est bien notre faute si nous cherchons au loin, sans parvenir à les trouver, des remèdes contre nos misères sociales; il n'y a qu'un seul remède, et nous l'avons sous la main, sans tant de métaphysique, si nous savions nous en servir : c'est le retour à la vie de famille.

Mais l'ouvrière dont nous voulons étudier le budget est toute seule sur le pavé de Paris; elle n'a ni mari pour la protéger, ni père, ni frère pour la recueillir. Nous supposons qu'elle appartient à la catégorie des ouvrières d'élite, et qu'elle gagne au moins 2 francs par jour. Que de personnes vont s'imaginer qu'avec un salaire de 2 francs par jour elle n'a plus rien à demander au Ciel, et qu'il lui sera aisé de vivre modestement et heureusement avec ses seules ressources ! Mais il faut songer qu'il s'agit ici de 2 francs par jour de travail. Pour savoir à combien s'élèvent ses recettes annuelles, on doit défalquer d'abord les jours fériés, quatre grandes fêtes et cinquante-deux dimanches; cela réduit l'année à trois cent dix jours ouvrables. Il est de toute nécessité de retrancher aussi la morte saison. Elle varie sans doute selon les industries. Les brodeuses sur soie, velours et draps, qui gagnent des journées de 3 à 4 francs, ont un chômage de six mois; on compte au moins quatre mois pour la passementerie de haute nouveauté, quatre mois

pour les femmes employées par les tapissiers, environ
quatre mois pour celles qui cousent les confections
pour dames, trois mois pour les couturières en gros
linge, trois mois pour les giletières travaillant pour
les tailleurs sur commandes. Règle générale, la morte
saison est de trois mois au moins pour toutes les industries; il n'y a d'exception qu'en faveur des ouvrières de la confection en gros ; mais celles-là ne gagnent jamais un salaire de 2 francs par jour, et la
moyenne de 1 franc 25 centimes que nous leur avons
attribuée sera taxée d'exagération. Trois mois représentent soixante-seize jours de travail. L'année est
donc réduite à deux cent trente-quatre jours, et le
budget annuel à 468 francs.

Il est vrai que les ouvrières ne restent pas absolument inactives pendant le chômage. Quelques-unes,
comme les brunisseuses et les reperceuses, trouvent
à s'occuper un jour ou deux par semaine; les brodeuses sur soie font quelque feston avec lequel elles
gagnent de temps en temps 75 centimes ou 1 franc
par jour; les tapissières obtiennent du travail de
lingerie en gros. Néanmoins, cela est toujours assez
difficile, parce que les chômages viennent à la fois
dans presque tous les corps d'état, et parce que, dans
la couture commandée par les confectionneurs, il y
a plus de bras que d'ouvrage. En outre, les ouvrières
n'aiment pas à déchoir. On croirait volontiers que,
la morte saison venue, l'ouvrière qui travaille pour
les tailleurs sur mesure va se résigner à demander

de l'occupation aux magasins de confection, où il n'y
a pas de chômage ; mais non, le point d'honneur s'y
oppose. Ce point d'honneur se retrouve dans toutes
les spécialités, surtout à Paris, et il a bien son bon
côté ; il faut qu'on soit fier de sa profession et de son
talent : on ne devient pas habile sans cela. Les ressources supplémentaires pour les temps de chômage
sont donc faibles et presque insignifiantes. Mettons,
pour tout concilier, notre budget de recettes à
500 francs, et ne retranchons rien pour les maladies, quoiqu'il soit impossible qu'une femme travaille
sans interruption tous les jours ouvrables de l'année,
rien pour les crises industrielles, pour les mal-fa-
çons, refus d'ouvrage, etc. Quiconque pèsera atten-
tivement toutes les causes de pertes que nous
omettons, jugera que cette somme de 500 francs
est plutôt au-dessus qu'au-dessous de la vérité. Voilà
donc une femme qui jouira de 500 francs de revenu
à Paris, tant qu'elle se portera bien et qu'elle
n'aura pas la vue détruite. Avec cela, comment
va-t-elle organiser ses dépenses ?

Premièrement, il faut se loger. On sait ce que sont
devenus les logements à Paris. Depuis plusieurs années, on perce de magnifiques boulevards à travers
les rues les plus pauvres ; les maisons élevées en bor-
dure ressemblent à des palais ; la riche bourgeoisie
peut à peine les habiter ; le nombre des logements
d'ouvriers va en diminuant et en enchérissant. Il faut
parler de 100 à 120 francs sur la rive gauche, et de

150 francs sur la rive droite pour avoir un cabinet mansardé à quelque sixième étage ; une chambre coûte 20, 30 ou 40 francs de plus. L'ancienne banlieue, maintenant annexée, offre encore quelques loyers moins chers ; mais, en s'éloignant de l'atelier où elle travaille ou de l'entrepreneuse qui lui donne de l'ouvrage à emporter, l'ouvrière se condamne à une perte de temps importante et à une augmentation de dépense sur la chaussure. Nous mettrons donc 100 francs pour le logement. Quelques-unes d'entre elles ne pouvant supporter cette dépense se mettent deux dans une petite chambre, qui devient aussitôt insalubre. Vivre ainsi avec une compagne, qui n'est pas toujours une amie, ce n'est plus avoir de chez soi. Nous ne lui ferons pas porter de haillons, car il faut qu'elle puisse se présenter chez une maîtresse ; et puis, n'oublions pas que nous parlons d'une ouvrière et non pas d'une mendiante. Nous supposerons qu'elle emploie pour ses robes de l'étoffe à 75 centimes le mètre, les étoffes à 30 et 35 centimes sont trop légères. Elle en usera trois ; en comptant 4 francs par robe pour la façon et la fourniture, cela fait 30 francs. Peu importe qu'elle donne sa robe à faire ou qu'elle la fasse elle-même, parce que, dans ce dernier cas, on supprimerait les recettes de six journées. Nous l'avons pour ses 30 francs « vêtue de misérable indienne, et cela même l'hiver, » comme dit M. Michelet. Il lui faudra deux tabliers de laine, 4 francs ; un corset, 5 francs ; quatre bonnets de linge, 8 francs ; pour cols et man-

ches, dans l'année, 5 francs 50 centimes. Elle aura
un petit châle de 20 francs, qui lui durera quatre ans,
5 francs ; nous compterons aussi trois paires de bottines, 21 francs ; quatre paires de bas de coton et deux
paires de bas de laine, 9 francs. Il importe qu'elle
soit bien chaussée, à cause des courses et du froid
dans sa mansarde. Ce n'est pas tout, il faut du linge
(toutes n'en ont pas). Nous lui en donnerons bien peu,
parce qu'elle achètera de la toile grossière, résistante,
et qu'elle prendra sur son sommeil pour le raccom-
moder et le rapiécer à outrance. Disons donc, pour
l'usure annuelle du linge : trois chemises, 9 francs ;
quatre jupons, 8 francs ; six mouchoirs de poche (à
60 centimes), 3 francs 60 centimes ; quatre serviettes
(à 60 centimes), 2 francs 40 centimes ; une paire de
draps de lit, 5 francs. Ces différents prix, soigneuse-
ment vérifiés, ne diffèrent pas sensiblement des évaluations de M. Le Play, dans les *Ouvriers européens*.
Voilà une garde-robe plus que modeste, qui néanmoins
représente par année une dépense de 115 francs 50 centimes. Le blanchissage est assez dispendieux pour une
femme, à cause du linge tuyauté et empesé ; si nous
ne le portons qu'à 3 francs par mois, c'est parce que
nous supposons que l'ouvrière fera elle-même ses sa-
vonnages, et qu'elle profitera des lavoirs publics pour
la lessive ; enfin, il lui faut de la lumière pendant
une grande partie de l'année, si ses journées sont de
dix heures (elles sont le plus souvent de douze et de
treize heures) ; il lui faut un peu de feu, ou tout au

moins de la braise dans une chaufferette ; car comment se servir de ses doigts si le froid les engourdit ? Le charbonnier lui garnira sa chaufferette pour 5 centimes avec du charbon et de la cendre : ce n'est pas assez pour avoir chaud, c'est assez pour ne pas être positivement gelée. Elle s'éclairera avec une mèche trempée dans l'huile (10 centimes d'huile durent trois heures). Ceci est une économie terrible; car le travail à l'aiguille trop prolongé brûle les yeux; mais qu'y faire? Comptons 36 francs pour le chauffage et l'éclairage. 100 francs pour le loyer, 115 francs 50 centimes pour le vêtement, 36 francs pour le blanchissage et 36 francs pour le chauffage et l'éclairage, cela fait 287 francs 50 centimes. Il lui reste 215 francs 50 centimes pour sa nourriture, ou 59 centimes par jour, un peu moins de douze sous.

C'est suffisant pour ne pas mourir de faim. Cependant personne au monde ne peut nier qu'au moindre accident qui viendra déranger l'équilibre de ce frêle budget, cette honnête et laborieuse femme va tomber dans la misère. Qu'elle reste une semaine sans trouver de l'ouvrage, qu'elle soit malade, qu'elle ait à payer un médecin, des médicaments, c'en est fait; il faut qu'elle s'endette. Et comment payera-t-elle? Sur quel article fera-t-elle des économies? Où est le superflu qu'elle se retranchera?

Eh bien! nous avons supposé un salaire de 2 francs; mais quelle est la femme qui arrive à ce salaire? Ce n'est pas la chemisière; car pour gagner 2 francs, il

lui faudrait coudre huit chemises par jour ; ni la gan-
tière, car pour gagner 1 franc 80 centimes il lui
faudrait coudre six paires de gants par jour ; ni la gile-
tière pour confection, car pour gagner 1 franc 70 centimes, il lui faudrait faire six gilets droits ou six
pantalons en un jour. Ce n'est ni la brodeuse, ni la
dentellière, ni la frangeuse ; ce n'est pas la piqueuse
de bottines, car la paire de bottines n'est payée que
1 franc, sur lequel il faut retrancher 15 centimes
pour fil et cordonnet. C'est à peine si les ouvrières les
plus habiles parviennent à en achever deux paires, et
à gagner 1 franc 70 centimes dans une journée de
seize heures.

En un mot, voici les faits dans leur inexorable évidence : une ouvrière qui gagne un salaire de 2 francs,
logée dans un taudis, misérablement vêtue, a 59 centimes par jour pour sa nourriture, pourvu qu'elle ait
le bonheur de se bien porter pendant les trois cent
soixante-cinq jours de l'année. L'immense majorité
des ouvrières reçoivent 50 centimes et même 75 centimes de moins. Comment vivent-elles ?

On ne peut guère deviner une pareille vie si on n'a
jamais essayé de pénétrer jusque chez elles et de les
voir dans leur intérieur. Pour arriver à leur mansarde, il faut traverser une allée fétide et monter péniblement, dans l'obscurité, six étages. Leur étroite
fenêtre ouvre sur les toits. Les lattes mal jointes qui
supportent les ardoises laissent pénétrer la pluie en
hiver et la chaleur en été. Point de cheminée, ni de

poêle, ni de meuble; à peine un lit ou plutôt un
grabat, et quelque méchant tabouret de paille. Le
propriétaire, fort mal payé par des locataires qui
manquent de pain, ne peut pas faire de réparations,
c'est tout au plus si la pauvre fille est défendue
contre ses voisins par une cloison vermoulue. Les
commissaires de l'enquête de 1851 parlent d'une
femme ensevelie plutôt que logée « dans un trou de
cinq pieds de profondeur sur trois de largeur » et
d'une autre « qui avait été obligée pour respirer de
casser le carreau de son unique lucarne. » Ils ont
visité des greniers entièrement nus, sans une chaise,
sans un bois de lit, sans un vase d'argile, sans même
la botte de paille qu'on accordait autrefois au prisonnier dans son cachot. La plupart des horreurs qu'ils
décrivent ont disparu. Nous avons tous vu à travers
les démolitions ces ruches effondrées, étalant aux regards des passants leurs chambres étroites et malsaines, leurs mansardes homicides, leurs escaliers
couverts d'une malpropreté séculaire. Des rues où
personne n'osait pénétrer, à l'exception des malheureux qui n'avaient pas d'autre refuge, ont paru
au soleil pour la première fois, avec leurs ruisseaux infects, et leur aspect de sépulcres. Les
hôtes sont partis, emportant dans un mince paquet
toutes leurs richesses. Où sont-ils allés? Avait-on
construit quelque demeure plus saine, plus humaine
pour les recevoir? Presque tous ont émigré vers les
extrémités de Paris, au risque de faire une ou deux

lieues pour aller chercher et rapporter l'ouvrage : rude entreprise pour une malheureuse qui ne gagne que 10 centimes par heure, et qui ne mange qu'un peu de pain et de lait. Faute des ressources nécessaires pour se faire un mobilier, quelques femmes sont réduites à loger en garni au milieu du rebut de la société. « Il y a de ces garnis, disait le procès-verbal de l'enquête, où les hommes et les femmes vivent ensemble dans la même chambrée. » L'ouvrière qui veut vivre de son travail doit coudre sans relâche, dans cette solitude ou dans cet enfer, car ces douze heures de fatigue ne suffisent pas pour son vêtement et son pain.

Nous avons tous les éléments nécessaires pour nous faire une idée de ses dépenses, en nous servant du budget que nous avons établi tout à l'heure. Il lui manque précisément les dix ou onze sous qui restent à l'ouvrière d'élite pour la nourriture de chaque jour. C'est aussi sur la nourriture que porteront ses premières économies. Elle devra se contenter de trois sous de pain avec deux sous de lait; il y a beaucoup de femmes à Paris qui ne dépensent jamais davantage et qui, pour ainsi dire, ne connaissent pas d'autres aliments. Elles arrivent ainsi à se sustenter misérablement pour 90 francs par an. Mais il faut retrouver ces 90 francs sur une autre dépense. Nous n'avons compté que 100 francs pour le loyer : si elle couche dans une chambrée, l'économie ne sera pas grande, car la plupart des logeurs prennent 20 centimes par jour, 72 francs par an. Pour payer moins cher, il faut tomber dans des bouges où l'imagination se refuse à placer, même pour un instant, une honnête femme. L'éclairage est indispensable comme instrument de travail; on peut presque en dire autant du chauffage. Il ne reste donc que le blanchissage et le vêtement, que nous avons portés ensemble à 150 francs, et l'économie qu'il faut faire est de 90 francs! Il est clair que la malheureuse n'aura pas de linge et ne portera que des haillons[1]. Et cependant nous avons supposé qu'elle travaille douze heures par jour, sans s'arrêter un seul jour, qu'elle vit sans meubles dans un galetas, et qu'elle se nourrit tous les jours de l'année avec du pain et un peu de lait.

Toutes les autres femmes autour d'elle ont un amant, personne n'en rougit; la misère sert d'excuse à celles qui ont encore besoin de s'excuser. Les romans qu'elles se passent de main en main et qu'elles

---

1. Il y en a qui, faute de vêtements, ne peuvent plus sortir pour aller chercher de l'ouvrage ou remplir leurs devoirs religieux. M. Eugène Buret (*Misère des classes laborieuses*, t. I, p. 371) parle d'une famille qu'il visita en Angleterre (de pareilles familles se trouvent aussi en France), et où il vit trois enfants couchés tout nus comme des animaux, sans un reste de haillons sur le corps, dans de la paille hachée. « La femme nous tournait le dos, essayant en vain de rattacher les débris de ses vêtements de manière à se laisser voir. » On demanda au mari pourquoi il n'allait pas au temple, car c'était un dimanche. « Il montra sa poitrine nue, sa femme immobile de honte dans un coin, ses enfants qui se blottissaient les uns derrière les autres pour éviter nos regards, et il répondit que bientôt il ne pourrait plus sortir, même pour aller demander de l'ouvrage. » Cette famille passait pour honnête....

dévorent avec avidité (c'est une de leurs passions, comme l'ivrognerie pour les hommes), traitent l'adultère de peccadille, ou même, car on ne s'en fait pas faute, l'exaltent comme une vertu. On a beau travailler tout le jour dans un grenier, on est jeune, on est Parisienne, on sait ce qui se passe à deux pas de soi. Quand la jeune fille, après avoir attendu la nuit, pour ne pas perdre une heure de lumière et pour ne pas être vue dans ses haillons, va reporter son ouvrage en tremblant qu'on ne lui fasse une retenue ou qu'on ne remette le payement à un autre jour, dès le premier pas qu'elle fait dans la rue, tout le luxe du monde lui entre à la fois dans les yeux. Les vitrines ruissellent de diamants, les plus coquettes parures appellent ses regards de Parisienne et de connaisseuse. Elle voit passer dans leurs équipages et dans leurs splendides toilettes, les héroïnes du vice. Les théâtres, les bals publics, les concerts lui envoient des flots de musique par leurs portes béantes. Si elle n'a ni famille ni religion, qui la retiendra? Qui donc lui apprendra, entre la misère et le luxe, à préférer la misère? Elle n'a pas même besoin de chercher ni d'attendre une occasion. Non, non, elle a la fortune sous la main; elle se sait maîtresse d'opter, à chaque minute, entre l'excès du plaisir et l'excès de la souffrance. Tous les hommes ne sont-ils pas des acheteurs? Est-ce qu'elle en doute? Est-ce que nous méritons qu'elle en doute? Et tous les bals de barrières ne s'ouvrent-ils pas

gratuitement pour les femmes? Est-ce pour rien que
la débauche élégante a son quartier à elle dans la capitale? Qu'on cite dans le monde entier nos jardins
publics, nos bals d'été et nos bals d'hiver? Qu'on a
fait tout un théâtre et toute une littérature pour dé-
crire les mœurs de nos courtisanes, et pour exalter
ce qui leur reste de vertu? Quand les filles d'atelier
voient ces triomphes du vice, est-il possible que leur
âme reste pure, et qu'elles ne fassent pas dans le secret de leur cœur ces mêmes comparaisons qui poussent les hommes à la haine et à la révolte, et qui les
précipitent, elles, dans la débauche?

Les plus honnêtes et les plus heureuses échappent
à la pire des corruptions en prenant un amant dans
leur classe. Elles trouvent rarement un mari. Un
honnête ouvrier, qui veut prendre une femme légitime, va la chercher dans une famille. Parmi les
unions irrégulières qui se forment dans les ateliers,
quelques-unes se prolongent indéfiniment, et constituent par leur durée une sorte de mariage sans con-
sécration légale. C'est une triste condition pour une
femme, puisqu'elle n'a aucun droit reconnu, et
qu'elle dépend uniquement de la bonne volonté de son
amant. Si ces pauvres filles isolées, qu'il est si facile
de séduire parce qu'elles sont reconnaissantes à la
première affection qui s'offre, tombent sur un mauvais sujet, elles ne tardent pas à être abandonnées.
L'ouvrier qui n'aime plus sa maîtresse, qui la voit
malade, sur le point d'accoucher, et qui craint d'avoir

à la nourrir, elle et son enfant, s'enfuit lâchement, cherche de nouvelles amours. Que deviendra cette malheureuse, qui vivait à peine quand elle n'avait à penser qu'à elle seule? Où ira-t-elle avec son honneur perdu, sa santé détruite? S'il lui reste quelques agréments, elle forme de nouveaux liens, court à un nouvel abandon. Trop souvent elle tombe plus bas encore. Parmi les filles qui se livrent aux derniers désordres, on en cite qui ne recourent à la prostitution que pour pouvoir élever leurs enfants. Parent-Duchatelet en a vu une qui lutta si longtemps que, quand elle vint se faire inscrire, elle n'avait pas mangé depuis trois jours.

Nous n'avons que trop démontré cette cruelle vérité, qu'en dehors des manufactures, une femme isolée ne trouve pas le moyen de vivre. Ainsi l'évidence nous presse de toutes parts. Tout périssait dans la famille, si la femme la quittait; et voilà maintenant que l'abri tutélaire du toit domestique est plus nécessaire à la femme elle-même qu'à ceux qui dépendent de son affection et de ses soins. Ce n'est pas seulement son bonheur qui est impossible hors de la famille; c'est sa sécurité, c'est sa vie.

Il y a pourtant quelques exceptions au tableau que nous venons de tracer, mais si rares qu'il faut à peine les compter. Nous ne les mentionnons en finissant que pour rendre hommage à des vertus qui s'ignorent, et qui sont dignes de toutes les admirations et de tous les respects. Il est beau d'être honnête, même quand cela ne coûte rien ; il est beau de porter courageusement le malheur, même quand on ne peut pas changer la destinée ; mais rester pauvre, quand on n'a qu'à vouloir pour cesser de l'être, vaincre à la fois la misère et le plaisir, n'est-ce pas le plus beau des triomphes ? Pendant que tant de gens font litière de leur conscience, on trouve encore dans les ateliers parisiens quelques pauvres filles, fidèles aux leçons d'une mère et aux souvenirs de la famille absente, qui travaillent et souffrent tout le jour sans donner même un regret à ces plaisirs faciles, à cette abondance, à ce luxe, dont elles ne sont séparées que par le sentiment du devoir. Il faut les avoir vues, dans leur isolement, dans leur dénûment, et dans leur sainte innocence, pour savoir ce que c'est que la véritable grandeur. Ceux qui vous ont visitées n'oublieront jamais les leçons que vous leur avez données, chaumières de Septmoncel où le pain manque sur la huche, où les rubis et les émeraudes roulent sur la table ; ateliers de Lyon, où le satin broché étale sur le métier ses fleurs éblouissantes tandis que la famille souffre avec résignation le supplice de la faim ; tristes, froides, humides mansardes parisiennes, où de belles et languissantes filles poussent l'aiguille du matin au soir, et meurent à la peine plutôt que de faillir !

QUATRIÈME PARTIE

LE SALUT PAR LA FAMILLE

,

CHAPITRE PREMIER.

IMPUISSANCE DES REMÈDES DIRECTS.

La plupart des hommes vivent à côté de la misère sans la voir. Il est malheureusement plus facile de leur montrer le mal que de leur enseigner le remède. C'est une grande illusion de croire qu'avec un article de loi ou quelque combinaison économique nouvelle on va transformer tout à coup une société malade et guérir la plaie saignante du paupérisme. Nous avons vu naître et périr bien des théories qui devaient sauver le monde, et qui n'ont abouti qu'à le troubler un peu plus profondément. Ce n'est pas une raison de désespérer. Sans avoir la prétention d'innover en matière de bienfaisance, on peut suivre à la trace ceux qui ont aimé l'humanité et qui l'ont secourue, profiter à la fois de leurs erreurs et de leurs exemples, et dans cette humble mesure, avec beaucoup de zèle, un peu

de bon sens, et de patientes études, faire modestement
quelque bien.

Le plus sûr moyen de triompher du paupérisme
serait d'habituer les ouvriers à la vie de famille.
Quand après une journée de fatigue ils n'ont pas
d'autre perspective que l'hospitalité banale d'un cabaret et d'un garni, leur condition est vraiment cruelle;
tout change si, en revenant le soir, ils sont sûrs de
retrouver au logis des cœurs aimants, des soins atten-
tifs, ce bonheur sérieux et solide que la famille seule
peut donner, et dont rien ne compense la privation.
Ce retour aux habitudes et aux vertus domestiques
est le rêve, est l'espoir de tous ceux qui aiment les
ouvriers; mais comment le réaliser? Comment lutter
contre l'influence des manufactures, qui ne cessent
d'enrégimenter les enfants et les femmes?

Le nombre croissant des manufactures n'est pas
la seule cause de la destruction de la vie de famille;
il en est la principale. Les manufactures contribuent
de deux façons à produire ce triste résultat : en
employant la plupart des femmes dans des ateliers
où elles sont retenues loin de leur ménage et de leurs
enfants pendant la journée entière, et en rendant
pour les autres le travail isolé absolument improductif, ce qui les pousse à chercher des ressources dans
l'inconduite.

Si on demande à la nature même du mal l'indication des remèdes, en voici trois qui se présentent
pour ainsi dire d'eux-mêmes, et qui tous les trois ont

été proposés ou essayés : interdire aux femmes l'entrée des manufactures, celui-là est le remède héroïque, relever leurs salaires dans la petite industrie pour qu'elles renoncent d'elles-mêmes au travail des grands ateliers, favoriser directement la conclusion des mariages.

C'est un économiste célèbre qui, à la suite d'une enquête dans le cours de laquelle il avait vu de près la situation des ménages d'ouvriers, proposa d'interdire absolument le travail des femmes dans les manufactures. Il est à peine nécessaire de dire qu'une loi de ce genre serait aussi injuste qu'impraticable. Personne ne peut songer sérieusement à priver d'un seul coup les fabriques françaises de la moitié des bras dont elles disposent et à rejeter brusquement cette masse d'ouvrières sur les travaux de couture, quand il est avéré que la petite industrie ne nourrit même pas son personnel actuel. Comment s'y prendrait le législateur pour ôter aux femmes le droit de vivre en travaillant, et pour ajouter à leur faiblesse naturelle une incapacité légale ? Il faut laisser aux communistes de toutes les écoles ces prétendus remèdes, qui sont des attentats à la liberté, et qui, sous prétexte de détruire un mal, en créent mille. L'ancienne législation de l'industrie était faite à coups de règlements. Chaque fois qu'un nouvel incident se faisait sentir, on édictait une prohibition ; et c'est ainsi qu'avec le temps, on avait enfermé le travail dans un inextricable amas de difficultés où il lui

était impossible de se reconnaître, et plus impossible
encore de se développer et de vivre. Il faut souhaiter
que les femmes quittent les manufactures, mais il ne
faut pas l'ordonner. On peut espérer qu'elles les quitteront, mais si elles ne les quittent pas volontairement, ce sera à recommencer le lendemain. La loi
s'est avancée aussi loin qu'elle le pouvait en dehors
de la liberté, quand elle a réglementé le travail des
enfants.

L'espoir de relever le salaire des femmes en
ouvrant à leur industrie des débouchés nouveaux
n'est pas aussi chimérique. Il est possible de leur
venir en aide de ce côté, et c'est même un impérieux
devoir pour les chambres de commerce et pour les
sociétés industrielles d'y travailler activement. Les
arts du dessin, la gravure, la bijouterie, l'horlogerie
paraissent susceptibles d'une nouvelle extension ; ce
sont des travaux particulièrement appropriés aux forces et à la capacité des femmes. On peut croire aussi
que l'impression en caractères les utilisera de jour
en jour davantage. Si, dans un avenir prochain,
comme tous les amis de l'humanité doivent le désirer
avec passion, chaque commune de France a une école
spéciale de filles et chaque centre un peu important,
un asile, l'instruction publique ouvrira une vaste carrière aux femmes intelligentes et dévouées. Toutefois,
il ne faut pas se faire d'illusions ; les femmes, en Angleterre, ne trouvent guère à s'employer que dans les
manufactures ; en France, elles ont d'autres débou-

chés ; elles prennent la part la plus active à la vente au détail ; les industries de mode et de luxe particulières à notre pays leur fournissent des occupations analogues à leurs goûts et à leurs aptitudes. C'est plutôt par la création d'écoles spéciales que par l'introduction de nouvelles branches de travail qu'on pourra développer les ressources des femmes. Dans tous les cas, on ne parviendra pas à leur procurer des salaires équivalents à ceux qu'elles trouvent dans les manufactures. Il n'y a donc là que des palliatifs et non un véritable remède. On fera quelque bien, on n'arrivera pas à déraciner le mal.

Quant au troisième moyen, il importe de ne pas se méprendre sur sa portée : faire des mariages, ce n'est pas relever l'esprit de famille. Il est très-bon de régulariser des situations, de donner des droits à la femme, un état civil aux enfants ; c'est une œuvre dont s'est chargée la Société de Saint-François-Régis, qu'elle accomplit avec dévouement et prudence, et à laquelle on ne saurait trop applaudir. Mais que devient la famille, une fois le mariage conclu ? Le mari renonce-t-il au cabaret pour vivre dans son intérieur ? Prend-il des habitudes d'économie ? Met-il sa femme en état de s'occuper des enfants et du ménage ? Pas du tout ; d'honnêtes gens se sont chargés d'aplanir pour lui toutes les difficultés du mariage ; ils ont fait venir ses papiers et ceux de sa future, obtenu toutes les autorisations nécessaires, pourvu à toutes les dépenses ; il n'a plus qu'à dire un mot et à signer un registre ;

il se laisse faire, et continue après la cérémonie à vivre comme auparavant. Il y a un mariage de contracté
sans doute ; mais on n'oserait pas dire qu'il y a une
famille de plus. Cet avantage, qui pourtant est réel,
nous laisse bien loin du but qu'il s'agit d'atteindre. Il
faut que le mariage soit réellement une institution
sacrée aux yeux de ceux qui le contractent, et qu'il
devienne pour eux une source de moralisation et de
bien-être : si on n'a pas fait cela, on n'a rien fait.

On s'en prend quelquefois pour expliquer le mal à
l'insuffisance du salaire des hommes : si le mari pouvait à lui seul soutenir la famille, les femmes, dit-on,
n'auraient plus de raison pour entrer dans les manufactures. Il est vrai ; mais ceux qui raisonnent
ainsi prennent l'effet pour la cause. Loin de compter
pour la reconstitution de la famille sur l'augmentation des ressources des ouvriers, c'est surtout par la
vie de famille qu'on peut espérer de les enrichir. Il
faut le dire aux ouvriers et se le dire à soi-même : on
n'arrivera jamais à relever directement les salaires
par l'intervention de l'État. Tout ce que peut faire
l'État, c'est de rendre les crises plus rares en s'effor-
çant de répartir les bras sur le territoire suivant les
besoins, et de les rendre moins cruelles, en donnant
plus d'extension aux travaux publics dans les moments où l'industrie privée se resserre. Il peut aussi,
par de bonnes lois et par une administration à la fois
très-ferme et très-réservée, favoriser l'essor de l'industrie et le développement du travail national. Hors

de là, il n'y a guère que des utopies. L'organisation du travail est un rêve, qui consiste à abolir la fatigue en restreignant le travail, et le paupérisme en tarifant les salaires. Le despotisme, soit qu'il s'applique au travail même de l'ouvrier ou à ses transactions, ne peut jamais être un remède. En politique, il met quelque temps à détruire un peuple; en fait de commerce et d'industrie, il est plus expéditif : il ne lui faut qu'un jour pour amonceler les ruines. L'éternelle et nécessaire loi du travail est la liberté; liberté pour l'ouvrier, liberté pour le capital. La science économique parviendra-t-elle à créer une combinaison qui, sans blesser en rien la liberté, attribue au travail une plus large part dans les bénéfices ? Nous voulons l'espérer; mais il n'est nullement établi que la réalisation même d'une telle espérance dût tourner au profit de la famille. Dans l'état actuel de nos ateliers, les ouvriers les mieux payés ne sont ni les plus rangés, ni les plus heureux; on peut même dire qu'ils ne sont pas les plus riches. Ainsi, à quelque point de vue qu'on se place, c'est une réforme morale qu'il s'agit de faire. C'est en vivant dans son intérieur, en préférant le bonheur domestique à tous les ruineux et dégradants plaisirs du cabaret, qu'un ouvrier triomphe de la sévérité de sa condition, et c'est à le rendre capable de soutenir et de conduire une famille qu'il faut faire servir toutes les forces de la bienfaisance publique et privée. L'espoir d'élever le salaire des ouvriers sans talent au-dessus de leurs

besoins quotidiens est lointain et peut-être chimérique; mais on peut dès aujourd'hui rendre leur vie
heureuse, avec des ressources restreintes, en la rendant honnête.

Rétablir la vie de famille, sans commencer par ramener la femme et la mère dans la maison, est assurément une tâche difficile. C'est la femme qui est la
famille; c'est sur elle qu'il faut compter pour rendre
la famille aimable, et pour préparer les enfants aux
vertus et aux devoirs de la vie domestique. Mais aujourd'hui que, dans nos centres industriels, la famille est désorganisée par l'absence de l'épouse et
de la mère, on est forcé de recourir à des moyens
de salut indirects, et d'agir sur l'homme pour sauver
la femme. Il faut faire lentement, par un système
d'institutions et d'enseignement, ce que la femme fera
sûrement et promptement quand elle sera rendue à sa
destinée et à sa mission. Or, pour améliorer la condition physique et morale de l'ouvrier, quel but faut-
il se proposer? C'est de le faire libre; c'est d'affranchir son esprit de l'ignorance et sa volonté de la
passion; c'est de le mettre en état de disposer de sa
propre force et de gouverner librement sa vie.

Dans l'antiquité, le travail était esclave; depuis
l'avénement du christianisme, il est libre en principe, et tend de jour en jour à le devenir davantage
dans la pratique. Les théories communistes, en tarifant les salaires et en ôtant à l'ouvrier la libre disposition de sa force, qui est son apport social, remontent

le courant et nous ramènent au travail esclave. Il en est de même de l'assistance légale, quand elle s'attribue le droit de contraindre au travail l'ouvrier assisté, comme cela se fait en Angleterre[1], et de l'assistance privée, quand elle prend l'ouvrier en tutelle, sous prétexte de l'éclairer sur ses intérêts, de lui apprendre ses devoirs et de le surveiller jusque dans ses plaisirs. Loin de traiter les ouvriers en mineurs et en incapables, il faut se hâter d'en faire des hommes. Il y a pour cela trois moyens : développer chez eux le sentiment de la responsabilité individuelle ; fortifier leur volonté par l'éducation, le travail et l'épargne ; les rattacher aux intérêts généraux de la société en leur facilitant l'accès de la propriété. Voilà la seule méthode véritablement libérale, véritablement humaine, la seule qui puisse ramener l'ouvrier dans la famille, et détruire définitivement le paupérisme en détruisant la débauche.

1. Statut général de 1816 (56, George III, chap. cxIxx).

CHAPITRE II.

LA MENDICITÉ ET SES EFFETS.

La première règle est d'éviter tout ce qui peut affaiblir le sentiment de la responsabilité personnelle, et par conséquent il faut proscrire la mendicité[1]. Quand on n'a jamais pénétré dans les quartiers populeux d'une ville de fabrique, on ne voit pas clairement ce qu'il y a de commun entre un mendiant et un ouvrier; mais, il faut bien le dire, quoi qu'il en coûte, parce que cela est vrai et que cela est déplorable, plus de la moitié des ménages d'ouvriers sont à l'aumône. Et nous ne parlons pas ici de ces libéralités de hasard, arrachées presque toujours par l'importunité, mais de secours portés à domicile par

---

1. Voyez le rapport de M. Thiers à l'Assemblée législative sur l'assistance publique, et l'article de M. Louis Reybaud dans la *Revue des Deux-Mondes* du 1er avril 1855.

les membres des sociétés charitables, avec la science
et la régularité d'une administration publique.

Rien de plus touchant que l'ardente charité et le
zèle infatigable des donateurs. Chacun d'eux a sa
comptabilité en règle, ses bons de pain, de soupe, et
de vêtements, son registre sur lequel il inscrit le nom
des familles assistées dans sa circonscription et les
libéralités dont elles sont l'objet. Presque chaque jour,
quittant sa famille et ses affaires, il se rend chez ses
pauvres pour s'assurer par ses yeux de la réalité des
besoins, et pour joindre aux aumônes qu'il distribue
des exhortations, des conseils, des félicitations, des
réprimandes. Souvent aussi, quand l'ouvrage manque, il indique les fabricants qui pourront en donner.
On le connaît dans toutes les manufactures ; car il ne
va pas moins souvent chez le riche, pour y recueillir
des offrandes, que chez le pauvre, pour y porter des
aumônes. Quelques-uns pansent les malades de leurs
propres mains, comme pourrait le faire une sœur de
charité. Aucun des besoins physiques et des intérêts
moraux de la famille ne les trouve indifférents. Ils
exercent, en un mot, une tutelle très-active et en général très-éclairée.

Que·résulte-t-il le plus souvent de tant de zèle ? Il
est pénible de le dire, ces aumônes savantes ont le
même sort que les aumônes distribuées au hasard. A
ce grand art de donner que la charité inspire à leurs
bienfaiteurs, les pauvres opposent un art également
consommé de faire naître la compassion. Les femmes

surtout se façonnent vite à l'hypocrisie. Si on fait les
dons en nature par un sage sentiment de défiance,
elles ont des usuriers voués à l'honnête commerce
de changer les bons de pain et de vêtements en eau-
de-vie. Tandis qu'une voisine cache sa misère par
fierté, lave son plancher à demi pourri, fait reluire sa
pauvre armoire presque vide, tourne son rouet ou tire
son aiguille jusqu'à ce que ses yeux pleins de larmes
lui refusent leur service, la femme accoutumée à l'aumône se pavane dans ses haillons et dans sa malpropreté, demeure oisive, arrache chaque semaine un
nouveau secours à la pitié de son *visiteur*, et gagne
encore plus à ce triste métier que l'ouvrière coura-
geuse et infatigable. N'est-ce pas une nécessité que
ces funestes habitudes se propagent de proche en proche, et finissent par envahir tous les ménages d'ouvriers? Les maris, sachant que l'argent vient d'ailleurs, se retiennent moins au cabaret, négligent leurs
devoirs de pères, laissent leurs enfants à la charge
de la charité. Comme ils ne nourrissent plus leur famille, ils cessent de la gouverner et d'en être respec-
tés. L'industrie elle-même est frappée dans ses intérêts. Les patrons, quand les bras manquent, proposent
aux ouvriers habiles de prendre un métier de plus,
ce qui accroît notablement leurs bénéfices; les ouvriers rangés acceptent avec empressement; d'autres
refusent en donnant pour prétexte que, la crise
passée et l'habitude prise, on leur laissera la nouvelle
besogne en les remettant à l'ancien salaire. La raison

n'est que spécieuse; ils en ont une autre qu'ils cachent, c'est qu'ils craignent d'être rayés de la liste des secours. Ils travailleraient donc pour rien en définitive? Ne vaut-il pas mieux tendre la main? Voilà la défaillance morale, la dégradation qu'engendre l'aumône.

Tout le monde sait ce que les libéralités impériales avaient fait de la populace romaine. Au moyen âge, quand la foi religieuse exaltait la charité sans l'éclairer, les couvents ne cessaient de répandre autour d'eux les aumônes : tandis que les couvents riches ne donnaient que leur superflu, on voyait des communautés indigentes se priver joyeusement du nécessaire, et mettre un zèle ardent, ou pour mieux dire, une sorte d'emportement à se dépouiller : noble et désolant spectacle, qui montrait, d'un côté, un renoncement héroïque jusqu'au martyre, une bienfaisance généreuse jusqu'à la prodigalité, et de l'autre la paresse, l'inertie, l'hypocrisie, tout un peuple déshabitué du courage et du travail, vivant de la vertu des autres et de sa propre ignominie. L'Europe actuelle parle aussi haut que l'histoire. Partout où la bienfaisance publique s'exerce par des aumônes, la population est vicieuse, languissante, abâtardie; partout où l'on répand le travail au lieu de la sportule, où l'on remplace le mendiant par l'ouvrier, et l'esclave par l'homme, la moralité et le bien-être renaissent, la race se fortifie, les esprits se retrempent, la richesse publique se développe. En

France même, on peut suivre de ville en ville les
effets de ces deux systèmes. Quand une ville ouvre des
ateliers, les ouvriers y accourent; quand elle distribue des aumônes, les mendiants la remplissent. Le
gouffre ne se comble jamais : plus on y jette, plus il
se creuse. La liberté, le travail et la prospérité sont
des compagnons inséparables; et cela est aussi vrai
pour les riches que pour les pauvres. Nous sommes
tous des ouvriers; et notre condition à tous est de
vivre par le travail, par notre propre travail. Le travail seul peut consolider la sécurité, la dignité, la
liberté.

Au lieu de donner au jour le jour pour entretenir
et surexciter la paresse, ceux que tourmente le noble
besoin de consacrer au service des pauvres leur temps
et leur argent ont deux moyens de se satisfaire : ils
peuvent donner aux incurables et créer des institutions. Une bienfaisance éclairée fait la même distinction entre les misérables qu'un médecin entre ses
malades. Elle a ses incurables qu'elle prend à sa
charge : ce sont ceux qui ne peuvent plus être sauvés
ni par eux-mêmes, ni par la famille, véritables épa-
ves de la charité; pour les autres, c'est à leur courage
qu'elle en appelle, c'est par leurs propres efforts
qu'elle les guérit. Ce n'est pas une aumône qu'elle
met dans les mains inoccupées qui se tendent vers
elle; c'est un outil.

Il y a deux sortes d'institutions destinées à com-
battre le paupérisme; les unes, toutes curatives, rem-

placent la famille absente, font ce que ne pourrait pas faire la famille. Elles sont à la fois nécessaires et dangereuses ; nécessaires, parce qu'on ne peut abandonner ni un orphelin, ni un vieillard que personne ne réclamerait ; dangereuses, parce qu'elles découragent du travail, et facilitent l'oubli du devoir filial et du devoir paternel. D'autres institutions sont au contraire préventives ; ce sont celles qui ont pour but d'éclairer et de développer la volonté. C'est par elles que la famille sera reconstituée et le paupérisme vaincu.

Nous citerons parmi les institutions de la première sorte, les crèches, les asiles, les pensions d'apprentis, les patronages de toute sorte, les sociétés alimentaires, les hôpitaux et les hospices.

Avant que l'enfant du pauvre vienne dans le monde où tant de douleurs l'attendent, la bienfaisance a songé à lui. Les sociétés de maternité ont veillé au chevet de sa mère. L'hospice des enfants trouvés le protège contre l'abandon. Dès qu'il commence à pouvoir poser ses pieds sur la terre, on lui ouvre la crèche, où il trouve un air pur, des aliments, des soins maternels. L'asile le recueille un peu plus tard, et lui fait une enfance plus douce, hélas ! que ne sera le reste de sa vie. A peine peut-il tenir un fuseau dans ses petites mains que la famille songe à le retirer de l'asile pour le faire asseoir devant un rouet. Même alors la bienfaisance publique veille encore sur lui, quoique de plus loin. Elle lui tient ses écoles ouvertes, elle l'y appelle. Trop souvent il n'a pas le temps

d'étudier. Si la campagne ne lui offre aucune ressource, le père, pour lui donner un état, l'envoie à la
ville, l'abandonne dans ce gouffre. Que deviendra,
dans ce désert d'hommes, ce pauvre être sans force,
sans expérience, sans ressources? C'est pour lui que
s'élèvent les pensions d'apprentis, les ateliers-écoles
de La Séauve, les patronages, les écoles d'adultes.
La société n'est pas plus douce et plus prévoyante
pour les enfants que pour les infirmes et les vieillards. Quand arrivent la maladie et la vieillesse,
tristes hôtes pour le pauvre et l'abandonné, l'ouvrier
trouve dans les hospices un asile convenable, dans
les hôpitaux des soins et des remèdes que les riches
eux-mêmes ont peine à se procurer avec autant d'a-
bondance.

Certes, nous applaudissons de grand cœur à ces
institutions dont la seule pensée est consolante, et
nous croyons qu'on ne saurait travailler avec trop de
zèle à les perfectionner et à les répandre ; mais il ne
faut ni s'exagérer leur efficacité, ni se dissimuler
leurs dangers. Que produisent, par exemple, les secours à domicile distribués par l'administration ? La
bienfaisance a beau être active, elle va moins vite que
le mal. A Paris, où l'assistance publique a 20 942 enfants à sa charge, 7 172 lits dans ses hôpitaux,
10 642 lits dans ses hospices, il s'en faut bien qu'elle
suffise à tous les besoins[1]. Son budget de recettes

---

1. Ce sont les chiffres de 1860, qui seront nécessairement dé-
passés par suite de l'agrandissement de Paris.

s'élève par année à plus de 24 millions; elle a 1 million de revenus immobiliers, 2 millions de rentes sur l'État et les particuliers, l'impôt sur les spectacles évalué à plus de 1 400 000 francs pour 1861, une part dans les bénéfices du mont-de-piété et dans la location et la vente des terrains dans les cimetières. La ville lui donne tous les ans plus de 8 millions pour les dépenses ordinaires, sans compter des subventions extraordinaires pour travaux de bâtiment, achat de linge, d'effets d'habillement, de mobilier. Avec toutes ces ressources, elle peut à peine soulager les misères les plus affreuses. Les médecins sont obligés, faute de place, d'arrêter les malades sur le seuil de l'hôpital; la succession d'un lit dans un hospice est attendue par des centaines de misérables. Tous les ans les bureaux de bienfaisance font appel à la charité privée; ils quêtent à domicile; ils organisent des bals. La misère est plus forte que ce budget de 24 millions, accru de toutes les libéralités qu'on y ajoute de toutes parts. Il en est de même d'un bout à l'autre du pays. Quand on regarde l'ensemble des secours distribués par les bureaux de bienfaisance dans la France entière, on est frappé à la fois de l'immensité de l'effort et de la nullité du résultat. D'après les recherches de M. Legoyt en 1853, la dépense des bureaux de bienfaisance a été de 17 349 927 francs, sur lesquels 12 328 467 francs ont été distribués en secours. Le nombre des assistés a été de 1 022 996, et la moyenne des secours reçus dans l'année, de 12 francs 5 centimes par individu, un peu plus de 3 centimes par jour. Ce qui est surtout choquant, c'est l'inégalité de la répartition, puisque le minimum est de 1 centime par année, et le maximum de 900 francs, deux chiffres également déplorables, l'un dérisoire, l'autre scandaleux. Un homme compétent n'a pas craint de dire « que l'administration de l'assistance publique à domicile n'a pas une seule fois en soixante ans retiré un indigent de la misère. Au contraire, dit-il, elle fait des pauvres héréditaires. » Le mot est vrai et terrible. Il n'est pas vrai seulement de quelques familles et par exception. Il est vrai de toute la France. On ne doit jamais donner un secours direct qu'à la dernière extrémité ; car pour un indigent assisté, on crée vingt aspirants à l'assistance ; on diminue dans une proportion presque égale le nombre des ouvriers. L'aumône peut être un gain pour celui qui la reçoit par hasard, et encore, il s'en faut que cela soit prouvé ; mais, par ses effets sur les âmes, elle est une diminution de la production commune, de la richesse commune, par conséquent un accroissement de misère. Ainsi on secourt quelques malheureux, mais on ne secourt pas la société. On ne la guérit pas ; son mal augmente. Il en est de même des institutions qui ne sont que l'aumône appliquée régulièrement et en grand.

Le plus signalé service qu'on puisse rendre à l'humanité, après celui de fonder des hôpitaux, c'est de veiller à ce qu'on n'en abuse pas. Un des plus grands

et des plus généreux esprits de notre temps a déclaré
dans une circulaire demeurée célèbre, que « le système des hôpitaux relâche, s'il ne les détruit pas, les
liens de la famille[1]. » Calculez en effet ce qu'il coûte à
la piété filiale, à l'amour maternel. Il détruit l'occasion
du dévouement, l'occasion de la reconnaissance,
et cette solidarité de douleurs et de plaisirs qui est
un des liens les plus forts de la société humaine.
C'est un irréparable malheur qu'un malade soit porté
à l'hôpital, quand la famille pouvait le garder au
prix d'un sacrifice. Qui ne sait pas souffrir ne sait
pas aimer. L'hospice peut faire plus de mal encore.
On dit de lui : c'est ma maison ; et on se détache
de la sienne. Le toit paternel n'est plus qu'une
hôtellerie, où chacun passe en attendant que l'heure
de l'hospice ait sonné. Si ce dernier et commun
asile des infirmes et des vieillards s'ouvre trop
aisément, s'il entoure ses pensionnaires de trop de
comfort, le vieillard se hâte de déposer son outil et
d'aller vivre à l'aise aux dépens de la communauté;
le fils ne le retient pas! L'amour maternel lui-même
a ses défaillances. Parmi les mères qui viennent fur-
tivement déposer leur nourrisson à l'hospice des enfants trouvés, il y en a à qui rien ne manque, excepté
le cœur. La puissance publique doit-elle réserver sa
protection à l'enfant innocent, qui peut être assassiné

1. Ces paroles sont extraites de la circulaire adressée aux préfets
en 1840 par M. de Rémusat, ministre de l'intérieur.

par une mère criminelle, délaissé au bord d'un chemin, tué par la misère ; ou à la sainteté des liens de la famille que menace, que détruit un hospice ouvert trop aisément et trop clandestinement? C'est un problème que la loi française n'a pas encore résolu. Elle n'est pas toujours semblable à elle-même; dure pour les enfants naturels, impitoyable pour les enfants incestueux ou adultérins, parce qu'elle punit en eux leurs parents, elle hésite sur les enfants trouvés, parce qu'il s'agit ici de la vie elle-même, et non pas seulement d'un nom et d'une fortune. Il ne s'agit pas bien entendu de discuter l'existence même des hospices, dont la nécessité est incontestable et les bienfaits immenses; il ne faut pas surtout que ce nom d'enfants trouvés nous trompe et que nous pensions sans cesse à ces filles-mères, capables de faillir, incapables d'avouer leur faute, ou à ces séducteurs de filles, qui s'en vont après leur crime sans songer ni à la femme perdue par eux, ni à l'enfant livré en proie à la pauvreté et au déshonneur, *qui tergunt os suum....* L'hospice des enfants trouvés est l'hospice des orphelins : ce mot seul défend d'hésiter et de réfléchir; la communauté est la famille de ceux qui n'ont pas de famille. C'est l'institution du tour qui fait la difficulté véritable; car le tour n'est pas pour l'orphelin; il est pour l'enfant qui a un père et une mère : un père qui ne le reconnaît pas, une mère qui ne peut pas ou n'ose pas le nourrir. On portera des peines terribles contre l'infanticide, ou même contre l'abandon de l'enfant dans un lieu désert, mais cette pénalité suffit-elle contre le sentiment du déshonneur? L'enfant est-il assez protégé? La société ne doit-elle pas laisser un refuge à la fille séduite, si ce n'est par pitié pour elle, au moins par prévoyance pour son enfant innocent? La mère elle-même, après tout, ne mérite-t-elle aucune compassion? N'est-elle pas la moins coupable? et quand on laisse impuni le séducteur, sera-t-on impitoyable pour la victime? La société française ne contracte-t-elle pas une dette envers les filles séduites en interdisant absolument et durement la recherche de la paternité? Voilà le sens, et l'excuse de l'institution des tours; il est dur après cela de les condamner : il le faut. La force publique ne doit pas se faire la complaisante du vice. Qu'on ne dise pas qu'abolir les tours, c'est protéger le mariage au prix de la vie des enfants; car le nombre des infanticides n'augmente pas avec la suppression des tours. Qu'on craigne d'exciter les filles-mères, par une promesse d'impunité, à dissimuler leur grossesse et à risquer un avortement. Qu'on se garde surtout d'invoquer l'autorité de saint Vincent de Paul. Il a donné ses filles pour mères aux orphelins ; mais il aurait pris dans ses bras, pour le rapporter à sa mère, l'enfant délaissé.

Il s'en faut bien que les crèches présentent des problèmes aussi graves. Pour savoir quels services rend une crèche, il ne suffit pas de la visiter. Quand on a vu ces deux ou trois salles gaies et riantes, bien aérées, d'une propreté extrême, ces beaux nids blancs, si simples et si doux, cette gentille *pouponnière* où les enfants commencent à marcher, cette toute petite cour où quelques fleurs éclosent à l'ombre d'un ou deux arbres, on ne connaît encore qu'un côté de la question; il faut courir, en sortant de là, chez la mère, gravir un escalier sordide, respirer l'air malsain de ce grenier où s'entasse une famille, regarder de tous ses yeux ce foyer mort où jamais la flamme n'a petillé, cette fenêtre que l'avarice du propriétaire a clouée au châssis, ce terris sordide, ces murs salpêtrés, ce grabat. Ne semble-t-il pas qu'arracher l'enfant à une telle misère, c'est l'arracher à la mort elle-même? Voilà l'explication et l'absolution de la crèche. Cependant interrogez le médecin du corps? il vous dira que les soins de la mère valent mieux pour ce petit être qu'un air plus pur, une nourriture plus abondante, la chaleur du lit et du foyer. Et que dit à son tour le médecin de l'âme? Que rien ne remplace ni pour l'enfant ni pour la mère la douceur, la force, la sainteté, l'efficace du lien qui les unit; que ce lien se serre et se fortifie chaque jour, à chaque heure du jour; que chaque douleur et chaque privation supportées ensemble y ajoutent encore une force nouvelle, et qu'il faut une nécessité bien implacable pour que l'homme puisse s'arroger le droit de séparer ces deux êtres créés l'un pour l'autre. C'est seulement quand la mère est ouvrière de fabrique, travaillant douze heures par jour à l'atelier,

qu'il devient indispensable de la remplacer. Alors on
n'hésite plus; la crèche fait tout le bien qu'elle peut
faire, et le mal qu'elle fait, c'est la manufacture qui
en est cause. Disons donc que la crèche est nécessaire
à côté d'une manufacture, qu'elle n'est nécessaire
que là, et qu'elle n'est après tout qu'un mal nécessaire, comme tout ce qui peut faciliter l'oubli d'un
devoir. Il ne faut pas glisser sur cette pente d'une
fausse philanthropie qui ne songe jamais qu'au bien-
être matériel et qui oublie l'homme dans les soins
qu'elle donne à l'homme. Quand on parla, il y a
douze ans, de rendre l'instruction primaire absolument gratuite, ceux qui savent la sainteté des liens
de la famille et la douceur du travail et du sacrifice réclamèrent pour le pauvre le droit de se condamner à un surcroît de travail et de contribuer directement à l'éducation de son fils. Qu'on prenne la
place de la famille, à la bonne heure, pourvu que ce
soit à la dernière extrémité, et qu'on ne la détruise
pas en la remplaçant.

On a créé dans plusieurs grands centres industriels
des sociétés alimentaires. Elles ont aussi leurs inconvénients, à côté de grands avantages. Nous
devons avant tout en expliquer la nature et le mécanisme.

Il y a deux manières de secourir les indigents :
l'une consiste à augmenter leurs ressources, et l'autre
à diminuer leurs dépenses. On améliore également
leur condition en leur procurant de l'argent pour

acheter du pain, ou en leur donnant du pain à bon
marché.

Les personnes qui ont le moins réfléchi sur les
conditions de la bienfaisance, comprennent toutes
qu'il y a un danger à donner de l'argent au pauvre,
parce que s'il le dépense au cabaret, le bienfait
tourne contre lui et aggrave sa position au lieu de
l'améliorer. On a donc pris l'habitude de donner du
pain, ou des bons de pain et d'aliments. C'est un
progrès; mais qu'arrive-t-il trop souvent? Il y a malheureusement dans toutes les grandes villes manufacturières des hommes voués à l'infâme commerce
de changer en eau-de-vie tout ce que le pauvre possède. Ils n'attendent pas que la passion de l'ivrognerie
amène à leur comptoir le père de famille; ils vont le
tenter chez lui. Ils lui arrachent les haillons de ses
enfants, la couverture de leur lit. Ils suivent à la trace
les distributeurs d'aumônes, pour corrompre et empoisonner les sources mêmes de la bienfaisance, et
saisir le bon de pain dans les mains de l'indigent qui
vient de le recevoir. On échappe à cette usure deux
fois meurtrière puisqu'elle abrutit le père et affame
les enfants, en donnant des aliments à consommer
sur place. De là les fourneaux économiques que l'on
trouve dans un grand nombre de villes. On ne saurait croire combien la clientèle de ces fourneaux est
étendue. A Paris, où la bienfaisance ne cesse de les
multiplier, on n'arrivera jamais à égaler les demandes, tant il y a d'hommes qui ont faim, dans

cette ville du luxe et des plaisirs! Ces distributions
ne sont pas toujours entièrement gratuites. La Société
philanthropique de Paris vendait, pour 10 centimes,
une ration de riz suffisante pour apaiser la faim d'un
homme. Il y a de ces restaurants gratuits ou semi-
gratuits dans un grand nombre de maisons de sœurs
de la charité.

Une autre raison, et ce n'est pas la moins importante, qui recommande cette manière de faire l'aumône, c'est que les pauvres payent souvent trop cher
les denrées alimentaires, soit à cause de leur inexpérience et de leur inhabileté, soit parce qu'ils achètent
à crédit, en minimes quantités, et de troisième ou
quatrième main. Il en résulte qu'une société de bienfaisance, qui fait elle-même les achats et les distributions, réalise des bénéfices importants, ce qui
revient à dire qu'elle secourt avec la même dépense
un plus grand nombre de personnes[1].

Comme l'immense majorité des ouvriers n'ont pas
de réserve, ou n'en ont pas d'autre que celle qui est
momentanément immobilisée par la caisse d'épargne,
ils sont à l'égard de leur dépense dans la même position que les pauvres, obligés d'acheter au jour le
jour et d'obtenir du crédit chez les petits détaillants.

---

1. A Troyes, les fourneaux de la Société de Saint-Vincent de
Paul vendent toutes leurs portions 10 centimes. On a pour ce prix
100 grammes de viande désossée, ou 6 décilitres de bouillon gras,
du riz, des haricots, des soupes maigres. Il y a des demi-portions.
La Société fait à peine ses frais. Sa vente est de 400 portions par
jour environ.

Ils ignorent absolument l'art d'équilibrer un budget,
d'acheter en temps opportun, et de diminuer la dépense par un système d'approvisionnements bien
entendu. C'est ce qui explique l'utilité des sociétés
alimentaires. Elles fonctionnent comme les fourneaux
économiques. La différence entre les deux institutions,
c'est que les fourneaux donnent ce que vendent les
sociétés alimentaires. Les fourneaux sont une œuvre
charitable, une aumône intelligente ; les sociétés alimentaires ne sont qu'une meilleure organisation de
l'économie domestique. Elles sont d'autant plus parfaites qu'elles cessent d'être un acte de bienfaisance
pour devenir une société industrielle. Elles ne doivent faire ni bénéfice, ni sacrifice. Si l'argent des
fondateurs leur rapporte 4 pour 100 d'intérêt, on n'a
pas besoin de recourir à la charité pour entretenir
l'œuvre, et il suffit qu'elle soit fondée pour qu'elle
dure.

Les sociétés alimentaires ne sont pas toutes conçues
sur le même plan. A Mulhouse, la *Société mulhousienne des cités ouvrières* a tout simplement fondé un
restaurant et une boulangerie qui vendent tout à prix
de revient. Le régime du restaurant est très-confor-
table[1]. Les prix sont modérés, et diffèrent sensiblement du prix des restaurants ordinaires, et de celui

1. Voici la carte du jour du restaurant telle qu'elle était affichée
dans l'établissement le 18 avril 1860 : potage, 5 centimes; bœuf
(le cinquième d'un demi-kilo), 10 centimes; orge au lait, 10 centimes; nouilles, 15 centimes; bœuf à la mode, 15 centimes;

des aliments préparés à domicile. Les mets sont très-variés, de bonne qualité, et chaque portion est assez copieuse pour que deux plats suffisent à un dîner convenable. La salle est immense, très-proprement tenue, élégante à force d'être bien appropriée à sa destination, et les ouvriers s'y comportent avec la plus grande décence. Leur dépense varie de 35 à 45 centimes. En général, ils s'arrangent pour prendre un jour des légumes et du vin, et le lendemain de la viande et pas de vin. Cela dénote une certaine intelligence des qualités fortifiantes de la nourriture; cependant nous remarquerons en passant que beaucoup d'ouvriers n'aiment pas la viande, et que d'autres la supportent difficilement, faute d'habitude. Il y aurait toute une étude à faire sur l'alimentation des ouvriers; il est certain que les ouvriers nourris d'une certaine façon ont plus de force et résistent mieux aux influences délétères, et il n'est pas moins évident qu'il est très-souvent possible d'améliorer la qualité des aliments sans en augmenter le prix. On compte ordinairement 170 consommateurs au dîner, et 30 seulement au souper. Les portions emportées représentent une valeur de 20 francs par jour. C'est un succès réel, quoique modeste. La même Société a établi dans le sous-sol du restaurant une boulangerie qui livre aux ouvriers du pain excellent avec

cervelas, 15 centimes; veau rôti, 20 centimes; langue en sauce, 20 centimes; salade avec œufs, 15 centimes; vin blanc, 10 centimes; vieux, 15 centimes; rouge, 15 centimes; fromage, 5 centimes.

un léger rabais sur le prix de la mercuriale, à la seule condition de payer comptant. La vente est de 200 miches par jour ; la boulangerie est installée pour en cuire 800. La miche a 2 kilog. 1/2 et se pèse après la cuisson pour qu'il n'y ait aucun déchet. Elle se vend de 5 à 7 centimes 1/2 au-dessous de la mercuriale.

La Société alimentaire de Saint-Quentin est tout à fait analogue, quoique conçue sur une moindre échelle. La salle du restaurant, fournie gratuitement par le conseil municipal, ainsi que la cuisine et ses dépendances, est très-petite, et assez pauvrement installée; mais on emporte beaucoup de portions. L'économie, pour les consommateurs, est importante, et la nourriture très-saine[1]. La Société a été faite par actions, les fabricants ont souscrit, séance tenante, la somme nécessaire. L'établissement couvre ses frais depuis plusieurs années, et a même des ré-

---

1. Voici les principaux articles vendus par la Société, avec le chiffre de la vente en 1859.

Bœuf bouilli	74309 portions.
Pain	73704
Potage gras	73194
Bouillon gras	51102
Haricots	47813
Bière	31853
Ragoût	24079
Potage maigre	11472 litres.

La vente des potages maigres, des haricots, de la morue, a été en décroissant depuis 1856, tandis que la vente du bouillon gras et celle du bœuf se sont relevées. Il a été vendu, en 1856, 50081 rations de bière, et 31853 seulement en 1859.

serves qu'on pourrait utiliser en temps de crise. Il ne paraît pas que les ouvriers forment la majeure partie des consommateurs sur place; on voit même, avec quelque surprise, des dames presque élégantes s'asseoir à cette modeste table; ce sont des actrices et des choristes de l'Opéra, qui viennent là très-simplement, et qui sont aussi très-simplement reçues. Partout où les salles seraient vastes et la surveillance difficile, la séparation des sexes deviendrait indispensable.

Dans plusieurs villes parmi lesquelles il faut citer au premier rang Grenoble, les sociétés alimentaires n'ont pas de restaurant, ou ne donnent à la consommation sur place qu'une importance tout à fait secondaire. Leurs opérations consistent 1° à recueillir pendant l'été les épargnes destinées par chaque famille à l'approvisionnement de l'hiver; 2° à les faire valoir jusqu'aux époques d'achat et de payement, ce que l'accumulation rend possible; 3° à faire des achats judicieux, en temps opportun, et par grandes quantités. Il existe de telles sociétés en Prusse et dans d'autres parties de l'Allemagne, en Suisse, en Belgique, en Angleterre. Celle de Grenoble, fondée en 1851 par M. Frédéric Taulier, distribue chaque jour plus de trois mille rations. Elle a été imitée à Lyon, Marseille, Bordeaux, Rouen, Lille, etc.; mais le succès n'a pas été partout le même, parce qu'on n'a pas eu partout la même habileté et la même prudence. Quelques compagnies de chemins de fer, parmi lesquelles nous pouvons citer la compagnie de l'Ouest et celle du Midi, ont créé aussi pour leurs ouvriers des magasins généraux qui ont le même but. Tout est payé au comptant par les consommateurs, ce qui permet une économie nouvelle et rend un service de plus aux ouvriers, car la dette est la grande ennemie de l'indépendance, et la ruine des petits budgets.

Il est très-important, quand la société est fondée par la compagnie ou par le patron, que les ouvriers soient libres d'y entrer et d'en sortir à leur volonté. En Angleterre, un certain nombre de fabricants avaient annexé à leur établissement des magasins de denrées, de vêtements et d'ustensiles de ménage, et avaient ainsi doublé leur industrie, fabricants d'un côté, marchands de l'autre. Au moyen de quelques avances, ils se rendaient maîtres de leurs ouvriers, qu'ils rançonnaient à la fois comme fabricants en les payant mal, et comme marchands en leur fournissant des articles avariés à des prix excessifs. Cette infâme spéculation, connue sous le nom de *Truck-System*, aggravait la misère qu'elle prétendait soulager. Il n'y a pas de transaction commerciale que ne corrompe l'absence de liberté. Pourvu que les sociétés alimentaires soient libres, et qu'elles ne permettent la consommation sur place qu'aux seuls célibataires, il n'y a pas d'objection possible contre elles. Elles fonctionnent alors comme auxiliaires de la vie de famille. Elles rendent le même service que les bains et les lavoirs publics, c'est-à-dire qu'elles augmentent le comfort intérieur des ouvriers sans les enrégimenter [1]. En est-il de même des sociétés à restaurants ? Il est clair qu'il faut les encourager, et qu'elles rendent des services ; mais il est clair aussi que si tous les ouvriers prenaient l'habitude d'y venir prendre leurs repas, elles achèveraient de rendre les membres d'une même famille étrangers les uns aux autres. L'hygiène physique y gagnerait ; l'hygiène morale y perdrait : c'est toujours le même problème.

1. On a multiplié depuis quelques années les établissements de bains et les lavoirs publics. C'est un service immense rendu aux ouvriers. Dans la plupart des villes, un bain chaud, linge compris, ne coûte que 20 centimes. L'usage s'en est rapidement propagé. A Mulhouse, dans la cité ouvrière, l'établissement a fourni la première année (1856) 4289 bains ; il en a fourni 7581 en 1857. Le nombre n'a pas augmenté proportionnellement les années suivantes (7662 en 1859), parce que M. Dolfus a fondé un établissement analogue dans un des quartiers les plus populeux de la ville (quartier du Miroir). Il faut remarquer aussi que les hommes se baignant en rivière pendant les mois d'été, ne prennent plus de bains chauds. Les lavoirs, bien aérés et bien aménagés, rendent le lavage et le lessivage faciles et peu dispendieux, et ont en outre l'avantage d'améliorer considérablement la condition des laveuses. Le lavoir de Reims est un modèle à tous égards. Les prix y sont très-modiques : 5 centimes par heure passée au lavoir et aux séchoirs, 10 centimes pour le lessivage d'un paquet (un paquet se compose, par exemple, de six chemises fines ou d'une paire de draps). Le séchage à l'air libre est gratuit. L'établissement a un séchoir à air chaud et des essoreuses. L'usage de faire sécher le linge sur des cordes dans l'intérieur des logements, l'absence ou la malpropreté du linge et la malpropreté du corps, sont des causes très-fréquentes de maladies : la fondation de bains et de lavoirs publics est donc un fait important pour l'hygiène des travailleurs. Ajoutons que le moral se ressent de ces nouvelles habitudes de propreté introduites dans les ateliers. M. de Tracy disait que la propreté est une vertu, et il est certain qu'elle contribue puissamment à donner à l'ouvrier des habitudes de dignité et de respect de soi-même.

On fait maigre cuisine chez le pauvre; mais on y est entre soi. C'est l'heure de la conversation et des confidences. La maîtresse du logis a préparé son dîner, en pensant à son monde; on lui est reconnaissant de ses soins. Quelle est la pauvre mère qui ne trouve pas moyen une fois dans l'année de faire une petite fête à ceux qu'elle aime? Tout est ressource pour un bon cœur. Les sociétés alimentaires doivent donc être avant tout des sociétés d'approvisionnement pour les familles. C'est sous cette forme qu'elles rendent les plus utiles services. Indépendamment de leur vente, elles exercent une pression sur les prix des restaurateurs et des fournisseurs de toute nature, et les obligent à se contenter de bénéfices raisonnables[1].

---

1. On peut remarquer, d'ailleurs, que les repas consommés sur place seraient trop dispendieux pour les familles. On dîne copieusement, et assez confortablement, dans la plupart des sociétés alimentaires pour 35 centimes, et dans quelques-unes, celle de Troyes par exemple, pour 25 centimes. Ces prix sont très-minimes; mais ce n'est après tout qu'un repas, et pour une seule personne. Si l'ouvrier de Saint-Quentin qui dépense 35 centimes pour son dîner au restaurant de la Société alimentaire n'y ajoute que 20 centimes pour ses deux autres repas, l'alimentation pour une journée de douze heures de travail sera tout juste suffisante. Un célibataire peut aisément faire cette dépense; mais supposons un ouvrier marié et père de trois enfants, la dépense va monter par jour à 2 francs 75 centimes; or, il y a sept jours dans une semaine, il ne faut compter tout au plus que sur la recette de cinq jours et demi, et si l'on songe qu'il y a en outre à payer le logement, l'habillement de cinq personnes, l'éclairage, le chauffage, et les dépenses imprévues, on comprendra combien une dépense de 55 centimes pour la nourriture, par jour et par personne, est au-dessus des ressources d'un ouvrier, même aisé.

Voici au surplus le budget d'une famille de cinq personnes, dressé

Les institutions de patronages doivent être divisées en deux classes : les patronages d'apprentis, et les patronages d'adultes. Les premiers rendent d'utiles services aux orphelins, aux enfants de la campagne

pour nous par M. Souplet, directeur du gaz de Saint-Quentin, qui a rédigé le *Guetteur* pendant plusieurs années avec un rare talent :

		Régime gras.		Régime maigre.	
1° *Déjeuner :* soupe, lait....	0 f 10 c	»	»	»	»
Beurre..................	0 05	»	»	»	»
Total.........	0 f 15 c	0 f 15 c		0 f 15 c	
2° *Dîner gras :* 250 gr. de viande à 0 f,60 c les 500 gr.	0 f 30 c	»	»	»	»
Légumes................	0 20	»	»	»	»
Total.........	0 f 50 c	0 50		»	»
Un dîner maigre coûterait un peu plus : — haricots..	0 f 30 c	»	»	»	»
Pommes de terre..........	0 10	»	»	»	»
Carottes et oignons........	0 05	»	»	»	»
Graisse ou beurre.........	0 10	»	»	»	»
Assaisonnement des légumes de la soupe pour en faire un plat...............	0 10	»	»	»	»
Total..........	0 f 65 c	»	»	0 65	
3° *Goûter :* fromage........	»	»	0 10	0 10	
4° *Souper :* une boîte et demie de pommes de terre à 0 f,25 c la boîte de deux litres....	0 f 40 c	»	»	»	»
Lard ou graisse..........	0 10	»	»	»	»
Total.........	0 f 50 c	0 50		0 50	
Un pain de 4 kilos pour la journée..............	»	»	1 20	1 20	
Total.......	»	»	2 f 45 c	2 f 60	

Moyenne des deux journées, 2,52 ; soit pour 365 jours... 919 f 80 c
Loyer, à 7 francs par mois........................ 84 »

A reporter............ 1003 f 80 c

qui vivent dans une ville loin du toit paternel, et à
ces autres orphelins, plus malheureux peut-être, qui,
ayant un père et une mère, n'en reçoivent que des
mauvais traitements et des mauvais exemples. C'est une
bonne œuvre, une œuvre salutaire que de remplacer
pour ces abandonnés la famille absente ou indigne.
Nancy possède un de ces patronages, qu'on peut
considérer comme un modèle, et qui est calqué fidèlement sur la maison paternelle. C'est vraiment une
belle et fière institution que cette maison de Nancy,
qui a tout fait par elle-même, et qui a dédaigné
de demander des secours, même à l'État[1]. Là
l'enfant trouve une nourriture grossière, mais
saine; un bon dortoir, des vêtements suffisants,
une surveillance attentive, sans dureté et sans mi-

Report............	1003f80c
Chauffage (1 hectol. de coke par semaine).............	62 40
Éclairage, 400 gr. d'huile par semaine à 0f,60c le kil....	12 48
Entretien du père, au minimum....................	50 »
— de la mère..............................	50 »
— des trois enfants.......	50 »
Total.....................	1228f68c

Cela suppose un salaire de 4 francs par jour sans interruption,
sans maladie, sans dépenses imprévues, sans frais de mobilier.
Un budget pour le même nombre de personnes dans la ville de Lille,
que M. Dorémieux a bien voulu dresser pour nous, donne une dépense
totale de 3 francs par jour, loyer et vêtements compris, soit 1100 francs
pour l'année. Mais M. Dorémieux n'a compté que 35 francs pour l'entretien du vêtement, somme évidemment insuffisante.

1. Cette œuvre excellente a été fondée, dès 1846, par un vicaire
de la cathédrale et un membre de la Société de Saint-Vincent de
Paul. Elle est dirigée avec un dévouement admirable par M. Élie
Baille, président de la Chambre de commerce, et par M. Wehrle.

nutie, et, ce qui vaut mieux que tout le reste,
des maîtres qui savent l'aimer et qu'il peut aimer.
Quand il retourne le soir de l'atelier à l'école, il a
presque le droit de se dire qu'il rentre chez lui. Un
patronage est encore plus nécessaire pour les filles.
Auprès de Lyon, on n'a fait pour elles que des pensionnats sévères, moitié ateliers, moitié prisons; la
charité a été mieux inspirée à Mulhouse. Un très-mo-
deste couvent catholique reçoit à bas prix les jeunes
ouvrières, leur donne le coucher et la nourriture, et
les laisse libres de travailler dans les ateliers de la
ville. Quelques ouvrières restent indéfiniment dans
cette maison, qui n'exige d'elles, après le rude travail de la journée, que de se distraire d'une façon
décente; d'autres y descendent seulement, comme
elles descendraient chez des amies, pendant le temps
nécessaire pour trouver, avec l'aide des sœurs, une
famille honnête qui consente à les recevoir; d'autres
enfin, qui ne veulent pas loger en garni, restent au
couvent jusqu'à ce qu'elles aient réuni les deux ou
trois meubles les plus indispensables : la supérieure
garde leurs économies, et leur vend elle-même pièce
par pièce le lit sur lequel elles couchent.

Mais les patronages d'adultes qui, pour contre-
balancer l'influence des cafés et des cabarets, réunissent les ouvriers dans un local surveillé, et leur
donnent à jouer et même à boire[1], ne font tout au

1. Au patronage de Lille, situé rue Voltaire, et qui est dirigé par

plus que guérir un mal par un autre. Il n'est pas
prudent de lutter ainsi contre les cabarets sur leur
propre terrain. On évite l'ivrognerie, la dette, les dépenses excessives, les querelles, les entraînements
au libertinage, c'est un grand bien; mais on encou-
rage chez le mari, chez le père, l'habitude de vivre
loin de sa femme et de ses enfants. Ne craint-on pas
de donner à des ouvriers hésitants un prétexte pour
vivre hors de leur maison, de sanctionner et de régulariser une habitude funeste en elle-même, puisqu'elle contribue à détruire la vie de famille? Une
pareille réforme n'est évidemment qu'une réforme
de surface; elle ne régénère pas les hommes, elle
ne va pas jusqu'aux cœurs. Ces honnêtes cabarets ne
sont qu'une méprise. C'est aux plus profonds et aux
plus puissants sentiments de l'âme qu'il faut faire
appel. Il ne s'agit, en un mot, ni de gouverner ni
d'enrégimenter les ouvriers, mais d'en faire des maris, des pères, des hommes. Il faut les habituer à vouloir; ce grand pas fait, qu'on se repose sur eux de
tout le reste [1].

les révérends pères jésuites, il y a une salle de spectacle éclairée
au gaz.

1. A Paris, l'administration est entrée dans cette voie, où la pousse
avec prudence et fermeté son directeur actuel, M. A. Husson. Pour
encourager les mères à élever leurs enfants, on leur accorde des secours de 12 francs par mois pendant deux ans et quelquefois pendant
trois ans. Dans quelques villes, et notamment à Amiens, de pareils
secours sont accordés, mais seulement aux filles-mères. Les hospices de Paris ont maintenant leurs pensionnaires externes, comme
l'hôtel des Invalides. Onze cent trente-sept secours en remplace-

Si le travail en commun est la grande source du mal, n'en aggravons pas les effets par nos remèdes. La vapeur nous apporte forcément une sorte de communisme ; c'est assez de celui-là, prenons garde d'y ajouter celui de l'assistance. L'ouvrier ne s'appartient pas pendant les douze heures qu'il passe au service du moteur mécanique ; qu'il soit du moins rendu à lui-même dès qu'il a passé le seuil de la manufacture ; qu'il puisse être mari et père ; qu'il sente sa volonté et son cœur.

ment d'hospice sont distribués annuellement ; ces secours sont de 253 francs pour les hommes, et de 195 francs pour les femmes. Dans ce nombre ne sont pas compris les secours de 5 à 12 francs par mois distribués aux aveugles, aux paralytiques et aux septuagénaires : 5271 personnes ont pris part à ces secours en 1860. Enfin, pour employer de plus en plus la coopération de la famille, on étudie en ce moment un projet de réorganisation des deux hospices de l'enfance. L'un d'eux deviendrait un véritable hospice des incurables, dans l'autre, on ne recevrait chaque jour les enfants que le temps nécessaire pour les panser et pour surveiller l'application des remèdes.

CHAPITRE III.

INSTITUTIONS DE PRÉVOYANCE : ASSOCIATIONS DE SECOURS
MUTUELS; CAISSES D'ÉPARGNE.

Au nombre des institutions qui font un grand bien
et ne peuvent faire aucun mal, nous plaçons en première ligne l'association et l'épargne, parce qu'elles
fondent la prospérité matérielle de l'ouvrier, et contribuent à son avancement intellectuel et moral. Elles
ne le cèdent qu'aux écoles, comme instruments de
moralisation et de progrès.

Nous avons vu, il y a quelques années, le principe
de l'association invoqué et proscrit tour à tour avec
une égale injustice. L'association n'est pas applica-
ble à toutes les fonctions sociales et ne peut pas guérir toutes les plaies; mais il est désormais surabon-
damment prouvé en finances et en industrie que les
plus grandes forces sont celles qui résultent du con-

cours d'un grand nombre de petites forces, et que le plus grand banquier du monde est celui qui dispose de l'obole du prolétaire. Le développement de l'association est le correctif nécessaire de l'article 745 du Code civil, qui divise incessamment les héritages; et l'une des causes de la supériorité industrielle de l'Angleterre, c'est qu'ayant moins besoin de recourir à l'association, elle la connaît cependant et la pratique mieux que nous. Mais nous ne voulons considérer ici l'association que dans son application la plus incontestée, et la plus directement appropriée à l'extinction du paupérisme.

On a donné dans ces derniers temps une très-vive impulsion aux sociétés de secours mutuels [1]. Il s'est mêlé à cette excellente initiative un désir immodéré de surveillance et de centralisation; c'est une tentation à laquelle ne résistera jamais l'administration française. A part cet inconvénient, qui est assez grave, on rend réellement aux ouvriers un très-grand

1. Une enquête faite en 1853 par la commission supérieure des sociétés de secours mutuels constate qu'il y avait alors 2438 sociétés; mais il est certain que ce chiffre était notablement inférieur au chiffre réel. Sur 2301 sociétés, 45 avaient été fondées antérieurement au dix-neuvième siècle; 114 de 1800 à 1814; 337 de 1814 à 1830; 1088 de 1830 à 1848; 411 de février 1848 au 15 juillet 1850, date de la loi de l'Assemblée législative; 242 du 15 juillet 1850 au 26 mars 1852. Il y avait, à la fin de 1858, 3860 sociétés, comprenant 448 914 membres participants, et 58 066 membres honoraires. Le nombre des membres participants, à la fin de 1859, était de 472 855. La recette annuelle approchait de 8 millions; le capital de réserve était de 20 750 450 francs. Il ne s'élevait qu'à 10 714 877 francs à la fin de 1852.

service en favorisant et en suscitant les associations de ce genre. Le côté vraiment pénible de la condition de l'ouvrier, ce n'est pas l'obligation de travailler, qui lui est commune avec tout le monde, ce n'est pas même l'abaissement des salaires, c'est la nature précaire de ses ressources qui cessent immédiatement avec son travail. Une maladie, une blessure jettent dans le dénûment, du jour au lendemain, un ouvrier laborieux, rangé, aisé. Il ne peut vivre et faire vivre les siens pendant sa maladie sans contracter une dette, et la plupart du temps il ne peut ensuite payer cette dette qu'en s'écrasant de fatigue et en prenant sur son nécessaire. Le crédit est très-restreint, parce que le fournisseur lit à livre ouvert dans la situation de l'ouvrier et sait aussi bien que lui ce qu'il peut gagner par un surcroît de travail ou économiser par un surcroît de privations. Ainsi, quand on secourt un ouvrier malade, on ne le sauve pas seulement de la maladie; on le sauve de la dette, c'est-à-dire de la ruine.

Mais quand ce secours vient d'une bienfaisance toute spontanée, il a quelque chose d'humiliant. Il ne faut pas se récrier contre ce mot et parler d'orgueil déplacé. L'ouvrier qui vit de son travail sans rien devoir à personne, et qui élève honorablement sa famille à la sueur de son front, éprouve au fond du cœur une fierté légitime à laquelle tout honnête homme doit rendre hommage. En recevant un secours purement gratuit, il est impossible qu'il ne se sente pas diminué

à ses propres yeux. Qui sait s'il ne s'y accoutumera
pas plus tard ? Ce secours d'ailleurs est précaire.
L'ouvrier valide n'est nullement rassuré contre les
conséquences d'une maladie par cette chance de trouver une main généreuse qui lui vienne en aide. Il n'a
de sécurité ni pour lui ni pour ses enfants. Ce n'est
que dans le sein de l'association qu'il se trouve enfin
affranchi de l'incertitude du lendemain ; c'est par elle
seulement qu'il peut se dire qu'il ne dépendra jamais
de personne.

Ce sentiment fait beaucoup non-seulement pour le
bonheur de l'ouvrier, mais pour son caractère. Les
ouvriers associés ont cette dignité, cette assurance
que donne la conscience d'une position acquise, d'un
droit reconnu. Ils se sont astreints volontairement à
payer la cotisation, mais une fois l'obligation contrac-
tée, l'épargne est pour eux un devoir, et ne tarde pas
à devenir une habitude. La solidarité qui unit tous
les membres donne à chacun sur la conduite des autres un droit de contrôle également utile à exercer et
à subir. Grâce à l'association, ils connaissent la douceur de porter sous le toit d'un ami des consolations
et des secours. S'ils ont associé leurs enfants en même
temps qu'eux, cette sollicitude paternelle contribue à
resserrer les liens de la famille. Enfin, les plus habiles
et les plus recommandables sont appelés par l'élection
à faire partie du conseil. Ils y apprennent comment
la propriété naît du travail et de l'épargne ; ils y
acquièrent la connaissance des hommes et des affai-

res. Ils y siégent souvent à côté de leurs patrons, et
contractent avec eux des relations d'estime et de confiance réciproques. La manufacture cesse d'être à
leurs yeux le champ de bataille où le travail et le capital se trouvent en présence. Cette bonne œuvre accomplie en commun éclaire tout le monde sur la
véritable nature d'une entreprise où chefs et travailleurs ont le même intérêt, avec des risques et des
profits inégaux[1].

Il importe que les sociétés de secours mutuels,
destinées à fortifier la famille en introduisant pour
la première fois sous le toit du pauvre le sentiment de
la sécurité, ne perdent jamais leur caractère d'institutions graves et presque religieuses. Il existe à Lille
un certain nombre de sociétés limitées à 100 membres, dont l'origine est assez ancienne[2], et qui, sous
le nom de *Sociétés de malades*, constituent plutôt
des associations de buveurs. Elles ont toutes leur
siége dans un cabaret. C'est là qu'elles tiennent leurs
assises de chaque mois, et qu'elles consomment à la fin
de l'année, dans une orgie, la partie des amendes et
des cotisations qui n'a pas été absorbée par les secours[3]. On pourrait citer dans d'autres sociétés des

---

1. Voyez le *Paupérisme et les Associations de prévoyance*, par
M. Émile Laurent.
2. On prétend que l'une d'elles remonte à 1580.
3. *Société de Saint-Dominique*, créée en 1797, *doublée* en 1839 :
« Art. 30. Tout associé devra payer deux litres de bière au bout du
mois, sous peine de 10 centimes d'amende, et s'il ne payait pas au
deuxième mois, il sera rayé des registres de la Société. Art. 22. Tous

règlements aussi imprévoyants et aussi étranges. Évidemment les ouvriers ont besoin, non pas d'être dirigés, ce serait trop, mais d'être conseillés dans la rédaction de leurs statuts. Une fois avertis, ils iraient tout seuls. Un des torts de la société envers eux est de ne pas savoir compter sur eux.

Malgré leurs récents progrès, les sociétés de secours mutuels en sont encore à la période d'enfantement; les ouvriers qui les fondent seront obligés, long-temps encore, de recourir à des hommes habitués à la pratique des affaires. Un des moyens de leur être utile est d'entrer avec eux dans leurs associations. La cotisation ne peut jamais être élevée, et les besoins au contraire sont toujours très-grands; la présence d'un certain nombre de membres honoraires est donc très-désirable à ce point de vue. Il n'est pas moins impor-tant d'accoutumer les riches et les pauvres à faire le bien en commun, et à se voir réciproquement de leur beau côté. Si l'on avait pu introduire des membres honoraires dans les anciennes sociétés de Lille, ils auraient évidemment provoqué la refonte des statuts

les ans, le premier dimanche d'août, on boira les amendes après le compagnonnage. » *Société de Saint-Charles*, fondée en 1802 : « Art. 19. Les amendes se boiront le jour de la fête, etc. » *Société de Saint-Philippe*, créée en 1839 : « Art. 14. Tous les quatrièmes di-manches du mois il y aura assemblée; les sociétaires qui seront cartés ou plombés seront obligés de s'y rendre pour compagner de deux litres de bière. Art. 25. Tout confrère qui amènera un étranger en sera responsable, tant pour les deux litres de bière que pour toute autre circonstance. Art. 38. Le jour de la fête, on boira les amendes des sociétaires, etc. »

et ramené ces institutions à leur but véritable. Ce n'est pas que les ouvriers manquent d'intelligence, mais ils manquent d'expérience. Il faut leur montrer le chemin dans les commencements. C'est ce qu'on s'est proposé de faire dans différentes villes et à différentes époques, en créant, à côté de leurs associations, des associations auxiliaires, destinées à provoquer la création de sociétés nouvelles, et à secourir les sociétés déjà formées, soit en augmentant leurs ressources financières, soit en corrigeant leurs règlements, soit enfin en intervenant comme conseils de prud'hommes dans les détails de leur gestion. La première fondation de ce genre est la *Société philanthropique de Paris*, créée en 1780, et qui, après avoir rendu d'éminents services, a été remplacée en 1847 par un comité spécial pour la propagation des associations de prévoyance. Les événements politiques ont amené la dispersion de ce comité ; mais des associations analogues subsistent encore à Marseille, à Grenoble, à Nantes et à Mulhouse. Le *Grand Conseil des sociétés de secours mutuels de Marseille* n'était à l'origine, en 1821, qu'une des sections de la *Société de bienfaisance*. Il ne devint une institution spéciale, ayant une existence séparée et indépendante, qu'à partir de 1841. Nommé auparavant par la *Société de bienfaisance*, il se compose aujourd'hui de deux membres du conseil d'administration de chaque société : le président sortant et le président en exercice. Les sociétés qui acceptent son patronage et se soumettent librement à sa juridiction, reçoivent de lui un règlement, qui est invariablement le même pour chacune d'elles et qu'on appelle le règlement central. Ce règlement lui donne le droit, par un article spécial, de vérifier toutes les comptabilités, et de juger contradictoirement et sans appel toutes les contestations qui s'élèvent entre l'administration d'une société et un de ses membres[1]. Le grand Conseil a fondé 117 sociétés ; il en gouverne 147 ; elles dépensent par an 200 000 francs, leur actif est de 500 000.

Les commissions départementales proposées dès 1859 par la Commission supérieure ont été évidemment conçues sur le modèle du grand Conseil de Marseille, du Conseil supérieur de Grenoble, des sociétés industrielles de Nantes et de Mulhouse. La principale différence de ces deux sortes d'institutions est dans leur origine. C'est surtout pour ce qui touche à la bienfaisance que l'action directe et indépendante des citoyens est nécessaire. Lille et Marseille n'ont ni la même population, ni le même tempérament. En admettant qu'il y ait pour les sociétés de secours mu-

---

1. « De 1822 à 1858, 120 sociétés ont été traduites à la barre du grand Conseil. Elles ont donné lieu à la présentation de 525 affaires, savoir : 66 affaires d'exclusion, 102 affaires d'amende, 239 demandes de secours. 201 solutions sont favorables aux plaignants, et 264 aux administrateurs. Dans les dernières années, la moyenne a été de 37 causes par an. Les 147 sociétés forment approximativement 12 000 membres ; il y a donc chaque année 1 plaignant sur 324 membres ; et la moitié des réclamations étant admises, il n'y a qu'un membre inquiet et turbulent sur 648. » M. Émile Laurent, le Paupérisme, p. 217 et suiv.

tuels une forme qui soit la plus simple et la plus parfaite de toutes, elle n'est plus aussi parfaite quand
elle est imposée. Les villes, comme les individus,
s'intéressent à leurs créations ; elles y marquent
l'empreinte de leur originalité, et c'est par ce côté-là
qu'elles s'y attachent. Les Marseillais aimeraient déjà
leur grand Conseil pour les services qu'il leur a rendus;
mais ils l'aiment encore plus par patriotisme. On ne
vit que de sa propre vie, et il est doux de se sentir
vivre. Il n'y a pas de gouvernement au monde,
quelles que soient sa force, sa bonne volonté et ses
ressources, qui puisse faire pour l'extinction du paupérisme ce qu'a réalisé l'énergique initiative des citoyens à Mulhouse, à Lyon, à Grenoble, à Sedan, à '
Marseille. Ce n'est pas une raison pour ne pas applaudir aux efforts tentés depuis plusieurs années
pour propager les associations de secours mutuels.
L'administration ne peut pas remplacer le zèle ; elle
doit craindre de le rendre impuissant ou inutile ; mais
elle rend un grand service en l'aidant et en le provoquant. La *Commission d'encouragement et de surveillance
des Sociétés de secours mutuels*, instituée au Ministère de
l'intérieur par l'article 19 du décret du 26 mars 1852,
est à ce point de vue une innovation heureuse, et
qui ne peut manquer d'être féconde, si elle sait se
restreindre.

Un certain nombre de sociétés, dont la réserve est
importante, et qui par conséquent sont en mesure
de faire quelques placements pour améliorer leur

capital, ont adopté l'usage de venir au secours des
malheurs immérités par un prêt d'honneur. Il suffit
de penser que l'ouvrier n'a d'autre ressource que son
salaire journalier pour comprendre quelle perturba-
tion la moindre dette introduit dans son budget. Il
y a pourtant des cas où l'homme le plus laborieux,
le plus rangé, se voit obligé à des dépenses supé-
rieures à ses besoins; une maladie, un incendie, un
chômage prolongé, une disette, dévorent promptement les faibles épargnes du pauvre. Recourir au
crédit, c'est le plus souvent se livrer à l'usure. Le
mont-de-piété prête à des intérêts assez élevés, et il
ne prête que sur gage. Dans une maison où personne
n'a jamais connu que le nécessaire, un gage est difficile à trouver : il est dur de mettre au mont-de-
piété, un habit, un outil. Sur ces objets indispensables, il prête bien peu, trop peu la plupart du temps
pour qu'on puisse aller jusqu'au jour de la paye.
A qui s'adresser? Au patron. Mais le patron est as-
sailli de demandes; et en outre, dès qu'il devient
créancier, il n'est plus seulement un patron, il est un
maître. L'ouvrier est enchaîné à l'atelier par sa dette,
condition déplorable, même quand l'ouvrier est laborieux et le patron honnête homme. Dans cette extrémité, on se rend devant le conseil de l'association
pour réclamer le prêt d'honneur. Si un homme a
toujours vécu honnêtement, s'il a travaillé, s'il a
épargné, si ses voisins, ses amis, membres comme
lui de la société, savent que l'on peut compter sur sa

parole, ils lui prêtent l'argent du pauvre, sûrs que
les pauvres n'en souffriront pas, que les intérêts seront payés, et le capital rendu. Quelquefois même ce
n'est pas pour réparer un malheur, c'est pour mettre
un jeune homme courageux et habile en état de faire
son apprentissage, ou pour faciliter à un excellent
ouvrier le moyen d'améliorer sa position, qu'on lui
met entre les mains un petit capital, sans autre garantie que son talent et sa probité. Les associations
de secours mutuels n'ont pas seules le privilége de
faire des prêts d'honneur ; mais elles sont admirablement placées pour en faire, parce que les membres
se connaissent, vivent ensemble, se jugent, s'apprécient. Rien n'est plus beau que le spectacle d'un ouvrier qui par toute une vie de courage et de probité,
a donné à sa parole une telle valeur que cette seule
garantie vaut pour ceux qui le connaissent tous les
contrats et toutes les hypothèques du monde. L'association, quand elle sauve ainsi un de ses membres,
devient vraiment fraternelle ; on peut dire alors
qu'elle est une famille.

Les femmes sont exclues de la plupart des sociétés
antérieures à 1852. Dans le recensement fait à cette
époque, on ne trouva parmi les sociétaires que
26181 femmes. En 1860, sur 472 855 membres participants, il y avait 402 885 hommes et 69 970 femmes seulement. Quelquefois elles sont admises dans
des conditions d'infériorité. Dans une association
rouennaise, leur cotisation est plus élevée que celle

des hommes, et pourtant, en cas de maladie, elles n'ont droit qu'à la visite du médecin et aux remèdes, tandis que les hommes reçoivent une indemnité de chômage. La raison qu'on en donne, c'est qu'elles sont plus souvent malades. Il paraît qu'en effet leurs maladies sont plus fréquentes, mais en revanche elles sont plus courtes. Le rapport de la Commission supérieure pour 1857 et 1858 constate que le nombre des journées payées a été relativement moins considérable pour les femmes que pour les hommes[1]. Ainsi le prétexte ne vaut rien. Pourquoi dans aucune association les femmes ne sont-elles employées à visiter les malades? Sont-elles donc moins capables que les hommes de ces touchantes fonctions? Ce n'était pas l'avis de saint Vincent de Paul.

Les femmes se voyant repoussées, ont fondé entre elles des sociétés de secours mutuels qui s'administrent elles-mêmes et prospèrent sans aucune subvention. Elles étaient au nombre de 120 au commencement de 1856; au commencement de 1860 il n'y en avait pas 140. Les départements qui renferment le plus de sociétaires dans les associations de femmes, sont ceux de l'Isère, du Tarn-et-Garonne, du Tarn, du Bas-Rhin, des Basses-Pyrénées, de la Seine, de la Gironde. L'association de Grenoble remonte à 1822. Quoique le nombre des sociétaires pour toute la

---

1. En 1858, la moyenne des journées payées a été, pour chaque sociétaire homme, de 5,30 pour 100, et pour chaque sociétaire femme de 4,53 pour 100.

France ne dépasse pas 12000, on peut regarder l'expérience comme définitive. Les sociétés ont été très-bien administrées; les réunions se sont passées avec la plus grande décence, et les recettes ont dépassé les dépenses, condition indispensable pour assurer la durée des sociétés. Le nombre des membres honoraires est moins considérable dans les sociétés de femmes que dans les sociétés d'hommes; c'est un fait très-regrettable, mais qui doit évidemment disparaître quand le principe des associations de femmes sera plus répandu et mieux apprécié. Les femmes du monde ne peuvent pas faire plus de bien à moindres frais qu'en protégeant des institutions qui assurent la santé et la moralité des jeunes filles et des femmes isolées. Une femme pauvre qui n'est affiliée à aucune association, ne reçoit les secours du médecin que quand la maladie est déjà grave; cela seul est un malheur, non-seulement pour la personne souffrante, mais pour la santé publique. L'association le fera cesser. Elle supprimera la cause la plus fréquente de la misère, c'est-à-dire le chômage occasionné par les maladies; elle donnera aux femmes isolées une famille. Or, la première source du désordre des femmes, c'est la misère; la seconde, c'est l'abandon. Il n'est pas à souhaiter que le mari et la femme appartiennent à deux sociétés différentes; mais on peut émettre le vœu qu'un chef de famille n'entre jamais dans une association sans y agréger aussi sa femme et ses filles, et que les femmes iso-

lées continuent à s'associer entre elles. Il est naturel
qu'elles aient recours aux mêmes institutions que les
hommes, ayant plus de besoins et moins de ressources. Dans les rangs élevés de la société, et
même dans les conditions moyennes, les femmes sont
entourées de bien-être; on ménage leur faiblesse, on
les traite un peu en malades. Les femmes d'ouvriers,
qui n'ont ni la santé ni la force de leurs maris,
travaillent autant qu'eux et sont plus durement traitées. Est-ce juste? Quand on songe à la quantité de
ménages où le mari se dérange un ou deux jours par
semaine, et qui ne se soutiennent que par les privations, le travail et l'économie de la femme, on ne
peut s'empêcher de penser qu'il y a tout à la fois
de la barbarie et de l'imprévoyance à réserver pour
les hommes les bénéfices de l'association. Aucune
institution ne peut être réellement bienfaisante qu'à
la condition d'unir tous les membres de la famille
dans un même intérêt et dans une même espérance.
Le mari recevra pendant sa maladie les visites du
médecin, des remèdes en abondance et une indemnité de chômage; et si sa femme, qui l'a soigné, qui
l'a veillé, qui s'est exténuée pour suffire à tous les besoins de la famille, gagne la fièvre à son tour, elle
sera abandonnée sur son lit de souffrance, seule,
sans remèdes? Que devient le mariage dans cette
condition? Que devient cette solidarité de plaisirs
et de peines, qui en fait la sainteté? Dès que l'association de secours mutuels se transforme en insti-

tution égoïste, elle va directement contre son but,
car elle sépare ceux qu'elle devrait unir. Elle est
faite au contraire pour fortifier la famille, en rassu-
rant la tendresse de l'époux et du père ; c'est ainsi
qu'il faut l'entendre pour lui laisser toute sa grandeur
morale.

Plusieurs chefs d'industrie ont établi chez eux,
entre leurs ouvriers, des associations dans lesquelles
ils entrent eux-mêmes, comme membres non participants[1], et ces sortes de fondations ne sont pas moins
précieuses aux yeux de la morale qu'à ceux de l'humanité. Elles donnent des retraites aux vieillards et
des pensions aux veuves[2] ; elles rendent ainsi la sécurité de l'ouvrier complète en le garantissant non-seulement contre la maladie, mais contre la vieillesse et
contre la mort. Son travail, qui nourrit chaque jour
sa famille, profitera encore aux siens quand il ne sera
plus ; c'est une nouvelle raison pour lui d'aimer le

---

1. Nous citerons la caisse de secours de M. David Bacot, au Dijonval, fondée il y a vingt ans. M. Bacot double toutes les mises.
M. Charles Kestner, à Thann, donne des pensions de retraite à ses
ouvriers, sans exercer pour cela aucun prélèvement sur leurs salaires. Ces retraites peuvent monter jusqu'à une rente annuelle de
540 francs. La veuve d'un ouvrier mort après vingt ans de collabo-
ration a droit à une pension annuelle de 120 francs. L'établissement
de Wesserling consacre 17 000 francs tous les ans à des pensions de
cette nature.

2. Les sociétés de secours mutuels ne donnent de pensions aux
veuves en aucun cas. La loi de 1850 leur interdisait même de donner aux associés des pensions de retraite ; elles peuvent en pro-
mettre maintenant, mais seulement quand elles ont un nombre suffisant de membres honoraires. Décret du 26 mars 1852, art. 6.

travail, et la manufacture qui le traite en fils adoptif.
Cette maison est bien sa maison, puisqu'elle lui sera
fidèle au delà du tombeau. Il est bien juste qu'il se
passionne pour ses intérêts. Quand il a obtenu sa retraite, on le voit rôder dans les ateliers dont il est le
patriarche, et où tout le monde, depuis le maître jusqu'aux apprentis, lui témoigne de l'affection et du
respect. C'est lui qui se charge de donner des conseils
aux nouveaux venus et de leur apprendre à soutenir
l'honneur du drapeau industriel.

Les caisses d'épargne ont un caractère plus personnel que les associations de secours[1]. Les déposants à
la caisse d'épargne restent propriétaires de leur apport, qui leur est rendu sur leur demande avec les
intérêts depuis le moment du dépôt; au contraire,
dans les sociétés de secours, la cotisation, dès qu'elle
est déposée, cesse d'appartenir au sociétaire, et la
maladie seule donne des droits à une répartition. La
caisse n'en est pas moins une institution excellente
au point de vue matériel, en ce qu'elle donne à l'ouvrier une ressource contre le chômage et la maladie,
une chance d'avancement, et constitue réellement,
par la bonification du capital, une augmentation de
salaire. Elle est excellente aussi au point de vue mo-

---

1. Le premier essai de caisse d'épargne fait en France ne remonte
qu'à 1818. A la fin de 1833, les versements ne s'élevaient encore
qu'à 8 millions. Le 1er décembre 1845, ils étaient de plus de 385 millions. Voyez M. Émile Laurent, le Paupérisme, p. 110. — On peut
regarder la caisse des retraites pour la vieillesse comme un com-
plément de la caisse d'épargne; c'est l'épargne avec destination fixe.

ral pour deux raisons : d'abord elle donne l'habitude
de l'épargne. On ne saurait s'imaginer l'influence
que peut avoir un premier dépôt : cette somme mise
à l'abri constitue enfin une propriété ; l'ouvrier s'y
attache avec passion et ne songe plus qu'à l'augmenter. Par ce premier dépôt, le cabaret est déjà à demi
vaincu, service immense. Un autre bienfait de la
caisse d'épargne, c'est de faire concevoir à l'ouvrier
la possibilité de laisser quelque chose à ses enfants.
Quand on désespère de faire des économies, on se
laisse aller à la dépense, on s'étourdit sur ses devoirs.
En général, il ne faut pas que le devoir soit difficile
au point de paraître impossible. La caisse d'épargne
dit à tout ouvrier : « Tu peux avoir les vertus et la
sollicitude d'un père, si tu le veux. »

Il est donc vrai que ces sortes d'associations ont
une puissance fortifiante. Elles enseignent le devoir.
Elles donnent à l'ouvrier bien plus qu'un dividende,
bien plus qu'un secours, elles lui donnent de la volonté. Là est leur grandeur, car on ne saurait trop le
répéter : il n'y a de sécurité et de dignité que dans la
liberté. Personne n'a le pouvoir de sauver l'ouvrier
du paupérisme, si ce n'est l'ouvrier lui-même.

CHAPITRE IV.

RÉFORME DES LOGEMENTS. — SOCIÉTÉ MULHOUSIENNE
DES CITÉS OUVRIÈRES.

Comme il y a une objection à tout, même aux meilleures choses, il faut reconnaître que le mauvais côté
des caisses d'épargne, c'est qu'elles sont excellentes
pour favoriser le goût de l'économie, et assez impuissantes pour le faire naître. Le problème était de fournir à l'ouvrier le moyen d'économiser avec passion.
Une application attentive de la psychologie à la bienfaisance avait déjà démontré combien la méthode qui
développe l'énergie de l'ouvrier, en le confiant pour
ainsi dire à lui-même, en le provoquant et en l'aidant
à agir, est préférable à celle qui le prend en tutelle,
et qui pourvoit sans lui à ses besoins. Ne pouvait-on
pas s'avancer encore plus dans cette voie en recou-
rant au stimulant le plus puissant de l'activité hu-

maine, qui est sans contredit la propriété ? Au lieu de
cette chétive somme que garde la caisse d'épargne
et qu'elle rend au bout de longues années, augmentée
de faibles intérêts, ne pouvait-on donner à l'ouvrier,
en échange de ses économies, l'immédiate et solide
jouissance d'une maison et d'un coin de terre ? Si ce
projet se réalisait, il contenait, pour ainsi dire, toutes
les réformes dans une seule, car non-seulement il
développait plus puissamment que tous les autres
moyens employés le goût du travail et de l'épargne,
mais en concentrant toutes les espérances de l'ouvrier
dans la possession d'un intérieur, il lui inspirait directement le goût des vertus domestiques. Cette réforme vraiment capitale est-elle possible ? Elle est
possible, puisqu'elle est faite. Chacun peut la voir
réalisée de ses propres yeux dans les cités ouvrières
de Mulhouse.

Ce nom de cités ouvrières ne doit pas nous effrayer.
Il a été donné ailleurs à des entreprises justement
tombées dans le discrédit, parce qu'elles n'étaient au
fond qu'une sorte de casernement des ouvriers ; mais
à Mulhouse, l'ouvrier n'est soumis à aucune surveillance et à aucun règlement. Non-seulement il conserve sa liberté, mais il l'accroît, car il devient propriétaire, ce qui est la sanction et l'achèvement de la
liberté.

Quand on a vu cette belle ruche riante, où l'ouvrier
est mieux logé que la plupart des familles aisées de
Paris, où il est propriétaire de sa maison, où il trouve

le soir une bonne ménagère, des enfants bien élevés et bien tenus, revenus de l'asile ou de l'école, on comprend qu'il y a là le germe de toute une révolution : révolution bénie qui ne détruit que le vice et la misère, et qui fait marcher du même pas l'amélioration de la condition matérielle des ouvriers et leur régénération morale. Si le système des cités ouvrières, tel qu'il a été appliqué à Mulhouse, vient à se généraliser, on peut assurer que le sort des ouvriers ne dépendra plus que d'eux-mêmes. Ce sera le plus grand pas qu'on aura fait dans la voie de l'extinction du paupérisme, depuis la loi de 1833 qui a fondé l'instruction primaire.

On a fait, il y a quelques années, à Paris et à Marseille, des essais de cités ouvrières. Dans les quartiers habités d'ordinaire par les ouvriers, on a jeté bas de vieilles maisons à demi croulantes, aux escaliers obscurs, aux chambres mal éclairées, aux dégagements impossibles, et l'on a élevé à leur place de beaux édifices de pierres de taille, avec des escaliers monumentaux, de vastes couloirs, des appartements bien aménagés, bien éclairés, pourvus de tout ce qui est nécessaire à un ménage. Cela fait, on a affiché un règlement à la porte extérieure, et on a attendu les locataires, qui ne se sont pas présentés. C'est que les ouvriers ne veulent pas être casernés. Ils aiment la liberté du chez soi, et ils en aiment jusqu'à l'apparence. Ils ont cru qu'on voulait les rendre heureux en dépit d'eux-mêmes. Ils ont regardé les cités ouvrières

comme une sorte d'hospice des petits ménages. Plusieurs sont allés dans la banlieue de Paris louer ou
acheter quelque bout de terrain sur lequel ils ont
bâti avec des matériaux ramassés de tous côtés une
maisonnette à peine habitable. Cette demeure loin-
taine les oblige à de longues et dispendieuses courses,
et ne les abrite qu'à moitié contre le vent et la pluie;
mais ils en sont les maîtres : voilà le charme qu'elle
a à leurs yeux. Ils y règnent sur un empire de trois
mètres carrés. La fierté est un bon signe chez l'homme;
il est toujours bon de se respecter soi-même. Ce sentiment fera des villages autour de Paris, *fara da se.*
Avec le temps et un peu d'expérience, l'ordre se met-
tra dans ce désordre. Si on arrive un jour à grouper
dans un même village les ouvriers qui ont leurs ateliers dans le même quartier, il suffira de quelque
omnibus faisant soir et matin un service à prix réduit, pour abréger la distance, et pour résoudre à
moitié cette terrible question des loyers, qui trouble
si profondément l'économie des petits ménages parisiens. Dans quelques autres villes où les cités
ouvrières semblent construites tout exprès pour
rendre la surveillance facile, on a eu de la peine
à trouver des locataires. A Amiens, la cité Damisse
est une rue bien percée, entièrement bordée de
maisons à un seul étage bâties sur un plan uniforme. La rue est large, elle est en bon air; les maisons sont spacieuses et commodes; cependant elles
restent en grand nombre inhabitées. La cité que les

MM. Scrive ont fondée à Marcq-en-Barœul, à 4 kilomètres de Lille, est au contraire littéralement envahie.
Elle a plusieurs avantages. Les maisons sont entourées de jardins (les ouvriers adorent le jardinage).
La fabrique est située au milieu de la cité, ce qui fait
que les ouvriers y sont comme chez eux. L'intelligent
propriétaire a établi une agence qui vend à des prix
très-équitables tout ce qui est nécessaire à la nourriture et au vêtement. Il y a aussi une musique, dont
les habitants de la cité sont charmés. Quelques-uns
d'entre eux sont des musiciens passables. La musique
des ouvriers remplace l'orgue à la messe, ce qui ne
l'empêche pas de servir d'orchestre une heure après
pour les bals en plein vent. Le restaurant est à prix
modérés; le café est décent; on ne s'y enivre pas, on
n'y joue pas, on ne s'y querelle pas. La cité de Marcq
n'a qu'un malheur, c'est d'appartenir au patron. Jamais on ne se passionnera pour une maison dont on
n'est que locataire. On a beau faire un long bail, il y
a une fascination dans ces mots : Ma maison. Partout
où l'on a pu vendre la maison aux ouvriers qui l'habitent, on a transformé la population des ateliers. A
Rouen, où les améliorations sont bien lentes, on commence pourtant à vendre des terrains aux ouvriers,
terrains pierreux, incultes jusqu'ici, et qui ne peuvent être embellis et fertilisés qu'à force de patience.
Ils sont situés sur une colline qu'on appelle la Californie, et qui appartenait aux hospices. C'est une idée
heureuse sous tous les rapports, parce que pour cer-

tains terrains d'un rendement problématique, le travail opiniâtre d'un petit propriétaire vaut mieux que les millions d'un capitaliste. Les ouvriers qui se sont emparés de la Californie, et qui ont enfin l'espoir de reposer sous leur propre toit, n'ont plus d'autre pensée que de rendre leur coin de terre habitable et productif. Ils se transforment plus vite que la terre qu'ils défrichent. Il y a à Reims une rue où demeurent des tisserands à bras, presque tous propriétaires de leur maison : c'est la rue Tournebonneau. La population de cette rue fait le plus frappant et le plus heureux contraste avec celle des autres quartiers habités par les ouvriers. A Sedan, où l'on ne connaît ni le lundi, ni les cabarets, où les ouvriers mènent en général une vie régulière, l'excellente conduite de la population est due à deux causes : la première, c'est que tous les ouvriers sont du terroir, nés à Sedan d'habitants de Sedan, et la plupart travaillant de père en fils dans la même maison ; la seconde, c'est qu'ils ont au plus haut degré l'amour du jardinage. C'est une vraie passion chez eux. Il faut aux plus malheureux un jardin grand comme la main, qu'ils puissent soigner le dimanche avec amour, et auquel ils puissent rêver toute la semaine. Beaucoup d'entre eux ont acheté le leur ; d'autres ne sont que simples locataires. Plusieurs fabricants permettent à leurs ouvriers de se ménager des jardins dans l'emplacement destiné à étendre le drap. Ce sont des carrés dont on fait le tour en trois pas, et pourtant il n'y en a pas pour

tout le monde. Ils appartiennent de droit aux anciens,
et sont l'objet de longues convoitises. M. Léon Cunin-
Gridaine offrait une pension de retraite à un vieil
ouvrier. « Impossible, monsieur, lui dit-il; je per-
drais mon jardin ! » C'est un mot à la fois touchant
et étrange, mais qui paraît tout naturel quand on
l'entend sur la colline de Pierremont. Le dimanche,
d'assez bonne heure, commence le départ général
pour les jardins. Chaque père de famille s'avance,
très-proprement vêtu d'excellent drap (ils sont con-
naisseurs), et accompagné de sa femme et de tous
ses enfants. Ils emportent un panier qui contient
les éléments du dîner. Pendant toute la journée, on
bêche, on plante, on sarcle. Il y a dans chaque jardin
un petit berceau où s'asseyent les plus jeunes enfants ;
c'est là qu'on prend le repas. Le menu n'est pas brillant : de la salade, des œufs durs, des fruits dans la
saison, le tout arrosé d'assez bonne bière. Les jardins
ne sont séparés que par une haie à hauteur d'appui,
et l'on fraternise d'une propriété à l'autre. Ces détails semblent insignifiants : ils ne le sont pas pour
qui sait réfléchir. Ces jardins-là ont tué les cabarets ;
ils ont entretenu dans la population l'esprit de famille. Ils ont plus fait que toutes les exhortations
pour répandre l'esprit d'économie.

Un riche fabricant de Roubaix avait un chauffeur
habile ouvrier, mais adonné à l'ivrognerie. Un jour,
en sortant du cabaret, l'ivrogne fait une chute, et se
casse la jambe. C'était un homme intelligent quand

il avait sa tête à lui. A peine sur son lit de douleûr, l'inquiétude de l'avenir des siens le saisit. Son patron le rassura. « Je vous ferai soigner à mes frais, lui dit-il, et quant à votre famille, elle touchera tous les jeudis votre semaine, comme si vous étiez au travail. Une fois guéri, vous me rembourserez au moyen d'une retenue sur le prix de vos journées. » La maladie fut longue, et le remboursement dura un an. Comme le salaire était élevé, la famille put vivre, à force d'é-conomie, avec la part qui lui restait. Pendant ce temps-là, l'ouvrier s'abstint du cabaret, travailla constamment, vécut en bon père de famille. L'année finie, le patron lui proposa de persévérer pendant deux ans encore. « Vous épargnerez douze cents francs, lui dit-il; c'est le prix de la maison que je vous loue : dans deux ans, vous serez chez vous, vous serez un propriétaire. » L'ouvrier consentit : les deux ans passèrent bien vite. A la première paye après la maison soldée, on voulut donner au chauf-feur la totalité de ce qu'il avait gagné dans la se-maine. « Gardez, gardez, dit-il; dans quinze mois, j'aurai acheté la maison voisine. » Il en a trois aujourd'hui. Sa femme est devenue marchande. L'ancien ivrogne se retirera bientôt avec une hon-nête aisance, presque de la richesse. La propriété a fait ce miracle[1].

---

1. Le grand stimulant à l'économie chez les maçons est l'amour de la propriété foncière. Presque tous achètent des parcelles de terre quand ils retournent dans leur village.

C'est ce qu'avaient deviné les fondateurs de la Société de Mulhouse.

Entre Mulhouse et Dornach s'étend une vaste plaine, traversée par le canal qui entoure la ville. C'est là, en très-bon air, sur la double rive du canal, à proximité des fabriques, que la Société des cités ouvrières a tracé l'enceinte de sa ville nouvelle. Le terrain est parfaitement uni; les rues, pour lesquelles on n'a pas ménagé l'espace, sont tirées au cordeau. Comme chaque maison est entourée d'un jardin, l'œil aperçoit de toutes parts des arbres et des fleurs; l'air est aussi pur et circule aussi librement qu'en rase campagne. Parmi les noms des rues, on remarque avec plaisir la rue Papin, la rue Thénard, la rue Chevreul; il y a aussi la rue Kœchlin et la rue Dolfus, et en vérité c'était toute justice. Sur la place Napoléon située au centre, et à laquelle aboutissent les rues principales, s'élèvent deux maisons plus grandes que les autres, et qui renferment, la première, les bains et le lavoir, la seconde, le restaurant, la boulangerie, la bibliothèque et le magasin. Une salle d'asile, très-bien aménagée et très-bien tenue, pouvant contenir 150 enfants, est placée sur l'autre rive, au carrefour formé par la rue Lavoisier et la rue Napoléon. Il n'y a pas d'école particulière, parce qu'on a jugé avec raison qu'on n'égalerait pas l'école communale, qui est une des belles institutions de Mulhouse[1]. La salle

_____

1. Elle est très-habilement dirigée par M. Riss, et surveillée avec

d'asile surveillée avec zèle par les femmes des premiers fabricants, est véritablement excellente; les enfants sont propres, bien portants, et en général convenablement vêtus. Le lavoir a bien réussi, quoique l'installation en soit très-inférieure à celle du lavoir de Reims[1]. L'usage des bains s'est aussi très-promptement généralisé, ce qui n'est pas sans importance au double point de vue de l'hygiène et de la morale. Le restaurant et la boulangerie sont en voie de prospérité.

Le premier étage contient le magasin et la bibliothèque. Les fondateurs ont éprouvé là un double échec. Les ouvriers ont continué d'acheter leurs ustensiles de cuisine, leurs vêtements et chaussures dans des maisons où ils payent beaucoup plus cher, mais où ils trouvent du crédit. Quant à la bibliothèque, il est positif qu'ils n'en veulent pas, et à voir les livres qu'on leur offre, on ne peut guère les en blâmer. Enfin la Société a consacré une de ses maisons au logement d'un médecin et d'une diaconesse[2].

Il y a deux sortes de maisons dans la cité ouvrière

---

un zèle admirable par M. Schwartz. Elle contient 1600 garçons et 1200 filles. Il est sans doute inutile d'avertir que les deux sexes sont rigoureusement séparés. On compte en outre à Mulhouse 200 garçons dans les écoles libres, 300 dans les classes élémentaires de l'école professionnelle et du collége, 700 filles à l'école des sœurs.

1. Cinq centimes pour deux heures de lavage, eau chaude à discrétion, séchage à air ou à chaud.

2. Les diaconesses protestantes remplissent des fonctions analogues à celles des sœurs de charité.

de Mulhouse. Les unes sont isolées de tous les côtés
au milieu d'un jardin, les autres sont alignées côte à
côte comme les maisons d'une rue ordinaire ; une de
ces dernières est aménagée pour servir de logement
garni aux célibataires. Chacune des maisons isolées
est divisée par des murs de refend en quatre logements
parfaitement semblables, qui se louent ou se vendent
séparément. Tous les logements affectés à l'habitation
d'un ménage ont la même dimension, et ne diffèrent
que par quelques détails insignifiants de distribution
intérieure[1]. Les arrangements qui dépendent des locataires sont en général bien entendus, et ne manquent pas d'une certaine élégance; c'est un légitime
sujet d'orgueil pour le très-habile et très-dévoué directeur-gérant des cités ouvrières, M. Bernard. En
voyant ces planchers bien frottés, ces rideaux bien
blancs aux fenêtres, ces jolis papiers, ces meubles soli-

---

1. Au rez-de-chaussée deux pièces, dont l'une sert de salle à manger et de cuisine, et l'autre de chambre à coucher au père et à la
mère ; l'escalier est ordinairement placé dans cette seconde chambre,
pour que les enfants ne puissent ni entrer ni sortir à l'insu du chef
de la famille. L'étage se compose de trois chambres à coucher et
d'un privé bien établi, qu'il est facile de tenir proprement et qui ne
donne pas d'odeur. Le grenier est assez vaste, et on peut au besoin
y ménager une chambrette. Sous une partie du rez-de-chaussée règne
un cellier voûté, qui sert en même temps de bûcher et de cave. Les
fenêtres sont à deux vantaux et de belle grandeur ; la principale
pièce du rez-de-chaussée en a deux, qui ne prennent pas jour sur la
même façade et sont disposées de façon à permettre de bien ventiler
l'appartement. Il y a de bons placards, des escaliers commodes, des
fourneaux, une pompe; en un mot tous les besoins de la famille sont
prévus, tout concourt à rendre la propreté et la décence faciles.
— L'architecte est M. Émile Muller.

des et bien entretenus, on se rappelle involontairement
les misérables logements de la Kattenbach, à Thann.
Il ne faut qu'une heure pour y aller, et de toutes les
rues de la cité on aperçoit à l'horizon les montagnes
couvertes de neige au pied desquelles la ville de Thann
est bâtie.

Les organisateurs de la cité de Mulhouse auraient
pu sans trop de dépense rendre les maisons plus
vastes ; mais ils ne l'ont pas voulu, pour qu'on ne fût
pas tenté de sous-louer. Il importait que les membres
de la famille vécussent entre eux. La présence d'un
étranger ôte toujours quelque chose à l'intimité du
foyer[1]. Au reste, chaque groupe de quatre maisons
avec les jardins couvre 150 mètres carrés. Les jardins
comptent à peu près pour 120 mètres. Ils sont bien
cultivés. Les ouvriers, en revenant de la fabrique, ne
se trouvent pas trop fatigués pour faire un peu de
jardinage. Ce travail en plein air les délasse. C'est
une émulation entre eux à qui aura les plus belles
fleurs. Ils se prennent de passion pour leurs légumes
et leurs plates-bandes. L'eau ne leur manque pas, et

---

1. Les contrats de vente stipulent 1º que l'immeuble sera laissé
dans son état extérieur actuel ; 2º que le jardin sera cultivé et conservé en sa nature ; 3º que les clôtures seront entretenues, et que les
tilleuls qui bordent les rues, quoique plantés en dedans des palis-
sades, seront conservés ; 4º que l'acquéreur ne pourra, sans l'autorisation de la Société, ni revendre l'immeuble avant dix ans révolus,
ni sous-louer à une seconde famille. Cette double autorisation est ac-
cordée, en cas de revente, quand c'est à un autre ouvrier ; en cas de
sous-location, quand c'est à une famille sans enfants, ou quand la
famille du principal locataire est peu nombreuse.

l'administration place dans chaque jardin deux arbres à fruits. M. Bernard pense que le produit d'un jardin bien cultivé en légumes et en fruits peut être estimé à 40 francs par année.

La cité est faite surtout en vue de la famille. La Société y a pourtant un garni, qu'elle fait administrer par un gérant. C'est une espèce de couvent avec de longs couloirs, sur lesquels ouvrent de chaque côté les portes des cellules[1]. La location est de 7 francs par mois, service compris. C'est un peu cher pour un ouvrier sans famille, et le règlement en outre est assez austère. On n'a pas eu d'exigences semblables pour les ménages; rien de plus naturel: dans l'organisation de la cité, tout est sacrifié à la question de morale. Si l'on faisait une place aux célibataires à côté des familles, il fallait avant tout écarter les gens de désordre, les coureurs de cabarets. Le garni de la cité ne contient que dix-sept chambres.

La construction des maisons a commencé en juillet 1853. On en a bâti 100 la première année. Il y en

---

1. Les chambres ont 4m,25 de long sur 2m,65 de large. Elles sont bien éclairées et blanchies à la chaux. Il n'y a ni poêle ni cheminée. Le mobilier comprend une couchette en fer, avec une paillasse et un matelas, une commode, une petite table et deux chaises. On fournit une paire de draps tous les mois et un essuie-mains toutes les semaines. Au rez-de-chaussée est une salle commune où l'on trouve du feu en hiver. Chaque locataire doit déposer sa clef en sortant et être rentré à dix heures du soir; on se relâche un peu en été de la rigueur de ce règlement. Il est interdit, sous peine de renvoi immédiat, d'introduire une personne étrangère dans sa chambre pour y passer la nuit.

avait 428 au commencement de 1859. Il y en a aujourd'hui 560.

Le prix de location des logements d'ouvriers était
très-élevé dans la ville de Mulhouse et dans les faubourgs ; il l'est encore, malgré la construction de la
cité. Une maison qui a été vendue à la criée pour
expropriation, au commencement de 1859, au prix
de 9560 francs, rapporte 2400 francs à l'acquéreur.
Les loyers pour une famille ne descendent pas au-
dessous de 15 francs et s'élèvent fréquemment à 18.
Malgré ces prix exagérés, ils ont tous les inconvénients attachés aux vieilles maisons, ou aux maisons
nouvelles construites à la hâte par d'avides spéculateurs. Cependant, quand les ouvriers de Mulhouse
virent à la porte de la ville les maisons que nous
avons décrites, riantes, commodes, bien situées, entourées de jardins, et qu'on leur offrait pour le même
prix, il y eut un moment d'hésitation. Ils craignirent
d'être parqués, enrégimentés. Ils furent surtout étonnés quand on leur parla d'acheter ces maisons. Jamais l'idée de se transformer en propriétaires ne leur
était venue. La Société ne leur faisait aucun mystère ;
elle leur disait : « Voilà mes maisons tout ouvertes ;
entrez-y, parcourez-les depuis le grenier jusqu'à la
cave. Le terrain m'a coûté 1 franc 20 centimes le
mètre ; avec les constructions, le salaire de l'architecte, l'achat des matériaux, elles me reviennent, les
unes à 2400 francs, les autres à 3000 francs[1] ; je

_____

1. Les maisons bâties en 1859 et 1860 reviennent à 3000 et

vous les vends pour le même prix; je ne veux rien
perdre, et je ne veux rien gagner non plus. Vous êtes
hors d'état de me payer 3000 francs; mais moi, Société, je puis vous attendre. Vous verserez une première mise de 300 ou de 400 francs, qui couvriront
les frais de contrat et de mutation, après quoi vous
me payerez 18 francs par mois pour une maison de
2400 francs, 23 francs par mois pour une maison
de 3000 francs. C'est 4 ou 5 francs de plus que ne
vous coûterait votre loyer[1]. En continuant ce payement pendant quatorze ans, vous aurez remboursé le
prix de votre maison, elle sera payée, vous serez propriétaire. Non-seulement vous y demeurerez pour
rien, mais vous pourrez la laisser à vos enfants,
la donner ou la vendre. Vos 5 francs d'économie par
mois, qui vous auraient produit à la caisse d'épargne moins de 1500 francs en quatorze ans, vous
auront acquis une maison qui vaut aujourd'hui
3000 francs, mais qui alors en vaudra très-proba-
blement le double[2]. Et pendant ce temps-là vous
aurez été parfaitement logé, à l'abri des caprices

3300 francs. Cette augmentation de prix est largement compensée
par une bonne cave, par l'exhaussement au-dessus du sol naturel et
par divers aménagements intérieurs dont on a reconnu l'utilité. La
Société a construit aussi dans ces dernières années quelques maisons
à rez-de-chaussée qui ont un peu plus de superficie que celles à
étage, au détriment du jardin. Ces maisons ne coûtent que 2650 fr.

1. L'acheteur a un livret qui est réglé chaque année à l'intérêt ré-
ciproque de 5 pour 100. Cet intérêt est bonifié à l'acquéreur sur les
petits versements, dès leur date.

2. Une maison, vendue la première année au prix de 2900 francs, a
été revendue en 1860 au prix de 4000 francs.

d'un propriétaire; vous aurez joui d'un jardin qui vous aura rapporté 30 ou 40 francs par an, sans compter les vastes rues, les places plantées d'arbres, la salle d'asile, enfin tous ces établissements d'utilité publique dont vous n'auriez pas profité en restant dans l'ancienne ville, et qu'on ne fait pas entrer en ligne de compte dans le prix de revient de votre maison [1]. »

Ces raisons démonstratives ne firent que lentement leur chemin dans les esprits. Il ne se présentait que peu d'acquéreurs et même peu de locataires. Enfin la lumière s'est faite. La vente a marché si rapidement qu'au 30 septembre de cette année, sur 428 maisons bâties, il y en avait 384 de vendues [2], et aujourd'hui la Société n'a pas moins de 560 maisons, sur lesquelles elle en a vendu 403.

1. Nous trouvons l'article suivant dans les statuts de la caisse de secours pour les trois fabriques de produits chimiques possédées par M. Charles Kestner à Thann, à Mulhouse et à Bellevue : « Si un ouvrier ayant deux ans de séjour dans l'établissement veut acquérir des propriétés immobilières ou construire une maison, M. Kestner lui fera l'avance, sur hypothèque, mais sans intérêt, des sommes nécessaires, à condition de reconnaître lui-même l'utilité ou les avantages de l'acquisition ou de la construction projetée, à la condition aussi que les acquéreurs aient eux-mêmes réuni une somme équivalente à la moitié de la valeur de l'immeuble à acheter ou de la maison à bâtir, et qu'ils s'engagent à restituer le capital emprunté en dix annuités égales et consécutives. »

2. Voici comment la vente a marché. Au 30 juin 1854, on avait vendu 49 maisons; au 30 juin 1855, 67 maisons; au 30 juin 1856, 72 maisons; au 30 juin 1857, 125 maisons; au 30 juin 1858, 234 maisons; au 30 juin 1859, 297 maisons; au 30 juin 1860, 364 maisons; le 30 septembre 1860, 384 maisons; à la fin de 1860, 403 maisons.

Voilà donc, au bout de six ans, 403 familles d'ouvriers de Mulhouse qui sont propriétaires de leur maison et de leur jardin ou en train de le devenir, 403 familles soustraites à ces rues malsaines et infectes, à ces chambres délabrées où tout offense les yeux et menace la santé, à ces voisinages compromettants qui obligent trop souvent l'ouvrier rangé de souffrir la compagnie d'un ivrogne et l'honnête mère de famille d'avoir des relations avec une fille de mauvaise vie. Le père, après son travail, n'est plus obligé de choisir entre un galetas et un cabaret; il n'y a pas de cabaret dans la ville qui soit aussi gai que sa maisonnette. S'il a quelques moments à perdre avant son dîner, il donne un coup de bêche à son jardin, il met un tuteur à un jeune arbre, il sème un carré de légumes, il arrose une plate-bande. C'est du bonheur et du travail pour toute la maison, car la mère de famille aime à sarcler et à ratisser son jardin, et les garçons se chargent avec empressement d'apporter de l'eau dans les grands arrosoirs. L'été, la famille pourra dîner au frais sous un berceau de chèvrefeuille en causant avec ses voisins par-dessus la haie. On peut faire des projets d'amélioration, changer un papier, planter un arbre, essayer une culture nouvelle; il n'y a pas à craindre que le propriétaire vienne faire obstacle à ces améliorations, puisque le propriétaire, c'est le père de famille. Il est doublement chez lui au milieu des siens, dans sa maison, dans leur commune maison. Quand la vieillesse sera venue et que ses bras lui refuseront le service, il ne rougira pas de vivre du salaire de son fils, puisqu'il aura amplement payé sa dette à la famille. Il vieillira et mourra chez lui, et ses enfants, même en le nourrissant, seront toujours chez leur père. Peut-être leur laissera-t-il un autre héritage que la maison, car au bout de quatorze ans l'habitude d'épargner sera prise, et il pourra placer chaque année les 276 francs de son loyer. Héritage ! Voilà un mot nouveau dans l'histoire d'une famille d'ouvriers. Oui, les enfants succéderont à leur père dans sa propriété; ils deviendront maîtres à leur tour de ce joli jardin témoin de leur enfance, de ce foyer où leur mère leur souriait. Quand ils l'auront perdue, ils la retrouveront partout dans la maison avec le souvenir de ses caresses et de ses conseils. Ils raconteront à leur tour leur histoire à leurs enfants, car la famille peut avoir une histoire, à présent qu'elle est attachée à ce coin de terre. Nous voilà loin de ces nomades, de ces demi-sauvages, chassés de taudis en taudis par les exigences du propriétaire, habitués à la malpropreté, vivant séparés les uns des autres par nécessité, ne pensant à leur maison que pour se rappeler leur misère, obligés de demander au cabaret, quelquefois à l'ivrognerie, un moment de distraction et d'oubli. Cette maison est pauvre, mais c'est *la maison paternelle*, et ceux qui l'habitent et qui la possèdent ne se sentent plus étrangers au milieu de la société. Ils comprennent, pour la première fois peut-être, l'étroite parenté de la propriété et du travail [1].

En visitant la cité ouvrière de Mulhouse, on sent un vif désir de voir une si belle institution se propager par toute la France, et on ne peut s'empêcher d'être surpris que l'exemple donné par Mulhouse il y a déjà six ans n'ait pas encore porté de fruits ailleurs. L'agrandissement de Lille va permettre au bureau de bienfaisance de créer une cité ouvrière, et M. Dorémieux en a déjà les plans tout prêts ; M. Scrive a pris les devants à moins d'une lieue de Lille ; mais pendant qu'on en est ailleurs aux projets et aux tentatives, Mulhouse a taillé dans le grand et réalisé ce que d'autres rêvent. Il faut en faire honneur à la Société industrielle de Mulhouse. On ose dire qu'il n'y a pas d'académie en Europe qui ait déployé autant d'intelligente activité, ni rendu des services aussi éminents à la cause de l'industrie et à celle de l'humanité. C'est une association entre les premiers fabricants de l'arrondissement pour faire étudier toutes les questions industrielles sans regarder à la dépense, pour récompenser et propager les découvertes utiles et pour provoquer toutes les améliorations possibles dans le sort des travailleurs. Cette constante préoccupation du sort des ouvriers est le caractère propre de cette Société ; c'est par là qu'elle rend des services

1. Six militaires rengagés cette année (1860) ont employé leur prime d'engagement à acheter des maisons pour leurs familles.

incalculables. Elle a compris et elle démontrera à tous
par son exemple qu'un bon ouvrier est le premier
facteur de la richesse nationale, et qu'en s'occupant
du bien-être et de la moralisation des ouvriers, on
fait à la fois une bonne action et un bon calcul.
Mulhouse a eu le bonheur d'avoir des dynasties de
fabricants ; sans cela une telle Société et tout le bien
qu'elle a fait auraient été impossibles. Les Dolfus,
les Kœchlin, les Schlumberger, les Schwartz rendent
largement à leur pays la richesse qu'il leur a donnée.
Ils sont à Mulhouse ce que sont dans les Ardennes les
Bacot, les Cunin-Gridaine, les Bertèche ; ce qu'est
Charles Kestner à Thann, ce que sont à Wesserling
MM. Gros et Roman. M. Jean Dolfus en particulier
peut être considéré comme le fondateur des cités
ouvrières, qu'il dirige encore si habilement avec
MM. Louis Huguenin et Zuber. Il ne faut pas croire
qu'il n'ait pas rencontré d'objections ; le bien serait
trop facile à faire sans les entraves que de très-
honnêtes gens apportent de très-bonne foi aux meilleures entreprises. On a commencé avec soixante
actions de 5000 francs souscrites par douze personnes, qui s'imposèrent l'obligation, acceptée depuis
par les nouveaux actionnaires, de ne prélever que
4 pour 100 d'intérêt et de renoncer à tout autre bénéfice[1]. Le gouvernement donna 300 000 francs à la

---

1. La Société mulhousienne des cités ouvrières a été constituée
en juin 1853.

condition que la compagnie en dépenserait 900 000, qu'elle vendrait les maisons à prix de revient et ne les louerait pas au-dessus de 8 pour 100. Depuis, on a ajouté onze autres actions qui ont été souscrites par sept personnes, ce qui porte le nombre des actions à soixante et onze, le nombre des actionnaires à dix-neuf, le capital souscrit à 355 000 francs, auxquels il faut ajouter les 300 000 francs du gouvernement. Tout a été fait, et largement fait, avec des ressources si restreintes, et cependant il n'y a eu aucune perte pour les actionnaires; ainsi voilà une grande chose faite à bon marché. L'habileté de la Société a consisté à emprunter sur les maisons bâties pour en bâtir de nouvelles. Elle a trouvé à Bâle des capitalistes qui lui ont avancé les trois quarts de la valeur vénale de ses maisons à 5 pour 100 d'intérêt d'abord, et aujourd'hui à 4 et demi pour 100 moyennant la garantie de M. Jean Dolfus. Pendant les cinq premières années, elle paye seulement l'intérêt des sommes prêtées, et pendant les quinze années suivantes, elle en fait le remboursement par quinzièmes, de manière que l'amortissement de sa dette marche parallèlement avec l'amortissement de la dette que les ouvriers acquéreurs contractent envers elle. Le Crédit foncier a aussi fait une avance remboursable en trente années, aujourd'hui réduites à vingt-quatre par les payements déjà faits. C'est ainsi que la Société a trouvé moyen d'étendre ses opérations jusqu'à 1 600 000 francs, non compris les 300 000 francs

alloués par l'État, qui ont été employés pour des
usages d'utilité générale, tels que la création de
bains et lavoirs, l'éclairage au gaz, l'établissement
de la place Napoléon et de vastes rues plantées d'arbres, les trottoirs, les égouts, etc. L'État s'est borné
à cette subvention ; les maisons nouvellement bâties
sont affranchies de l'impôt foncier pendant trois ans,
mais ce dégrèvement est réglementaire ; on n'a pas
songé à l'étendre à l'impôt des portes et fenêtres, ce
qui semblerait assez juste et aurait été facile, puisque l'État en réalité ne perd rien les trois premières
années et bénéficie la quatrième.

Une amélioration bien plus importante consisterait
à affranchir de tout droit de mutation les ouvriers qui
se rendent acquéreurs d'une maison. La perte serait
absolument insignifiante pour le trésor, qui ne fera
jamais un sacrifice plus opportun ni mieux justifié.
Il n'y aurait pas grand mal assurément quand il donnerait une petite prime aux ouvriers rangés et laborieux ; mais il s'agit ici d'un intérêt très-général, car
en améliorant le sort des ouvriers, on rend service à
l'industrie et à la société tout entière. Cette mesure
rendrait inutile le premier versement exigé des acquéreurs par la compagnie, et qui sert précisément
à couvrir ces droits. On croit que la possession d'une
somme de 300 ou 400 francs est une garantie de la
moralité de l'acquéreur, et que la compagnie, en les
exigeant, écarte le danger de contracter avec des acquéreurs non sérieux. L'intérêt de la compagnie est

réel ; mais la garantie de 400 francs ne vaut pas celle qu'elle peut trouver dans le témoignage des patrons. C'est une erreur de croire que les ouvriers les plus riches aient plus d'ordre que les autres. Le directeur-gérant de la cité de Mulhouse, M. Bernard, a remarqué au contraire que les ouvriers pauvres sont les plus réguliers dans leurs payements mensuels. Une fois entrés dans la voie de l'épargne, ils comprennent très-vite la transformation qu'elle doit opérer dans leur condition. Il ne faut pas d'ailleurs regarder comme insignifiante cette petite somme de 400 francs ; il est vrai, elle est bien petite, mais elle paraît immense à l'ouvrier qui la prend sur son nécessaire et sur celui de sa famille. On doit prendre garde que le bienfait ne sera pas entier tant qu'on n'aura pas rendu la propriété accessible aux ouvriers les plus pauvres.

Beaucoup d'établissements situés loin des villes ont fait de louables efforts pour loger leurs ouvriers. Cela se comprend : un chef d'industrie réduit, par son isolement, à ses propres forces, ne peut guère songer à fonder un hôpital. L'entretien d'une école est déjà pour lui une lourde charge. C'est même un des arguments dont on se sert pour réclamer, dans l'intérêt des travailleurs, la concentration sur un même point d'un grand nombre d'établissements industriels. Cet argument n'a plus de valeur, quand la sollicitude du chef d'industrie crée un village tout exprès pour le vendre à ses ouvriers. A quoi bon un hôpital, quand

il n'y a pas de malades? L'air des champs, une maison salubre, un jardin, une certaine aisance, des
habitudes régulières, entretiennent autour de la fabrique une population saine et vigoureuse. Le patron, de son côté, y trouve un double profit, car il
attire les ouvriers, ce qui lui est très-nécessaire dans
sa situation, et il les retient, ce qui le dispense d'employer des ouvriers nomades, avantage capital en
industrie. De si excellents résultats ne demandent
aucun sacrifice : il ne s'agit que d'une avance. Il n'y
a rien de plus confortable et de plus gai que les maisons construites par la compagnie de Baccarat dans
un coin de son vaste enclos. Comme on ne pouvait pas
loger treize cents ménages, les maisons ont été données par privilége aux verriers, qui sont les ouvriers
d'élite de l'établissement. A la papeterie d'Essonne, les
logements ressemblent un peu plus à des chambres
de caserne, mais ils sont très-salubres, très-bien entendus et très-bien tenus. La compagnie les loue à
bas prix dès la première année; ce prix va en décroissant tous les ans; au bout de cinq ans, le logement est gratuit. C'est une excellente idée, non-seulement au point de vue de la bienfaisance, mais au
point de vue d'une bonne administration. Et pourtant
combien ce logement gratuit est encore loin de la
maison vendue! Un ouvrier bien logé est certainement un meilleur ouvrier qu'un habitué de garni et
de taverne; mais quelle différence encore entre lui et
un ouvrier propriétaire!

La généralisation du système des cités ouvrières détruira une des principales objections qui s'opposent à la dispersion des établissements industriels. Nous avons trop de cours d'eau et trop de voies ferrées pour que la question de messagerie conserve l'importance qu'elle avait jadis; l'abolition du régime prohibitif, en contraignant nos industriels à se servir d'outillages de premier choix, rend la proximité des mécaniciens moins nécessaire; enfin, plus l'industrie se développe, et plus la vente et l'achalandage deviennent indépendants de la situation topographique de l'établissement. Il ne s'agit donc plus, pour les maisons isolées, que de trouver le moyen d'avoir toujours un personnel suffisant. Ce moyen est trouvé: il n'y a pas à craindre que les habitants de la cité de Mulhouse quittent leur propriété pour aller vivre en nomades à Rouen ou à Lille.

La transformation des ouvriers de Mulhouse a été rapide. Ces rudes enfants de l'Alsace, devenus propriétaires par leur travail, administrent leur avoir avec une sorte d'âpreté, ne négligent rien pour l'étendre à force d'activité et d'économie, et gouvernent leur famille avec bon sens, honnêteté et fermeté.

Dans tous les centres industriels où les ouvriers n'ont pas été considérés comme de pures machines à pousser la navette ou à battre l'enclume, leur esprit a contracté des habitudes sérieuses, et leur moralité s'en est heureusement ressentie. La même réforme se remarque toujours chez ceux d'entre eux qu'on ap-

pelle à exercer quelque autorité dans l'atelier, à
siéger dans un conseil de prud'hommes ou même
dans un simple conseil d'administration de société
de secours mutuels. Ces faits ne seront pas niés par
les défenseurs de la propriété et de la famille, qui
ont démontré, il y a quelque dix ans, avec tant de
zèle, d'éloquence et de succès, l'étroite solidarité qui
unit la liberté, le travail, la propriété et les vertus
domestiques.

CHAPITRE V.

Qu'est-ce qu'un chef de famille? C'est d'abord le protecteur et le pourvoyeur de la maison; c'est aussi au milieu des siens la raison vivante. Il faut que tout le monde se sache abrité contre toute attaque, et contre le besoin, par son dévouement et sa force; et il faut en outre que tout le monde se sente éclairé et dirigé par lui. Il fait acte de père quand il apporte, le samedi, l'argent gagné par son travail, et qui pendant huit jours va donner le pain et le vêtement à la famille; mais il n'est pas chargé seulement du corps de ses enfants, il est responsable de leur âme. Jusqu'au moment où leur raison sera mûrie, c'est à lui, et à lui seul, de décider et de penser pour eux. Si son esprit n'est pas formé, s'il ne se rend pas compte de ses actes, s'il est condamné par son ignorance à une minorité et à une enfance perpétuelle, comment remplira-t-il son devoir? Comment pourra-t-il inspi-rer autour de lui la confiance et le respect?

Pendant très-longtemps la France a été au-dessous des autres grandes nations sous le rapport de la dif-fusion des connaissances élémentaires. Elle tenait la tête de la civilisation par ses hommes d'élite, et elle laissait la masse de la population croupir dans l'igno-rance. Un très-grand nombre de nos communes man-quaient d'écoles primaires, et beaucoup d'écoles étaient dirigées par des instituteurs tout à fait in-capables. Les efforts tentés à diverses reprises de-puis la création de l'Université n'avaient abouti qu'à des résultats insignifiants [1], quand la loi de 1833, à laquelle on ne peut songer sans un sentiment de pa-triotique reconnaissance, donna des écoles primaires à toutes les communes, et assura le recrutement du

---

1. Pendant toute la durée de l'Empire, les classes primaires restè-rent sous la surveillance des préfets et des maires, et furent à la charge exclusive des départements et des communes. L'instruc-tion primaire ne figura dans les comptes du ministère de l'intérieur que pour l'imperceptible somme de 4250 fr., qui furent accordés quelquefois au noviciat des frères des écoles chrétiennes. La Res-tauration n'essaya sérieusement de donner une impulsion énergique au service de l'instruction primaire qu'au moment où elle allait dis-paraître elle-même, emportée par la révolution de Juillet. Elle avait inscrit pour cet objet une somme de 100 000 fr. au budget de 1829. Cette allocation fut portée à 300 000 fr. en 1830, à 700 000 fr. en 1831, à 1 million en 1832. Elle était de 2 400 000 fr. en 1847, et a dépassé 3 400 000 fr. en 1853. Le budget de l'instruction primaire s'est successivement accru depuis ces dernières années; c'est le seul budget que l'on puisse voir grossir avec une satisfaction sans mé-lange. On peut lire ces très curieux détails dans l'ouvrage de M. Ch.

personnel par la fondation des écoles normales. Depuis cette époque, les progrès ont été rapides, moins
rapides cependant qu'on n'était en droit de l'espérer ;
on n'a pas su tirer de cette grande et excellente loi
tout ce qu'elle pouvait donner. En Prusse, en Ha-
novre, en Saxe, en Bavière, en Autriche même, les
écoles sont plus fréquentées que chez nous. On peut
dire qu'en Prusse l'universalité des enfants de sept
à douze ans reçoit l'instruction primaire [1]. En 1845,
sur 100 jeunes gens de 20 à 22 ans, 2 seulement ne
savaient ni lire, ni écrire, ni calculer ; en 1852,
sur 41 669 jeunes soldats, on n'en comptait qu'une
fraction (2158, c'est-à-dire 4,80 pour 100) qui ne
sussent pas lire. Chez nous, au contraire, on constate
encore chaque année au moment du tirage au sort,
avec une douloureuse surprise, que près du tiers
des jeunes soldats ne savent pas lire, quoique tout

Jourdain sur le *Budget de l'instruction publique*, Paris, 1857. Le
même auteur décrit ainsi (p. 183) la situation matérielle des écoles
avant la loi de 1833. « Sur trente-sept mille communes, il ne s'en
trouvait pas dix mille qui eussent des maisons d'école. Dans les
autres, c'est-à-dire dans plus de vingt-sept mille, l'instituteur réu-
nissait ses élèves où il pouvait, dans une grange, dans une écurie,
dans une cave, au fond d'un corps de garde, dans une salle de
danse, souvent dans la pièce qui contenait son ménage et qui servait à sa famille de cuisine et de chambre à coucher. »

1. Voyez les rapports de M. Cousin au ministre de l'instruction
publique sur les écoles primaires en Prusse et en Hollande (1832),
le livre de M. Eugène Rendu, *De l'Éducation populaire dans l'Allemagne du nord*, et une brochure anonyme sur *La nécessité de
rendre l'instruction primaire obligatoire en France*, imprimée à
Montbéliard, en 1861.

le monde ait pour ainsi dire une école à sa porte,
une école gratuite. D'après le dernier compte rendu
sur le recrutement (classe de 1857) 90 373 jeunes
gens sur 294 761 inscrits étaient complétement
illettrés. Cela fait, en France, 30,66 pour 100, et
en Prusse 4,80 pour 100. Il en est de même des
apprentis dans nos manufactures, malgré la loi
sur le travail des enfants, qui a rendu l'assiduité
à l'école obligatoire. Quelques instituteurs com-
mettent la faute impardonnable de donner aux enfants des certificats de complaisance. Les parents
et les patrons se montrent indifférents. L'inspection
est à peine organisée; elle ne se fait pas ou se fait
mal. Dans les filatures où le rattacheur est payé par
l'ouvrier qui l'emploie, le chef de la maison ne connaît pas toujours le nom de ses apprentis, il n'exerce
à leur égard aucune surveillance. Même quand on
obéit à la lettre de la loi, on ne le fait pas d'une façon
sérieuse; à l'heure dite, la manufacture ouvre ses
portes, les apprentis envahissent l'école communale,
dont ils troublent les exercices; le maître les voit
venir avec chagrin, et n'interrompt pas pour eux la
leçon commencée. Leur présence, dans ces conditions, n'est guère qu'une formalité; ils n'en retirent
aucun profit, et nuisent aux autres élèves. Ce n'est
pas avoir d'école pour les apprentis que de ne pas
avoir une école, ou du moins des heures d'école pour
eux seuls.

Ajoutons que ces premières connaissances ne sont

si précieuses que parce qu'elles sont l'unique moyen
d'en acquérir de plus étendues. Pour que les écoles
primaires produisent tous leurs fruits, il faut qu'elles
donnent aux enfants le goût de l'instruction et de la
lecture. Deux ou trois ans passés languissamment
dans une école n'aboutissent qu'à une instruction
tout à fait insuffisante, si l'ouvrier n'a pas les moyens
de revenir sur ce qu'on lui a enseigné et de pousser
un peu au delà. On a beaucoup fait à Paris pour favoriser la bonne volonté de ces vaillants esprits, qui au
lieu de se plaindre éternellement de leur sort, sans
dignité et sans justice, entreprennent de le changer,
ou tout au moins de l'améliorer, en acquérant de
l'instruction. Il y a dans la rue du Vertbois une école
qui porte le glorieux nom de Turgot, et qui prépare
les enfants d'ouvriers aux diverses carrières industrielles[1]. Cette école est dirigée avec autant de zèle
que de talent par M. Marguerin. Le cours normal y
dure trois ans ; elle met les élèves en état d'entrer aux
écoles d'arts et métiers de Châlons, Angers et Aix, à
l'École centrale, à l'École des beaux-arts. S'ils se con-
sacrent immédiatement à l'industrie ou au commerce,
leur aptitude spéciale ne tarde pas à leur créer de
bonnes positions. Il est vrai que l'école, dont le prix
est assez élevé (15 fr. par mois), n'est accessible
qu'aux enfants d'ouvriers aisés ; mais la ville de Pa-

---

1. On a créé récemment, passage Saint-Pierre, une école analogue
pour les jeunes filles, qui est encore à ses débuts, et qui ne peut manquer de rendre les plus grands services.

ris, qui l'a fondée et qui l'entretient, y a institué cent places de boursiers. Toutes ces bourses se donnent au concours, et sont un puissant encouragement pour les élèves des écoles primaires.

Le Conservatoire des arts et métiers a aussi ce qu'il appelle sa petite école, où l'on enseigne le dessin, la géométrie appliquée, quelques-unes des matières du programme Turgot. Les classes d'adultes, spéciale-ment fréquentées par des ouvriers et des employés du petit commerce, sont au nombre de trente environ. Elles sont établies dans les écoles primaires, et di-rigées par l'instituteur[1]. Elles s'ouvrent tous les soirs une heure après la sortie des ateliers. On voit là des hommes faits, en grand nombre, qui apprennent à épeler, et se montrent plus fiers de leur résolution qu'humiliés de leur ignorance. D'autres possèdent déjà tous les éléments d'une bonne instruction et ne viennent que pour s'entretenir et se fortifier. Tout récemment des professeurs de dessin ont été adjoints à l'instituteur; ce n'est qu'un commencement, mais qui pourra avoir d'heureuses conséquences dans une ville comme Paris où fourmillent les industries de

---

1. Il y avait, en 1859, 13 écoles publiques d'adultes, dirigées par des laïques, comptant 1958 élèves; 9 écoles publiques dirigées par des congréganistes, et comptant 2051 élèves; 4 écoles libres laïques, comptant 1780 élèves; 3 congréganistes avec 220 élèves seulement; 7 classes d'apprentis existant séparément réunissaient 1175 élèves; 4 autres classes, annexées à des classes d'adultes, en avaient 444. Cela fait en tout pour les adultes, 29 écoles et 6009 élèves; pour les apprentis, 11 écoles et 1617 élèves.

luxe, et où la plupart des ouvriers sont nés artistes. Il y a aussi des classes d'adultes pour les femmes[1]. Outre ces classes d'adultes fondées directement par la ville, il existe à Paris deux associations qu'on ne sait comment louer, tant elles font de bien et tant elles sont méritoires. C'est d'ailleurs une chose rare et inappréciable en France, qu'une association libre dans un but désintéressé et utile. L'une, l'association Polytechnique, remonte à 1830. Elle a trois siéges dans Paris : à l'École centrale, à l'école communale de la rue Jean-Lantier et à l'École de médecine. L'autre, l'association Philotechnique, est un démembrement de la première, et ne date que de 1848 ; elle fait chaque soir trois cours dans le local de l'école Turgot, et un cours de dessin dans celui de l'école de la rue Sainte-Élisabeth. On y a ajouté, à partir du 7 février 1861, des cours de langue française, de comptabilité, de chant, d'hygiène et d'arithmétique, qui sont professés rue des Poirées, n° 1, dans le quartier de la Sorbonne. Ces deux associations ont du reste le même but et le même succès. Leur enseignement comprend le français, l'anglais, l'allemand, l'arithmétique, l'algèbre, la géométrie, la trigonométrie et les courbes usuelles, la mécanique, la physique, la chimie, l'hygiène et la médecine usuelle (tous ces cours sont divisés

---

1. 9 écoles publiques laïques, avec 477 élèves et 1 école libre congréganiste avec 120 élèves.— La ville de Paris paye annuellement aux instituteurs et aux institutrices 10 francs par élève ; elle ne fera jamais un meilleur usage de ses ressources.

en deux années), la géographie commerciale et industrielle, la comptabilité, le dessin linéaire et le lavis, le
dessin de la bosse, de la figure et de l'ornement, et
enfin le chant par la méthode Wilhem. La ville et le
gouvernement supportent tous les frais d'éclairage,
d'affiches, etc.; quant aux fonctions des professeurs,
elles sont absolument gratuites. Ce sont des charges
on ne peut plus fatigantes, car chaque soir les amphithéâtres débordent; mais comment sentir sa fatigue, quand on a la conscience de faire le bien ? Le
ministre de l'instruction publique vient en personne,
chaque année, distribuer des livres, des médailles et
des livrets de la caisse d'épargne aux élèves des deux
associations : la distribution se fait dans la vaste enceinte du Cirque où se pressent six mille spectateurs.
Outre les cours de l'association Polytechnique et de
l'association Philotechnique, les ouvriers ont encore
à Paris des cours spéciaux de dessin. Il y a d'abord
celui de la rue de l'École-de-Médecine, qui est ancien et
excellent; on y enseigne le dessin et les sciences accessoires, le jour, à des jeunes gens qui se destinent
à l'École des beaux-arts, et le soir aux adultes. C'est
là qu'on a fondé en 1859 un cours de gravure
sur bois, déjà en pleine prospérité. Cinq autres
cours de dessin sont ouverts gratuitement tous les
soirs; les ciseleurs, les graveurs sur métaux, les bijoutiers, les dessinateurs pour étoffes, les ornemanistes
y affluent. Les deux plus remarquables sont peut-être
ceux de M. Lequien père, rue Ménilmontant, et de

M. Justin Lequien, rue de Chabrol. Les cours du Conservatoire doivent être cités en dernier lieu, à la place
d'honneur ; c'est la Sorbonne de l'ouvrier. Le Conservatoire est, sans contredit, un des plus beaux et des
plus utiles établissements de la capitale. C'est à la fois
un musée industriel de premier ordre, une excellente bibliothèque, et une académie où les hommes
les plus éminents viennent faire chaque soir des leçons que les ouvriers peuvent suivre et où les savants
profitent. L'auditoire de tous ces cours est plus intéressant, pour le patriote et le philosophe, que les
sciences mêmes qui s'y enseignent. Qui ne se sentirait
ému en voyant ces jeunes hommes que le travail manuel a absorbés dès leur enfance, qui mènent la dure
vie de l'atelier, et qui le soir, après une journée de
fatigue, viennent s'asseoir sur ces bancs, et demander
à la science le plus noble des plaisirs, et le plus sûr
moyen d'améliorer leur condition ?

Enfin, dans cette rapide revue des efforts tentés à
Paris pour éclairer les masses, on ne nous pardon-
nerait pas d'oublier l'Orphéon. La ville envoie dans
toutes les écoles communales un répétiteur de chant,
elle a des inspecteurs et des directeurs de l'Orphéon,
qui sont des compositeurs de premier mérite. A certains jours, tous ces musiciens, enfants et adultes,
viennent de leurs écoles ou de leurs ateliers, se
grouper dans un vaste amphithéâtre sous le bâton du
chef d'orchestre ; et alors les dilettantes, les habitués
des Italiens et de la Société des concerts entendent

des chœurs chantés par des milliers de voix, qui remplissent l'âme d'un mâle enthousiasme. Et ce n'est pas seulement cette harmonie qui les enchante; c'est le peuple initié aux grandes jouissances de l'art, le peuple émancipé deux fois, par la musique et par la science.

Faut-il avouer, après cette énumération de nos richesses, que ce n'est là qu'un début? On se sent pour ainsi dire le cœur réchauffé quand on a parcouru pendant un mois toutes ces écoles du soir; quand on a vu, ici, de jeunes ouvriers étudiant les éléments du dessin et de l'architecture, là des hommes en cheveux gris traçant d'une main mal assurée les premières lettres de l'alphabet, ailleurs un auditoire en blouse écoutant avec avidité une grave dissertation sur la législation ou sur une théorie scientifique d'un ordre élevé. Ces amphithéâtres remplis à déborder font illusion un moment; mais en y réfléchissant, qu'est-ce que cela devant l'immense population des ateliers? Quelles foules restent encore pour les bals, pour les cabarets, pour les théâtres? Combien de villes manufacturières n'ont pas même essayé de suivre le généreux exemple de la capitale? Combien d'autres se sont arrêtées trop promptement après un premier essai infructueux? Ce n'est rien de fonder des cours, il faut conquérir les premiers auditeurs. On se décourage vite, parce qu'on ne réfléchit pas que la science est pour les ouvriers un monde nouveau et mystérieux, dont les uns ne connaissent pas les beautés, et

que les autres désespèrent de pouvoir jamais atteindre,
Il est dans notre caractère national de savoir lutter
contre tous les obstacles, excepté contre la solitude.
Si les professeurs avaient autant de persévérance et
de sang-froid qu'ils ont d'entrain et de dévouement,
ils verraient les ouvriers se décider peu à peu. La
curiosité les amènerait d'abord, et ils ne tarderaient
pas à comprendre de quelle immense intérêt est pour
eux la possession d'une instruction solide. On ose
dire que s'il n'y a pas de classe plus ignorante que
celle des ouvriers pris en masse, il n'y en a pas à laquelle l'ignorance pèse davantage, et qui soit plus
empressée de lui échapper dès qu'elle en aperçoit la
possibilité. On se défie trop de leur apathie, dont on
ne prend pas la peine de chercher la cause réelle. A
la suite d'un accident arrivé dans un atelier de Lille
par l'inexpérience d'un chauffeur, on a fondé par
souscription, il y a quelques années, un cours de
physique appliquée. La plupart des souscripteurs, en
donnant leur argent par bienséance, prophétisaient
que le cours serait désert ; la salle ne suffit plus pour
contenir les auditeurs. Les fondateurs ont eu l'idée
de délivrer des brevets de mécanicien ; c'est à qui se
présentera pour en obtenir. Bientôt les fabricants
n'accepteront plus un chauffeur s'il n'est breveté.
Partout où on a fait appel a l'intelligence des ouvriers,
ils ont répondu.

Il ne serait ni moins important ni moins facile de
développer en eux le goût de la lecture en leur prê-

tant de bons livres. C'est ce qu'on ne fait nulle part
en France. Les bibliothèques publiques sont fermées
avant les ateliers, et elles ne prêtent pas de livres.
On peut même dire qu'elles n'en ont pas, si ce n'est
pour les savants. Les ouvriers se trouvent réduits aux
cabinets de lecture, qu'ils fréquentent peu, et on ne
saurait s'en affliger. Il a été question à plusieurs reprises de fonder des bibliothèques communales; l'in-
tention était bonne, mais ce n'est pas à l'État de faire
de pareilles entreprises; il n'y a rien de plus impossible qu'une bibliothèque communale qui puisse convenir également à toutes les communes de la France.
D'ailleurs commande-t-on un livre? Le plus infailli-
ble moyen de l'avoir mauvais, c'est de le faire faire
sur commande. L'Angleterre, qui nous est peut-être
inférieure pour la diffusion de l'instruction primaire[1],
prend glorieusement sa revanche du côté des livres
spéciaux et des bibliothèques circulantes. Des associations locales se chargent de fournir aux ouvriers,
moyennant un prix d'abonnement très-peu élevé, des
livres amusants et des livres instructifs[2]. Les livres

1. Dans une adresse présentée au parlement en 1850 par l'*Union
des écoles du Lancashire*, on lit ce qui suit: « Près de la moitié des
habitants de cette grande nation ne sait ni lire ni écrire, et de
l'autre moitié une grande partie ne possède que la plus misérable
instruction. » M. Eugène Rendu, dans son livre sur l'*Éducation populaire en Allemagne*, évalue à un million les jeunes Anglais qui ne
fréquentent pas les écoles (p. 136), et les jeunes Français à cinq
cent mille seulement, sur une population beaucoup plus considérable.
2. Ces bibliothèques populaires se sont tellement multipliées qu'il
s'est fondé à Londres plusieurs sociétés dont le but est de leur fournir de bons livres à prix réduits; nous citerons entre autres : *the*

ne manquent pas : en France, ils manqueraient. Il n'y a pas un seul de nos grands auteurs qui consentît à écrire un livre populaire. Cette noble tâche est toujours abandonnée chez nous à des écrivains sans réputation et sans talent, qui offensent les ouvriers en affichant la prétention de les instruire, ou se rendent ridicules à leurs yeux en leur empruntant leurs idées et jusqu'à leur langage. La vérité est qu'il n'y a pas d'autre précepte du genre que de parler la plus belle langue française, et d'exprimer constamment les sentiments les plus naturels et les plus nobles. L'art d'enseigner ne consiste pas à descendre au niveau de son auditoire, mais à l'élever jusqu'à soi.

Tous ceux qui se sont occupés de l'instruction publique, et le nombre en est grand dans notre pays depuis la Révolution, ont insisté sur l'importance de l'éducation des femmes; cependant c'est à peine si on découvre quelque insignifiant article sur ce point capital dans les nombreuses lois qui ont successivement régi l'instruction primaire. L'Université impériale, pourtant si absorbante, ne s'était pas souciée de se charger des écoles de filles; elle les avait laissées sous la surveillance des préfets, qui naturellement ne les surveillaient pas. Une circulaire du 19 juin 1820 avait créé des dames inspectrices, dont les fonctions étaient gratuites, c'est-à-dire à peu près nulles, voilà tout ce qu'avait fait la sollicitude publique. Plus tard,

pure literature Society, the Christian Knowledge, the religious tract Society.

on soumit les écoles de filles au même régime que les
écoles de garçons, mais en exceptant les écoles tenues
par des religieuses, qui continuèrent à n'être surveillées que par les autorités administratives et ecclé-
siastiques. Ce privilége accordé aux congrégations
cessa en 1836. A partir de ce moment, les comités
locaux et les comités d'arrondissement exercèrent la
même autorité sur les écoles des deux sexes. Ainsi l'enseignement des filles était surveillé, mais il n'était pas
organisé[1]. Aucune disposition législative n'assurait le
sort des institutrices et n'obligeait les communes à fonder des écoles spéciales pour les filles. La loi de 1833 est
muette. Le projet présenté aux chambres par M. Gui-
zot contenait un titre spécial qui disparut dans la dis-
cussion. L'administration se borna à permettre aux
communes d'assurer un logement et un traitement
aux institutrices, soit par une allocation régulière
inscrite à leur budget, soit en acceptant des legs ou
donations pour cette destination particulière. Enfin la
loi de 1850 inaugura une ère nouvelle en rendant la
création d'une école de filles obligatoire pour toutes
les communes ayant 800 âmes de population agglo-
mérée[2] : loi egalement tardive et incomplète, qu'il

---

1. A la vérité, on avait pourvu au recrutement du personnel. Une
ordonnance royale de 1842 avait regularisé la fondation de cinq
écoles normales d'institutrices. Ce chiffre s'accrut rapidement. Il y a
aujourd'hui dix écoles normales et vingt-six cours normaux. Sept
écoles sur dix, et treize cours normaux sur vingt-six sont tenus par
des religieuses.

2. Sur le nombre total des institutrices, plus de quatre mille ne

faut pourtant accepter comme un bienfait ou tout au moins comme une espérance. Il est à remarquer que, d'après le texte même de la loi, le conseil académique peut autoriser l'introduction des filles dans les écoles de garçons, quel que soit d'ailleurs le chiffre de la population de la commune. Il n'a qu'à user de cette liberté pour prolonger la situation à laquelle on a voulu mettre fin, et pour rendre la loi inutile[1].

jouissent que d'un revenu inférieur à quatre cents francs. Près de deux mille ont entre cent et deux cents francs. Le produit de la rétribution des élèves payantes est presque partout insignifiant. C'est seulement depuis la loi du 14 juin 1859 que les conseils municipaux portent la rétribution scolaire des filles à leur budget et la font recouvrer par le percepteur. La plupart des institutrices mourraient de faim, si elles ne tiraient pas quelque profit de leurs travaux de couture et de broderie. Même avec ce supplément, elles ne peuvent espérer d'échapper à la misère. Elles gagneraient certainement à se faire servantes. On ne constate pas de pareils faits sans une profonde humiliation et une très-amère douleur.

1. La circulaire du 29 juillet 1819 avait réglé qu'aucune institutrice ne pourrait, sous quelque prétexte que ce fût, recevoir des garçons dans son école. Cette disposition réglementaire n'était guère observée, et les préfets se refusaient avec raison à en reconnaître l'importance, puisqu'on tolérait dans le même temps la présence des filles dans les écoles de garçons. S'il fallait choisir entre deux maux, il est clair qu'il y aurait plus d'inconvénients à confier des filles à un instituteur que des garçons à une institutrice. L'administration actuelle l'a pensé, car par un décret du 31 décembre 1853, elle a modifié l'application de la loi de 1850 en permettant de confier à des institutrices « la direction des écoles publiques communes aux enfants des deux sexes, qui, d'après la moyenne des trois dernières années, ne reçoivent pas annuellement plus de quarante élèves. » Tout en approuvant cette disposition, il sera permis de dire que la séparation des sexes dans les écoles devrait être un principe absolu, et que la justice et l'intérêt de la société sont d'accord pour exiger la fondation d'une école spéciale de filles dans toutes les communes de France.

Depuis ces dernières années, le nombre des écoles de filles et des élèves qui les fréquentent a augmenté, tandis qu'un mouvement en sens inverse avait lieu dans les écoles de garçons. Néanmoins la différence en faveur des écoles de garçons est encore aujourd'hui de 470 000 élèves[1], si l'on s'en rapporte au calcul d'un homme très-scrupuleux et très-compétent, M. Rendu. Suivant M. Block[2], il faut compter 475 000 garçons illettrés sur 2 250 000, et 533 000 filles sur 2 593 000. Les statistiques les plus exactes sont toujours un peu arbitraires; mais la même différence se retrouve dans tous les calculs. La statistique des mariages pour 1853 donne pour les hommes 33,70 pour 100, un peu plus du tiers, et pour les filles 54,75, plus de la moitié[3]. On a peine à se rendre compte de cette infériorité de l'éducation des filles. Elles ont certainement le même droit que les garçons à recevoir l'instruction élémentaire, et l'État a les mêmes devoirs envers elles. Quand nous ne serions pas tenus par un devoir de stricte justice à ne pas les priver du premier de tous les biens, et à ne pas les condamner, en les retenant

1. L'instruction primaire est donnée en France à 1 950 000 garçons et à 1 480 000 filles; différence, 470 000. Il y a 36 300 écoles communales de garçons, et 13 000 écoles communales de filles. On a remarqué en Angleterre une disproportion analogue entre les sexes; sur 367 894 couples mariés pendant les années 1839, 1840 et 1841, 122 458 hommes et 181 378 femmes ont déclaré ne pas savoir signer.

2. *Statistique de la France*, t. I, p. 224.

3. *Ib.*, p. 226.

dans l'ignorance, à la plus intolérable de toutes les
inégalités, l'égoïsme devrait nous apprendre à les
instruire pour nous, pour notre bonheur, pour celui
de nos enfants. Ces pauvres créatures, que l'on a
envoyées dès l'âge de huit ans à la fabrique, et qui
ne savent faire autre chose au monde que présenter
le coton à la carde ou rattacher un fil rompu, sont
incapables de tenir un ménage, et bien plus incapables encore de rendre une maison agréable. Beaucoup d'entre elles ne savent pas coudre, de sorte
qu'il faut que tout le monde autour d'elles soit en
haillons. Elles sont hors d'état de faire le plus simple
calcul, ce qui leur rend l'économie impossible, et met
étrangement à l'aise la mauvaise foi des petits fournisseurs. Un peu de lecture leur procurerait un fonds
de conversation pour retenir leurs maris près d'elles,
tandis que l'ignorance les rend muettes, les condamne à l'impuissance. Si leurs enfants vont aux
écoles, ils se sentent bien vite plus savants qu'elles,
supérieurs à elles; s'ils n'y vont pas, par misère ou
par maladie, qui suppléera au maître? Est-ce le père,
absent tout le jour? La nature a voulu que la première
initiation à la vie intellectuelle et morale fût l'ouvrage des femmes. Comme ce sont elles qui soignent
le petit enfant impuissant et qui lui sourient les premières, elles sont aussi les premières qui éveillent
ses sentiments; elles lui apprennent à marcher, à
bégayer et à penser. Elles donnent « cette éducation
de peu de mots, mais de beaucoup d'action, qui est

la plus profonde et la plus durable de toutes, parce
que c'est alors l'âme même qui parle à l'âme, qui y
gouverne et y règne du droit divin de la bonté[1]. » Le
plus savant d'entre nous, s'il faisait un recensement
exact de toutes ses idées et de tous ses sentiments,
reconnaîtrait que le meilleur de son cœur et de son
esprit lui vient de sa mère. Tous nos efforts après
que nous l'avons quittée, nos études, nos veilles,
nos expériences, nos voyages, n'ajoutent que bien
peu à ces premiers éléments de vie intellectuelle et
morale que nous lui devons. C'est tout le passé de
l'esprit humain qui nous parle par sa bouche, tandis
que, sans y penser et sans le savoir, elle introduit
en nous tout ce que sa mère lui avait enseigné à elle-
même, et nous rend les sourires, les caresses, les
sentiments, les idées qui ont bercé et élevé sa propre
enfance. Quand, plus tard, un homme a la conscience droite, le cœur bien placé, quand il se sent en
possession d'une volonté à la fois résolue et tranquille, c'est à sa mère, après Dieu, qu'il le doit.
Cette première éducation, qui fait l'homme même,
est surtout nécessaire à l'enfant du pauvre, jeté si
jeune au milieu des difficultés de la vie, et qui, dès
l'âge de huit ou neuf ans, est obligé de travailler
pour son pain, de passer ses journées dans une manufacture, au milieu d'étrangers. La société sera

1. M. Damiron, *Souvenirs de vingt ans d'enseignement*, introd.,
p. 21.

quitte envers ce pauvre enfant, que tant de misères accablent dès le berceau, si elle lui rend sa mère.

Nous parlons de l'instruction d'une manière générale, et sans entrer dans le détail des doctrines qui devraient être inculquées aux ouvriers. C'est d'abord que l'instruction est bonne par elle-même. Elle fortifie l'esprit comme le travail et l'exercice fortifient et développent le corps. Elle inspire à celui qui la possède la confiance en ses propres forces, qui est le commencement de la virilité. Les ouvriers, dans leurs jours d'irréflexion et de colère, accusent le travail d'être une sorte d'esclavage : il n'y a d'autre esclavage que l'ignorance, car c'est être esclaves que de ne pouvoir obéir qu'à la passion, et pouvoir obéir à la raison, c'est être libres, c'est être hommes.

Personne ne nous soupçonnera d'être indifférent sur le fond des croyances. Nous ne renonçons pas pour les idées qui nous sont chères au droit sacré de la propagande, et nous croyons du fond du cœur que les doctrines spiritualistes sont à la fois vraies, consolantes, fortifiantes; que la notion du devoir est plus claire, et que le sentiment de l'obligation devient plus doux, quand on rattache la loi morale à l'ordre universel, et l'ordre universel à l'auteur de toute vérité et de toute harmonie. Nous savons que l'âme s'agrandit et s'épure dans la contemplation de la perfection infinie; et si le savant et le philosophe ont besoin pour s'intéresser aux devoirs de la vie et aux peines qu'elle impose, de se rappeler les volontés et les promesses de Dieu, nous comprenons ce que cette continuelle présence, ce que cette douce espérance sont pour le simple et l'abandonné. Il est vrai qu'il faut pâlir sur les livres et déployer toutes les forces de l'intelligence pour arriver à la conception scientifique de Dieu; mais Dieu, qui est vraiment le père des hommes, se donne sans peine et sans recherche aux cœurs droits, aux âmes innocentes; il leur montre, dans leurs angoisses, les éternelles consolations de l'avenir; il les assure dans la justice, en leur apprenant à dédaigner le monde et les plaisirs du monde, et à ne vivre que pour le devoir et le sacrifice. C'est une action virile que d'aller sous le toit du pauvre porter la science de la vie, ranimer les courages, donner un outil, de l'ouvrage, de la fierté, de la sécurité; mais si l'on pouvait, si l'on osait, à cette âme endormie, parler des vérités éternelles et de la solide espérance, le bienfait ne serait plus comme une pierre que l'on jette dans l'abîme, qui fait un grand bruit et un certain mouvement d'une seconde, suivis d'une éternelle immobilité. Ce qui rend le soldat indifférent au danger et à la peine, c'est le sentiment profond de la justice d'une cause, ou l'honneur national exalté jusqu'à l'héroïsme; et dans le champ de bataille de la misère, où l'on compte tant de blessés et de morts, c'est aussi la foi, c'est la croyance à Dieu et au devoir qui donne la résignation, le vrai courage, la persévérance infatigable. Nous craignons seulement qu'il n'y ait plus d'apôtres. Cette société, qui périt de scepticisme, n'a pas le droit de prêcher des croyances qu'elle a perdues ou qu'elle n'a pas encore retrouvées. De toutes les entreprises, la plus déloyale et en même temps la plus inutile, est de prêcher la foi, étant incrédule, et de faire de Dieu un instrument de domination. Donnons d'abord aux ouvriers les moyens d'apprendre et de réfléchir. Quand on leur aura ouvert les champs sans horizons de la pensée, qui sait si ces nouveau-venus ne dépasseront pas leurs maîtres? Ils voient de plus près les rudes conditions de la vie; et dût notre délicatesse en murmurer, à force de tout pénétrer et de tout expliquer, nous sommes peut-être devenus incapables de rien respecter et de rien croire.

Il faut d'ailleurs se rappeler que nous sommes jugés sévèrement et justement dans les ateliers. Les ouvriers connaissent l'état de nos esprits et de nos mœurs; ils nous savent sceptiques, sans savoir ce que c'est que le scepticisme. Ils sont particulièrement rebelles à la morale qui leur arrive sous forme de leçon. Ils se demandent s'ils sont incapables de penser, et s'ils ont tant besoin qu'on le leur apprenne. Ils se disent qu'il est trop facile à des gens à peu près oisifs, bien nourris chez eux, bien vêtus, habitant de vastes maisons et dépensant beaucoup pour leurs plaisirs, de conseiller aux autres la résignation, l'économie, la sobriété. Pauvres, et aigris de leur pauvreté, ignorants, et honteux de leur ignorance, ils craignent toujours d'être ou trompés ou exploités. Leur erreur,

car c'est une erreur, ne peut être dissipée par la parole. Il faut agir sur eux par la voie longue et sûre
des institutions. Le bienfait effectif, souvent méconnu
dans les commencements, finit toujours par porter
avec lui son évidence, tandis que la parole, mille
fois plus puissante dans le mal que dans le bien,
n'a d'influence que pour exalter leurs passions, jamais pour les dompter. On fait peut-être quelques
conversions à coups d'aumônes; reste à savoir ce
qu'elles valent, et si l'aumône, qui en est la cause,
n'en est pas aussi le but. La seule école que les
ouvriers puissent aimer et, à vrai dire, la seule
puissante et féconde école en ce monde, c'est la
famille. Si, voulant indiquer où est le péril, nous
avons surtout étudié la situation des femmes, ce
n'est pas parce que les femmes sont les plus malheureuses dans le malheur commun : c'est parce
que les habitudes de la vie de famille sont nécessaires à la rénovation des caractères, et par conséquent au salut de cette société intelligente et souffrante. Quand par une mâle discipline on aura
rempli les ouvriers du sentiment de leur responsabilité, quand on les aura dégoûtés des joies serviles
du cabaret et ramenés à la source pure et inta-
rissable des nobles sentiments et des fortes résolutions, ils trouveront dans les enseignements du
foyer cette religion du devoir que nous n'avons,
hélas! ni le droit ni la force de leur annoncer. Oui,
la croyance est aussi nécessaire à l'âme de l'homme

que le pain à son corps; c'est seulement quand
l'homme a le sentiment du devoir, qu'il est maître
de sa destinée; c'est par le devoir qu'il grandit,
c'est par le devoir qu'il est consolé; en présence des
affreux malheurs où languit une portion considérable de l'humanité, quand tous les efforts de la loi
et de la science sont impuissants, le devoir seul est
un remède digne de la profondeur du mal. Mais si
nous voulons que le sentiment du devoir pénètre
jusque dans nos os et se lie en nous aux sources
mêmes de la vie, ne comptons pour cette grande
cure que sur la famille. Ce n'est pas trop de cette
force, qui est la plus grande des forces humaines,
pour obtenir un tel résultat.

FIN.

INDEX.

25

TABLE DES MATIÈRES.

TROISIÈME PARTIE.

LA PETITE INDUSTRIE.

QUATRIÈME PARTIE.

LE SALUT PAR LA FAMILLE.

FIN DE LA TABLE DES MATIÈRES.

Paris. — Imprimerie de Ch. Lahure et Cie, rue de Fleurus, 9.

www.ingramcontent.com/pod-product-compliance
Lightning Source LLC
Chambersburg PA
CBHW071047280326
41928CB00050B/1623